DER WEG NACH LUV

D1721552

© by Christliche Schriftenverbreitung, Hückeswagen
Gesamtgestaltung: Eugen Kunz
Titelfoto: Mediendesign, 58099 Hagen

Druck: Ebner & Spiegel, Ulm
ISBN 3-89287-778-5

Der Weg nach Luv

Alte Erzählungen – neu entdeckt

Band XXII

2006

Christliche Schriftenverbreitung
Postfach 10 01 53
42490 Hückeswagen

„Luv" ist in der Seemannssprache die Seite eines Schiffes, die dem Wind zugekehrt ist.

„Lee" ist die Seite, die vom Wind abgekehrt ist.

Der Kapitän eines Segelschiffes achtet auf See nicht nur auf den Kompass, sondern orientiert sich beim Steuern grundsätzlich auch nach der Windrichtung, nach der ständig gegenwärtigen Linie von Luv nach Lee, die immer den Drehpunkt seines Schiffes schneidet.

Luv ist oben, Lee ist unten.

Den Weg nach Luv – gegen den Wind – muss man sich erkämpfen, nach Lee kommt man von selbst, treibt man, versackt man. Also ist Luv das Mühsame, Zeitraubende – zugleich aber das Bessere, Sicherere. Lee dagegen ist das Zweitrangige, Mindere – auch das Gefährlichere.

„ ... damit ihr prüfen möget, was das Vorzüglichere sei ... "

(Philipper 1,10)

Inhalt:

Der Weg der Treue

An der östlichen Küste Mittelitaliens springt der gipfelreiche Felsenberg Gargano weit ins adriatische Meer
vor. An seinem kahlen Abhang liegt ein kleines Städtchen, Vico, das von einem mächtigen Kastell überragt
wird. Von hier stammt eines der bedeutendsten Adels-
geschlechter des ehemaligen Königreichs Neapel, das
der Markgrafen Caraccioli.

Viele tüchtige, berühmte Männer sind aus dieser Familie hervorgegangen, und der Name wird in der Geschichte Italiens oft erwähnt. Neun Caraccioli sind im
Lauf der Jahrhunderte Kirchenfürsten und Kardinäle
gewesen. Unter diesen verdient besondere Erwähnung
der Kardinal Marino. Er war nicht nur geistlicher Wür-
denträger, sondern zugleich auch ein gewandter Diplomat. Er stand im Dienst des Herzogs von Mailand,
bis Papst Leo X. auf ihn aufmerksam wurde und ihn in
den Vatikan berief, wo er bald die einflussreiche Stelle
eines päpstlichen Protonotars bekleidete. Im Jahre
1519 kam er mit Alexander, dem Gesandten des Papstes, nach Deutschland an den Hof Karls V. und erlebte
aus nächster Nähe den mächtig einsetzenden Kampf
gegen Luther und die Reformation. Er blieb in der Umgebung des Kaisers, bis er zum Bischof von Catania
ernannt und kurz darauf mit dem Kardinalspurpur ge-
schmückt wurde. Später wurde er mit wichtigen diplomatischen Aufträgen ausgezeichnet, denn er war ein
gewandter Mann, der die Menschen zu nehmen wusste
und alles erreichte, was er sich zum Ziel gesetzt hatte.
Papst Paul III. sandte ihn in geheimer Mission wieder

zu Karl V., wo er es verstand, die Gunst des Kaisers zu gewinnen, so dass ihn dieser zum Statthalter von Mailand machte. Es war eine hohe Auszeichnung, um die ihn viele beneideten. Aber das höchste Ziel seines Strebens erreichte der ehrgeizige Mann doch nicht, denn er starb, bald nach seiner Ernennung zum Statthalter, ehe er zum Papst gewählt werden konnte.

Unersättlicher Ehrgeiz war ein Erbteil seiner Familie. Es sollte bei einem nahen Verwandten dieses Kardinals zu einer erschütternden Tragödie führen.

Dieser Verwandte hieß Colantonio Caracciolo. Er war, wie sein Vetter, Diplomat im Dienst Karls V., aber er war von Beruf nicht Priester, wie jener, sondern Offizier im Heer des Kaisers. Als solcher tat er sich bei der Verteidigung Neapels gegen ein französisches Heer 1528 rühmlich hervor, so dass er eine führende Stellung im Heer erhielt und reich belohnt wurde.

Colantonio Caracciolo hatte schon längst die kühnsten Pläne, darum verband er sich ohne Gewissensskrupel mit den Spaniern, weil er als kluger Mann voraussah, dass diese die Herrschaft über Neapel für lange Zeit behalten würden. Sein Ehrgeiz hatte ihn schon in jungen Jahren veranlasst, sich mit einem der mächtigsten neapolitanischen Häuser zu verbinden. Er heiratete die Schwester des Kardinals Giovanni Pietro Caraffa, welcher später unter dem Namen Paul IV. Papst wurde. Diese Frau starb sehr früh, aber sie hinterließ ihm einen Sohn, Galeazzo Caraccioli, welcher der Träger aller ehrgeizigen Hoffnungen seines Vaters werden sollte. So erwartete dieser es wenigstens. Wie hätte er ahnen können, dass sein Stolz gerade durch seinen einzigen Sohn so verwundet werden würde!

Galeazzo wurde im bedeutungsvollen Reformationsjahr 1517 geboren. Er war ein schöner Knabe, gesund, kräftig, mit kastanienbraunem Haar und dunklen, klugen Augen. Obwohl er seine Mutter bald verlor, wurde bei seiner Erziehung nichts versäumt. Er lernte frühzeitig fremde Sprachen; ausgewählte Lehrer führten ihn in die antiken Klassiker ein, ein adliger Haushofmeister leitete seinen Unterricht, widmete sich ihm in den Freistunden, sorgte dafür, dass er mit gleichaltrigen Söhnen der vornehmsten Familien verkehrte, und verhalf ihm zu dem gewandten, liebenswürdigen Benehmen, welches Galeazzo sein Leben lang auszeichnete. Er hielt ihn auch an, jeden Morgen der Messe in der Kapelle des väterlichen Palastes beizuwohnen und alle kirchlichen Gebräuche zu befolgen.

Sein Vater ließ aber nicht ab, Galeazzos Ehrgeiz anzustacheln und ihm von klein auf den Gedanken einzuprägen, dass er zu den höchsten Ämtern berufen sei und so auch den Glanz der Familie vermehren müsse. Kaum war Galeazzo dem Unterricht seiner Hauslehrer entwachsen, als es seinem Vater gelang, ihn an den kaiserlichen Hof zu bringen, damit er dort mit anderen adligen Knaben zusammen im Pagenkorps erzogen würde.

Hier war der höfliche, stets liebenswürdige junge Neapolitaner bald wohlgelitten. Er zeichnete sich durch Klugheit, die Kenntnis fremder Sprachen sowie durch Zuverlässigkeit vor seinen Kameraden aus, so dass ihn der Kaiser zum Kammerherrn ernannte, als er kaum zwanzig Jahre alt war. Sein Vater war über diesen Erfolg überglücklich, bedeutete es doch die erste Sprosse auf der Erfolgsleiter.

Nun drängte er darauf, dass der Sohn bald heiratete, damit Nachkommen das ruhmreiche Geschlecht weiterführten. Keine Dame erschien ihm vornehm und reich genug, bis er für Galeazzo um die Hand der vornehmen Vittoria di Nocera warb. Ihr Vater war ein begüterter Adliger aus der Gegend von Salerno, der ebenfalls seinen Vorteil darin sah, es mit dem spanischen Vizekönig zu halten. Er trug den Titel eines Herzogs.

Vittoria gewann ihren jugendlichen Bräutigam, den sie vor der Verlobung kaum gesehen hatte, bald von Herzen lieb. Galeazzo liebte sie ebenso sehr, so dass die Ehe, wenn sie auch der Sitte der Zeit gemäß von den Eltern ohne Befragen der Kinder vereinbart worden war, eine harmonische, ja, sehr glückliche wurde.

Das Hochzeitsgut, das die junge Braut mitbrachte, war fürstlich. War es da ein Wunder, dass die Lebenshaltung der jungen Familie diesem entsprach? Mitten in der Stadt besaß Galeazzos Vater einen alten Adelspalast, den er umbauen und erweitern ließ, als er zum Stadthalter des Vizekönigs ernannt worden war. Um einen quadratischen Hof, welcher von Säulengängen umgeben war, reihten sich die weitläufigen Räume des Hauses. Im Erdgeschoss befanden sich außer den Stallungen für die Pferde, welche die Staatskarossen und Reisewagen der Familie zu ziehen hatten, die Vorratsräume und eine große Küche. In den oberen Stockwerken lagen Geschäftsräume der Verwaltung der Familiengüter, Säle, Prunkräume und weitläufige Wohngemächer. Die Fenster und Türen öffneten sich auf die säulengetragenen Bogengänge, welche in mehreren Stockwerken den Hof umgaben.

Während der Sommermonate lebte die Familie auf einem Landgut vor den Toren der Stadt an den Abhängen des Posilips, des langgestreckten Höhenzugs, welcher den Golf von Neapel im Westen einschließt. Hier reihte sich ein prächtiger Sommersitz des Adels an den andern, und derjenige, welcher der Familie Caraccioli gehörte, war berühmt wegen der schönen Gärten.

Von hier aus bot sich dem Auge eine wunderbare Aussicht über den blauen Golf von Neapel. Zur linken Hand zog sich am Berg steil aufsteigend das unermessliche Häusergewirr Neapels hin, geradeaus aber erhob sich der dunkle, unheimliche Vesuv, dessen Gipfel mehr als 1200 m hoch das Meer überragt und Tag und Nacht seit dem August jenes unheilvollen Jahres 79 n. Chr. Rauch- und Dampfwolken ausspeit. Bei Nacht glüht der Gipfel des Vesuvs von dem Widerschein des unterirdischen Feuers, das im Krater lodert und noch in großer Entfernung gesehen wird.

Und ging der Blick von der Terrasse aus noch weiter, so folgte er den zackigen Felsenbergen der Halbinsel von Sorrent, die sich südlich vom Vesuv weit ins Meer erstreckt, und zu der einsamen Felseninsel Capri. Und wieder weiter, irgendwo im Meer, liegt die Insel Ischia, einst ein dem Ozean entstiegener, nun erloschener Vulkan, und zahlreiche andere kleine Inseln.

In diesem Landhaus mit seiner herrlichen Umgebung wohnte während der Sommermonate der Marchese Colantonio Caracciolo, dem der Aufenthalt hier besonders lieb geworden war, weil er ihn mit seinem Sohn und dessen Familie teilte.

Donna Vittoria, die Gemahlin Galeazzos, schenkte ihrem Gatten zwei Söhne und vier Töchter. Diese erfüllten das Haus mit Leben und das Herz des alternden Familienoberhauptes mit Freude und stolzer Hoffnung für kommende Geschlechter.

Auch Galeazzo kannte nichts Schöneres, als hier im Kreis der Seinen zu weilen, denn er liebte Frau und Kinder sehr. Es wurde ihm immer schwer, wenn ihn sein

Dienst als kaiserlicher Kammerherr nötigte, auf Reisen zu gehen.

Zwar hatte ihn sein ehrgeiziger Vater von Jugend auf gelehrt, den Glanz und die Gunst der Großen dieser Erde als Höchstes zu schätzen, aber er merkte, wie sich an den Höfen oft hinter dem glänzendsten Äußeren Leid und Elend, Haltlosigkeit und Sünde verbargen. Das frivole Treiben sagte ihm nicht zu. Man lächelte in der Umgebung des Kaisers oft über diesen sittenreinen jungen Edelmann. Und gerade er stand in der Gunst des Kaisers!

Karl V. war in seinem Leben durch manche böse Erfahrungen misstrauisch geworden. Trotz seines hohen Amtes war er ein einsamer Mann. Diesem jungen Edelmann aus Neapel schenkte er seine Gunst und sein volles Vertrauen, so dass dem bescheidenen Kammerherrn aus Neapel, den er als ehrlich und zuverlässig erprobt hatte, eine außerordentlich ehrenvolle Laufbahn sicher zu sein schien. –

In dem großen Kreis von Verwandten nahm der Bruder der verstorbenen Mutter Galeazzos, Giovanni Pietro Caraffa, eine führende Stellung ein. Er war bald nach der Vermählung seines Neffen zum Kardinal ernannt worden, und man wusste, dass ihn der Papst zu wichtigen Aufgaben ausersehen hatte: er sollte die Inquisition neu organisieren und zu einem brauchbaren Werkzeug im Kampf gegen die Ketzer machen.

Ernst und streng war er. Wenn er gelegentlich in das Haus seines Neffen kam, war bald alle Fröhlichkeit verstummt, und wer einen Vorwand fand, der verließ eilig das Haus. Und doch kann man nicht leugnen, dass dieser persönlich untadelige, vornehme Mann seinen Verwandten starke religiöse Anregungen vermittelte, denn er war anders als die zahlreichen Priester, die meist oberflächlich und gedankenlos ihr Amt versahen. Er kämpfte gegen die Verweltlichung und den Aberglauben des unwissenden, oft geradezu gottlosen Klerus, in dem er das Hauptübel der fast dem Sterben nahen Kirche sah. Darum spornte er die Geistlichen an, nicht nach irdischem Besitz zu trachten, sondern sich lieber der Pflege der Armen und Kranken zu widmen, zu predigen, zu trösten, das Volk zu lehren und zu neuem religiösem Leben zu erwecken. Aber Galeazzo hätte nie den Mut gefunden, vertrauensvoll diesem seinem Oheim einmal sein Herz zu öffnen. War er doch vergleichbar mit den steinernen Heiligenfiguren, die auf hohem Sockel in düsteren Kirchen stehen, feierlich, unnahbar, tadellos, aber auch kalt und unbeweglich auf das gemeine Volk herabsehend.

Man war froh, wenn Seine Eminenz der Kardinal, der von allen in der Familie scheu verehrte Oheim, das Haus wieder verließ.

Galeazzo empfand seine Autorität, aber er liebte ihn nicht. Beide blieben einander fremd trotz der Bande des Blutes.

Einen anderen Verwandten hatte er jedoch, der sein Altersgenosse war und ihm schon viele Jahre sehr nahe stand, nämlich Giovanni Francesco, der gewöhnlich nach seinen Besitzungen Caserta genannt wurde. Er konnte lachen und singen und hatte einen so regen Geist, dass man stets einen angeregten Gedankenaustausch mit ihm haben konnte. Und er war alles andere als oberflächlich.

Kaum hatten sie einander kennen gelernt, als sie auch schon Freundschaft schlossen. Sie fühlten Vertrauen zueinander und besuchten sich oft. Dieses

Freundschaftsband wurde noch fester, als Casertas Schwester dem Freund die Hand zum Lebensbund reichte. Weilte Galeazzo, von dienstlichen Pflichten frei, bei den Seinigen, so war der Schwager ein gern gesehener Gast, mit welchem der von mancherlei Erlebnissen und Sorgen des unruhigen Treibens am kaiserlichen Hof erfüllte Hausherr vieles besprach.

Es war für beide eine Erholung, wenn sie zusammen tagelang auf die Jagd gehen konnten, die ihnen nicht nur körperliche Erfrischung, sondern auch Gelegenheit zu langer, ungestörter Unterhaltung bot.

Caserta besaß auf der Insel Ischia ein ausgedehntes Landgut. Dort pflegten die beiden Freunde in jedem Frühjahr Wachteln zu jagen, zur Zeit wenn der Wein blühte, die Thunfische in großen Schwärmen an die Küsten des thyrrhenischen Meeres zogen und die Vögel in zahlreichen Schwärmen von Afrika her über das Meer kamen und hier einfielen, um müde von der langen Reise auf den Felsenabhängen der Insel zu rasten.

Etwa im Jahre 1540 kehrte Galeazzo nach langem Winteraufenthalt in Deutschland am Hof des Kaisers für den Sommer nach Neapel zurück. Caserta schien auf ihn gewartet zu haben, denn er drängte schon nach wenigen Tagen, zusammen auf Ischia zu jagen.

„Lass uns hinüberfahren", bat er, „die Wachteln ziehen jetzt; und ich freue mich sehr darauf, der Stadt zu entrinnen."

Donna Vittoria, Galeazzos Gattin war es nicht ganz recht, als sie von dem geplanten Ausflug hörte. Sie freute sich sonst immer, dass ihr Mann und ihr Bruder so eng befreundet waren, aber diesmal war sie seltsam unruhig. Doch Galeazzo tröstete sie mit der Zusicherung, dass er nun den ganzen Sommer über vom Dienst frei sei und nicht mehr von zu Hause fort müsse.

Es war ein frischer, klarer Frühlingsmorgen, als sie von den Terrassenstufen des Gartens am Posilipp in die breite Segelbarke stiegen, mit der Guido, der treue Schiffer Casertas, sie zu der zackigen Felseninsel Ischia bringen sollte. Die Wellen spritzten kühl und rein über den Rand des Schiffes, weiße Schaumkronen jagten vor dem Wind über das Meer, der Vesuv reckte sich gigantisch in den blauen Himmel, doch seine Rauchwolke konnte nicht senkrecht zur Höhe steigen, wie sie es an stillen, trägen Tagen tut; der Wind trieb mit ihr sein ausgelassenes Spiel. Die Sonne schien so hell, als ob sie nie vom trüben Dunst schwülen Schirokkos verhüllt gewesen sei, die Möwen schrieen, und das Schiff flog dahin wie ein edler Renner.

Die beiden Freunde freuten sich des frischen Morgens, und Galeazzo sagte wieder und wieder: „Hier ist es doch am schönsten!"

Er hatte Spanien, Frankreich, die Niederlande, Deutschland, Ungarn und die Schweiz auf seinen Reisen kennen gelernt, aber alles, was er dort gesehen hatte, lehrte ihn, die Heimat um so mehr zu lieben.

Gegen Mittag kamen sie an der niedrigen Insel Procida vorbei und kurz darauf an dem winzigen Eiland Vivara, welches wie eine Schildkröte mit gewölbtem Rücken im Meer liegt. Es ist nicht größer, als dass es ein Mann in weniger als einer halben Stunde umwandern könnte, wäre nur das Ufer gangbar. Aber es steigt so schroff und steil aus dem Meere auf, dass nur an einer einzigen Stelle ein Zugang zur Insel vorhanden ist. Den Rücken der Schildkröte bedeckten Weinberge, Olivengärten und dunkelblättrige Feigenbäume.

Caserta wies mit der Hand zu der kleinen Insel hinüber. „Wie gefällt sie dir?" fragte er; „du weißt wohl, dass sie mir gehört. Ich habe jetzt eine besondere Verwendung für sie, über die ich mich sehr freue. Vielleicht erzähle ich dir später einmal davon."

Durch einen breiten Meeresarm von Vivara getrennt, ragte aus der Brandung der mächtige Felsen, auf welchem das wehrhafte Kastell Ischia wie ein Adlerhorst erbaut war. Sie umfuhren in weiterem Bogen die Burg und kamen dann in ruhiges Wasser längs der Küste der großen gleichnamigen Insel.

Als es begann, dämmrig zu werden, bogen sie um das letzte Vorgebirge und landeten in dem Städtchen Forio, zu Füßen der auf einem Bimssteinfelsen stehenden kleinen, weißgetünchten Kirche der Madonna del soccorso, der Muttergottes von der Hilfe.

Galeazzo sagte ein freundliches Wort, wie lieb und wie zierlich das Kirchlein aussehe, aber Caserta entgegnete mit dem Ton des Bedauerns: „Was hilft alle Schönheit des Baues, wenn man in seinem Innern solch schlimmen Dinge treibt!"

„Was meinst du?"

„Im letzten Winter haben sie hier unterhalb der Kirche nach einer stürmischen Nacht zwischen den Steinen des Ufers ein dunkelbraunes, hölzernes Kruzifix gefunden, das von einem untergegangenen Schiff stammen mag. Sie haben es in die Kirche hinaufgebracht, und kaum war es da aufgerichtet, ging das Gerücht um, dieses Holz könne Zeichen und Wunder tun, und wer es küsse, erhalte wer weiß wie viel Ablass."

„Nun, es ist doch ein Kreuz."

„Glaubst du denn, dass solch ein geschnitztes Holzkreuz Wunder tun und Sünden vergeben kann?"

Betroffen schaute Galeazzo den Schwager an; dieser aber verwehrte ihm eine Antwort durch einen Blick auf Guido, den Schiffer, um dann in harmlosem Ton auf französisch zu sagen: „Der brave Mann könnte etwas falsch verstehen. Über derartige Dinge lass uns reden, wenn wir allein sind. Man ist sehr argwöhnisch geworden und wittert überall Ketzerei."

Sie stiegen vom Hafen aus eine steile, enge Gasse zwischen alten Häusern empor bis zu einem wuchtigen Turm, der auf einer Lavaklippe stand und von etlichen Gebäuden umgeben war. Hier wurden sie erwartet. Giovan, der Winzer Casertas, und seine lebhafte Frau Loreta begrüßten sie wortreich und froh und geleiteten sie auf schmalem Pfad zwischen dichtem Lorbeergebüsch um den Turm herum zu einem Vorsprung des Felsens, auf dem ein bequemer Sitzplatz mit einem gedeckten Tisch hergerichtet war. Rachele, die Magd, brachte ein Windlicht und Speise und Trank, gebratene Fische, weißes Brot und dunkelroten Wein. Als die Mahlzeit beendet war, kam Giovan zu einem Plauderstündchen zu ihnen, denn er wusste, dass sein junger Gebieter gern über das Ergehen der Insel und seiner Bewohner, der Ischioten, Neues hören wollte. Er versäumte nicht, auch von dem wundertätigen Kruzifix zu erzählen, das von den Priestern außerordentlich gerühmt, von manchen Leuten aber sehr kritisiert werde. Es fehle ja auf der Insel nicht an solchen, die gefährliche neue Lehren gehört hätten und auch gern davon sprächen.

„Hoffentlich werden wir nicht von der Seuche der Ketzerei angesteckt! Ein Seemann, der bis in die Hansastädte des baltischen Meeres gekommen ist, und nun nach langer Fahrt hier bei den Seinigen ausruht, hat uns von dem großen Abfall berichtet, den die Kirche in Deutschland und anderen Ländern des Nordens erlebt."

Loreta, die sich inzwischen auch eingefunden hatte, wusste von Zeichen und Wundern, die sich ereigneten als Warnung vor dem neuen Geist der Irrlehre. Nicht hier auf Ischia, wohl aber auf der nicht fernen Insel Ventote hätten sich sehr ungewöhnliche Dinge ereignet.

Galeazzo lächelte über diese Erzählungen und versuchte Giovan und seine besorgte Frau zu beruhigen. „Glaubt mir", sagte er, „derartiges wird überall erzählt. Ich muss ja viel in fremde Länder reisen und höre oft ähnliches. Aber wenn man dies alles näher hinterfragt, stellt sich heraus, dass das meiste Einbildung ist."

„Was meint Ihr dazu?" fragte der Winzer, indem er sich an Caserta wandte. „Habt Ihr nicht verspürt, dass überall, nicht nur auf unseren Inseln, sondern auch sogar in Neapel selbst, eine seltsame Unruhe über die Menschen gekommen ist, als drohe unserer Kirche große Gefahr."

„Es lässt sich nicht leugnen", entgegnete Caserta, „dass viele aus einem langen Schlaf der Dumpfheit und Gleichgültigkeit aufgewacht sind, aber sie denken nicht daran, etwa gegen den Papst und die Kirche aufzutreten, wie es in Deutschland jener rebellische Mönch, dieser Luther, getan hat. Nein, da sorgt euch nicht!" –

Ehe der Tag graute, ritten sie von dem Turm aus, in dem sie übernachtet hatten, auf kleinen Ponies bergan. Als es zu steil wurde ließen sie die Tiere und einen Reitknecht zurück und kletterten zwischen Klippen und Felszacken umher, um mit ihren Armbrüsten Wachteln zu schießen. Schließlich, der Jagd müde, hielten sie auf dem Gipfel des Vorgebirges Rast.

Sie setzten sich in die duftenden, blühenden Kräuter, die in bunter verschwenderischer Fülle den Boden bedeckten, und freuten sich an dem kühlen Seewind, der sie umwehte. Während sie ihren Imbiss verzehrten, blickten sie weit hinaus ins Meer. Hier und dort konnte man eine ferne, niedrige Insel entdecken, und im Norden stand wie ein Gebilde aus Dunst und Duft die Riesenpyramide des Monte Circeo über dem Meer.

Galeazzo wies mit der Hand hin. „Ja, der Circeo. Aber nun lass uns unser Spiel spielen! In den langen Monaten, die ich im nebligen, winterlichen Germanien zubringen musste, sehnte ich mich gar manchmal nach dem Tag, an dem ich wieder hier vom Felsenberg nach dem Vesuv hinüberblicken würde."

Beide richteten sich auf und wandten dem Monte Circeo den Rücken, so dass sie den Golf von Neapel vor ihren Blicken hatten. Majestätisch, feierlich reckte sich der Vesuv aus der Flut, und die in der Sonne schneeweiß schimmernde Rauchwolke seines Gipfels kämpfte mit dem Wind, der sie nicht ungehindert in die Höhe steigen lassen wollte, sondern sie wie das Segel eines Schiffes hin und her bewegte. Von einem Augenblick zum anderen veränderte sich die Gestalt der Wolke, und das Spiel der Freunde bestand darin, Ähnlichkeiten mit Gestalten, Fabelwesen, Tieren oder Menschen in ihr zu entdecken. Bald war es ein Löwe, der sich zum Sprung niederduckt, bald ein Kämpfer mit einem Schwert.

„Da, ein Adler. Und jetzt – ist das nicht ein Männerkopf mit gewölbtem, kahlem Schädel und scharfem, kühnem Profil?" fragte Caserta.

„Es ist Cäsar, ja, es ist Cäsar!" rief Galeazzo.

Sekundenlang stand die Wolke still über dem Vesuv, als wollte der gewaltige Tyrann den Meeresgolf überschauen, in welchem er einst seine siegreiche Flotte versammelt hatte. Plötzlich legte Caserta seine Hand auf den Arm des Freundes und sagte: „Nein, es ist nicht Cäsar! Es ist ein anderes Gesicht! Ich habe", fuhr er langsamer fort, „neulich ein Bild gesehen, welches ich hier wiederfinde, das Bild des – Martin Luther!"

„Niemals! Nein! Der abgefallene Wittenberger Mönch hat hier in Neapel kein Recht, nicht einmal das Recht, in der Vesuvwolke über unserem Meer zu stehen." Erregt sprang Galeazzo auf.

„Lass uns das Spiel abbrechen!" sagte Caserta, „wir kommen sonst auf unser Gespräch von gestern Abend zurück. Es ist wirklich seltsam, welche Unruhe über die Menschen gekommen ist, dass man selbst auf diesem kleinen Eiland im Ozean berührt wird von den Stürmen, die jenseits der Alpen entfesselt sind. Sag' einmal", fuhr er plötzlich lebhaft fort, „du warst doch wieder monatelang in Deutschland, hast du den Luther dort nicht gesehen?"

„Nein, nein! Ich wollte ihn auch gar nicht sehen! Ohne Mühe hätte ich es einrichten können, dass ich mit einem diplomatischen Auftrag nach Wittenberg geschickt worden wäre. Dort hätte ich ihn gewiss sehen können, denn er geht am Hof des Kurfürsten aus und ein. Aber ich habe mich gehütet, mit ihm in Berührung zu kommen, ist er doch vom Papst in den Bann getan worden. Er ist doch ein Sohn des Verderbens!"

„Aber es ist nicht zu leugnen", wandte Caserta ein, „dass er in manchen Stücken Recht hat."

Erstaunt, fast erschrocken sah Galeazzo seinen Schwager an. „In welchen Stücken?"

„Er hat über die Verweltlichung der Kirche scharfe und treffende Worte gesagt, die jeder ernste Mensch als richtig anerkennen muss. Und er soll auch in seinen Lehren viel Gutes, echt Christliches gebracht haben."

„Woher weißt du das?"

„Ich hörte es aus dem Munde des Valdez."

„Wer ist Valdez?" fragte Galeazzo erstaunt.

„Juan Valdez ist aus Spanien nach Neapel gekommen und hat hier einen großen Kreis von Schülern um sich gesammelt."

„Was lehrt er?"

„Er hält Vorlesungen über einzelne Teile der Bibel."

„Und du besuchst solche Vorlesungen? Caserta, was ist über dich gekommen? Willst du Priester werden?"

„Nein, nein, wirklich nicht. Aber ich möchte mehr Klarheit über Glaubensdinge haben. Was wissen wir überhaupt von den Lehren, die Jesus Christus uns gebracht hat?"

„Das ist eine Angelegenheit der Kirche."

„Nein, eben nicht! Es ist unsere eigene Angelegenheit. Ich entsinne mich noch, was mir unser alter Hauskaplan sagte, als ich ihm einige Fragen zu stellen begann. Ich habe es nicht vergessen."

„Was sagte er?"

„Er erzählte mir die Geschichte vom heiligen Nepomuk aus Prag, der eines Tages einen Köhler im Böhmerwald traf. Er fragte ihn: ,Hast du auch christlichen Glauben?' – ,Ja', sagte der Mann, ,den habe ich'. – ,Was glaubst du denn?' fragte der Heilige weiter. – ,Ich glaube, was die Kirche lehrt!' – „'Gut, und was lehrt die Kirche?' – ,Die lehrt, was ich glaube'. – So erzählte mir unser alter Kaplan."

„Nun, das ist eine einfältige Geschichte –"

„Nein, unterbrich mich nicht. Dieser Geistliche, der mich unterrichten sollte, fuhr nämlich fort: ,Gott erhalte uns solchen Köhlerglauben!' – Siehst du, das ist ja gerade der Fehler, an dem wir kranken! Wir beruhigen uns mit dem Gedanken, dass da ein Lehramt ist, welches für die Dinge der Religion verantwortlich sei, und wir selber bleiben dabei unwissend und unmündig. Ich will zusammen mit zahlreichen Gleichgesinnten durch die Unterweisungen des Valdez eine eigene Vorstellung und Erkenntnis von der christlichen Wahrheit bekommen."

Galeazzo sah den Freund nachdenklich an. Nach einigen Augenblicken des Schweigens sagte er zögernd: „Du, das klingt nach Irrlehre und Ketzerei, wie sie über die Alpen bei uns eingeschleppt wird. Lass solche Äußerungen nicht zu den Ohren der Priester, am allerwenigsten meines strengen Oheims, des Kardinals Caraffa, kommen. Man würde dich der Hinneigung zum Luthertum beschuldigen."

„Das stimmt nicht. Valdez ermahnt uns immer wieder, dass wir ebenso wie er der Kirche alle Ehre geben sollen, die sie beansprucht. Wir gehen zur Messe, wir empfangen die Sakramente, wir halten alle Gebräuche, die vorgeschrieben sind, wir zahlen unsere wahrlich nicht geringen Abgaben, und wir denken gar nicht daran, uns gegen die Kirche irgendwie aufzulehnen! Deswegen musst du dir keine Sorgen machen, sondern kannst ohne Bedenken mit mir die Vorlesungen des Valdez besuchen. – Warum willst du nicht?"

Galeazzo schüttelte abwehrend den Kopf. „Bin ich ein Betbruder?" fragte er, „bin ich ein Frömmler, dass ich es nötig hätte, meine Zeit mit religiösen Belehrungen und seltsamen Andachtsübungen auszufüllen?"

„Ah so!" sagte Caserta lachend, „der Herr Caracciolo, Markgraf zu Vico, Kammerherr Seiner Majestät des Kaisers, ist zu vornehm dafür!"

„Ich will dich nicht verletzen!", entgegnete Galeazzo rasch und herzlich, „du weißt, wie viel mir an deiner Freundschaft gelegen ist. Aber erspare mir jene Frömmigkeitsversammlungen."

„Gut, ich will nicht mehr davon reden, wenn du mir versprichst, den Gottesdienst zu besuchen …"

„Ich gehe durchaus regelmäßig zur Kirche."

„… den Gottesdienst zu besuchen, der seit einiger Zeit an jedem Donnerstag Abend in der Kirche des Klosters San Pietro ad aram stattfindet, und bei dem ein vortrefflicher Prediger fortlaufend über die Briefe des Apostels Paulus predigt. Es ist der Abt Petrus Martyr Vermigli, ein Mann mit Geist und Feuer, voller Glauben und Erkenntnis und ausgerüstet mit großer Beredsamkeit. Den musst du hören! Und du vergibst dir nichts durch den Besuch dieser Gottesdienste, denn die vornehmsten Leute kommen dorthin, selbst der Vizekönig wird erwartet. Und für die Herren vom Adel sind in der Kirche besondere Plätze vorgesehen, damit sie nicht mit dem gemeinen Volk zusammen sitzen müssen."

„Bist du gewiss, dass dein Prediger nicht gegen die heilige Kirche redet?"

„Aber ich bitte dich, wie sollte er das wohl tun? Er ist einer der angesehensten Priester, Abt des großen Augustinerklosters in Neapel, eine Leuchte der Kirche! Du kannst ihn hören, ohne irgend einen Schaden zu nehmen. Im Gegenteil, du wirst viel von ihm lernen, und wenn es auch nichts anderes wäre als die Kunst der Beredsamkeit. Wärest du nicht so lange auf Reisen gewesen, würdest du schon zu seinen ständigen Zuhörern zählen. Komm nur einmal, du wirst es nicht bereuen."

„Wenn er ein so guter Redner ist, will ich gern kommen. Gute Predigten sind viel wert, zumal sie heute selten sind. Aber nun komm, es wird Zeit, dass wir unseren Felsengipfel verlassen und nach den Pferden sehen. Wir haben noch einen weiten Weg bis nach Forio, und wir sollten beizeiten die Rückfahrt nach Neapel antreten. Es wird ohnehin Nacht sein, ehe wir den Hafen der Stadt erreichen."

„Und es wird eine stürmische Nacht. Sieh nur, wie die Wolke des Vesuvs vom Wind zerrissen wird!"

Sie nahmen ihre Armbrüste, die Jagdtaschen, warfen die Jacken über die Schultern und gingen in angeregter Unterhaltung auf steinigem Pfad langsam bergab, bis sie zwischen Weinbergmauern den Knecht mit den Pferden trafen.

Der Wind wirbelte den beiden Freunden den Staub auf dem Weg entgegen, und als sie durch die Gassen des Städtchens Forio ritten, wurden die Palmenbäume im Garten des Sindaco geschüttelt, als wolle sie der Sturm umreißen.

Loreta war außer sich, als sie hörte, dass ihre vornehmen Gäste trotz des immer schlechter werdenden Wetters nach dem Mittagsmahl die Rückfahrt mit der Barke antreten wollten. „Wir werden schon nicht seekrank", wehrte Caserta freundlich ihre Warnungen ab; „wir haben keine Zeit; hier zu bleiben, ich werde morgen Vormittag in Neapel erwartet." Er sagte nicht, dass am anderen Vormittag die Freunde des Valdez eine Zusammenkunft verabredet hatten, bei der es sich um wichtige Dinge handelte. „Wir können nicht bleiben, wir müssen nach Hause."

Guido, der Schiffer, fürchtete auch schlimmes Wetter nicht, und er lachte bei den angstvollen Worten Loretas. „Du weißt doch", sagte er zu ihr, als er den Reisesack seiner Fahrgäste abholte, „dass wir jetzt im

Frühjahr auf den Thunfischfang gehen, und dass diese vorsichtigen Fische am liebsten in stürmischen Nächten ihre Wanderungen am Felsenufer machen, so dass sie uns in die Netze gehen? Wir müssen deshalb Stürme haben. Die heilige Restituta, unsere Schutzpatronin, möge das Wetter noch viel wilder machen!"

„Nein, nein!" wandte Giovan ein, der eben am Tisch mit seinen Gästen einen Becher Wein leerte, „nein, wir müssen warme, stille Nächte haben, denn jetzt blüht der Wein, und er kann keinen Sturm vertragen. Wir Weinbauern beten zu unserem Schutzpatron, dem San Vito, dass er den Sturm vertreibe! Hört, wie sie eben von der Kirche des San Vito zum Gebet läuten!"

„Und gleich werden sie von der Kirche der heiligen Restituta zum entgegengesetzten Gebet läuten."

Rachele, die Magd, welche die Unterhaltung mit angehört hatte, sagte nachdenklich, als wirklich in diesem Augenblick ein zweites Glockenläuten ertönte: „Nun kämpfen die Heiligen miteinander, und wer stärker ist, der bestimmt das Wetter!"

Kaum war die Barke eine Stunde unterwegs – noch ehe sie den Mezzatorre umfahren hatte, als der Sturm sie auch schon hin und her warf, so dass Guido und sein brauner Schiffsjunge Mühe hatten, das Segel zu bedienen und das Steuer zu halten. Jenseits der Mezzatorre kamen sie schließlich in den Windschatten der Insel und konnten nun gefahrlos und schnell die Fahrt fortsetzen. Aber als sie kaum eine Stunde später das Kastell Ischia erreicht hatten, den letzten Punkt der großen Insel, überfiel der Sturm sie wieder mit solcher Gewalt, dass sie mit äußerster Geschwindigkeit dahinflogen. Die Wellen schlugen in die Barke, und bald waren die Reisenden völlig durchnässt. Guido wollte Caserta etwas zurufen, aber der Sturm verschlang die Worte.

Darum gab er ein Zeichen, er werde in Vivara anlegen, und es dauerte nicht lange, bis das Boot durch die Brandung hindurchschoss. Es sah aus, als sollte es am steil aufragenden Felsenufer zerschellen; doch unter Guidos sicherer Steuerführung glitt es in einen Felsenspalt und kam wenige Augenblicke später auf eine stille, glatte Wasserfläche, die von einem Felsenkessel eingeschlossen war.

Die kleine Bucht mochte früher ein vulkanischer Krater gewesen sein, sind doch die meisten Inseln rings um Neapel vulkanischen Ursprungs. Diesen verborgenen Winkel kannten nur wenige Räuber und Schmuggler, und es erforderte sehr viel Mut und Geschick, dort hineinzugelangen. Die kleine Bucht aber bot den besten Hafen, den man finden konnte. Steile Wände schlossen sie ringsum ein, und sogar über dem Eingang wölbte sich der Felsen wie ein Torbogen, so dass kein noch so stürmischer Wind hier hindurchbrausen konnte.

Die nackten Lavawände waren überzogen mit dunkelgrünem Gesträuch, und dazwischen rieselte ein kleiner Wasserlauf hernieder. Oben auf dem Felsenwall standen Mauerreste und zerborstene Säulen. In alter Zeit war hier ein Heiligtum der Diana gewesen.

Als Guido die Barke in die Bucht steuerte, sagte er stolz: „Ecco!" Das sollte heißen: Ich habe euch aus aller Gefahr hier in Sicherheit gebracht!

Erstaunt sah sich Galeazzo um, und Caserta nickte zufrieden. „So ist es", sagte er, „wir hätten keinen besseren Zufluchtsort finden können. Wie einsam und ruhig ist es hier! Lass uns an Land gehen und warten, bis sich draußen die Wellen beruhigt haben."

Eben wollte Guido die Barke anlegen, als Galeazzo überrascht den Freund auf einen Mann aufmerksam machte, der auf einem Steinblock saß und anscheinend in tiefe Gedanken versunken war. Er trug ein weites Gewand ähnlich einer Mönchskutte. Eisgraue Haare und ein grauer Vollbart umrahmten sein blasses Gesicht. Seine dunklen Augen blickten forschend und beunruhigt auf die Ankömmlinge. Doch die Unruhe verschwand sofort, denn er erkannte Caserta. Er stand auf und streckte ihm beide Hände zum Willkomm entgegen.

„Wer ist das?" flüsterte Galeazzo.

„Einer meiner Freunde, ein edler Mann, dem ich hier auf Vivara Gastfreundschaft gewähre."

„Willkommen, Messere, willkommen in meinem stillen Tusculum, dem behaglichen Landsitz, den mir Eure Güte bereitet hat."

Caserta sprang auf den Sand des Ufers und begrüßte den alten Mann mit großer Ehrerbietung und sichtlicher Freude. „Ich wusste nicht", sagte er, „dass Ihr schon hier seid."

„Seit drei Tagen erst bin ich hier Euer Gast, und ich preise Gott für diese glückliche Insel."

„Und ich freue mich, dass uns der Sturm gezwungen hat, hier Zuflucht zu suchen. Darf ich Euch bitten, meinem Schwager und besten Freund, dem Marchese Galeazzo Caracciolo, das selbe Vertrauen zu schenken wie mir?"

„Die Freunde meiner Freunde sind meine Freunde", sagte der Greis liebenswürdig und reichte Galeazzo die Hand. „Es ist mir eine große Freude, hier, wo ich selber Gast bin, liebe Gäste begrüßen zu dürfen."

Caserta wandte sich an Guido und besprach mit ihm die Weiterfahrt nach Neapel. Der erfahrene Seemann erklärte, mit Einbruch der Dunkelheit werde sich der Wind wohl beruhigt haben, so dass man es wagen könne, in der Nacht weiterzusegeln, wenn Caserta durchaus am nächsten Morgen in Neapel sein wolle.

„Gut", entschied dieser. „Du weißt, Guido, dass ich dir völlig vertraue, denn du verstehst dein Handwerk. Aber ich vertraue dir auch darin, dass du und dein Schiffsjunge niemandem ein Sterbenswort sagen werdet von dem Mann, den wir eben hier getroffen haben."

„Wie sollte ich! Ich habe ihn doch selber auf Euren Befehl in größter Heimlichkeit nach Vivara gebracht, als er mir vor wenigen Tagen sagen ließ, er sei bereit, hierher überzusiedeln. Nein, Herr, ich bin Euer treuer Schiffsknecht und weiß, dass Ihr nichts Böses tut, wenn Ihr jemanden verbergen wollt. Verlasst Euch auf mich!"

„Es ist gut", antwortete Caserta beruhigt, um sich dann dem Alten zuzuwenden.

„Wie geht es Euch, ehrwürdiger Herr? Tut Euch der Aufenthalt auf meinem Eiland wohl?"

„Es geht mir besser als in der lärmerfüllten Stadt, und der frische Seewind ist Balsam für mich. Aber kommt, lasst mich Euch zu meiner Klause führen. Ich wandere jeden Tag von dort bis hier an den Strand. Wie freue ich mich über Eure Ankunft!" –

Ein schmaler, steiler Pfad führte im Zickzack auf den Rücken der Insel. Als sie den oberen Rand des Felsenkessels erreicht hatten, führte der Weg durch einen Weinberg und dann durch einen Olivengarten bis zur Höhe. Dort gelangten sie zu einem weißgetünchten, einstöckigen Haus, das von einem festen viereckigen Turm überragt wurde.

Vor dem Haus standen etliche Feigenbäume, deren dichtes Laub dunklen Schatten gab. Ein Marmortisch und zwei Marmorbänke standen einladend unter den Bäumen. Bücher, die auf dem Tisch lagen, sowie Schreibgerät verrieten, dass der alte Mann hier gearbeitet hatte. Er ging ins Haus, und es dauerte nicht lange, bis ein braungebrannter, wild aussehender Mann in die Tür trat und einen lauten rauen Ton ausstieß. Er eilte auf Caserta zu, und ehe dieser es verhindern konnte, beugte er vor ihm ein Knie und küsste den Zipfel seines Mantels. Dann sprang er auf, gab wieder seltsame Töne von sich und lief davon.

„Es ist unser Taubstummer", erklärte Caserta, „er haust hier menschenscheu, von allen gefürchtet und gemieden seit einigen Jahren und verdient sich sein Brot als mein Olivengärtner und Winzer. Er ist fleißig und treu wie Gold, aber er gilt auf den benachbarten Inseln als einer, der von Dämonen besessen ist."

„Wie ist er zu dir gekommen?" fragte Galeazzo verwundert.

„Ich fand ihn eines Tages auf Procida, als eine wilde Horde halbwüchsiger Buben ihn vor sich her hetzte und mit Steinen nach ihm warf, so dass er schon aus mehreren Wunden blutete. Man sagte mir, dass sein Vater ein maurischer Seeräuber gewesen und seine Mutter als Hexe verbrannt worden sei. Irgend ein Fanatiker hatte das Volk gegen ihn aufgehetzt, und sicher hätte man ihn zu Tode gepeinigt. Darum nahm ich ihn mit hierher. Bald zeigte sich, dass er wohl taubstumm, aber keineswegs besessen ist. Er ist ein brauchbarer Arbeiter, er hütet mir die Insel. Jetzt bedient er meinen Gast, der hier Ruhe und Erholung sucht."

Der Alte nickte und sagte anerkennende Worte über den Taubstummen.

„Aber kommt, Signor", fuhr er fort, „bis der Imbiss bereit ist, müsst Ihr euch mein Domizil ansehen."

Er führte seine Gäste auf den Hausflur, in welchem landwirtschaftliche Geräte herum lagen. Ein Duft von Zwiebeln, getrockneten Kräutern, Wein, gebratenem

Fisch, Öl und faulen Winterfeigen erfüllte die Luft. Eine offene Tür ließ den Blick in einen halbdunklen, gewölbten Keller gehen, in dem etliche große Weinfässer lagen. In einer Kammer zu ebener Erde, deren Fenster mit dichten hölzernen Läden verschlossen waren, standen riesige tönerne Gefäße, die für Öl bestimmt waren, während sich in einem anderen Raum eine ungefüge Ölpresse und Kübel und Bottiche befanden. In einer Küche, die sich ebenfalls auf den Hausflur öffnete, loderte auf offenem Kamin ein helles Feuer, und der Taustumme hantierte eifrig mit Töpfen und Pfannen, ohne zu hören, dass die Besucher auf den Flur gekommen und in der Tür der Küche stehengeblieben waren und redeten.

„Er ist glücklich", sagte der Alte freundlich, „dass Ihr da seid, Caserta. Für Euch würde er durchs Feuer gehen."

„Und Ihr wohnt hier?" fragte Galeazzo verwundert, indem er den Blick auf der vornehmen, zarten Gestalt des Unbekannten ruhen ließ.

„Kommt nur mit!" Er ging die Treppe hinauf und öffnete eine Tür, die in den Turm führte. Es war ein äußerst wohnliches Gemach, in das die Besucher eintraten. In einem Alkoven gab es ein Himmelbett, zwei geschnitzte Schränke standen an einer Wand und ihnen gegenüber an der anderen Wand ein Tisch mit eingelegter Marmorplatte, welcher etliche silberne Teller, Schüsseln und Kannen trug. Ein breites Schreibpult war vor eines der beiden Fenster gestellt, und zwischen ihnen befand sich ein Kamin, dessen Einfassung aus Marmor gefügt war und inmitten von ausgemeißelten Fruchtgirlanden Casertas Wappen zeigte.

Bücher lagen auf dem Pult und auf den Stühlen, ein weicher Teppich bedeckte die kühlen Steinfliesen des

Fußbodens, und rankendes Weinlaub umgab von außen die Fenster und ersetzte die fehlenden Vorhänge.

Das Schönste des Gemachs aber war die Aussicht aus den Fenstern. Der Blick ging ungehindert über die dunkelgrünen Wipfel der Feigenbäume und die silbriggrünen Ölbäume. Rings um das Eiland dehnte sich das Meer. Das Kastell und die zackigen Felsgipfel Ischias, das ferne Eiland Capri und der noch fernere Vesuv winkten herüber.

„Hier habe ich nun eine stille Zuflucht gefunden", sagte der Alte, und Caserta nickte: „Niemand wird Euch hier finden. Es ist besser, Ihr bleibt zunächst hier. Ihr wisst ja, dass Ihr mir ein lieber Gast seid."

„Der, welcher selbst arm wie ein Gast auf Erden war, vergelte es Euch!"

„Was für neue Bücher habt Ihr?" fragte Caserta, den Dank des Alten unterbrechend.

„Ich habe am Tag vor meiner Abreise aus Neapel ein wahrhaft köstliches Buch bekommen, welches eben erst in Venedig gedruckt ist. Seht, hier ist es."

Er zeigte ihnen ein kleines Buch; es mochte nicht stärker als etwa einhundertundzwanzig Seiten sein, war aber sorgfältig in gepresstes Leder gebunden und mit Goldschnitt verziert.

Caserta nahm es und las den Titel „Die Wohltat Christi", und Galeazzo, der neben ihm stand, fragte nicht ohne ein seltsames Misstrauen: „Warum ist kein Verfasser darauf verzeichnet? Wer hat es geschrieben?"

„Wer es geschrieben hat? Ich weiß es nicht. Aber ich weiß, dass er ein wahrhaft gottesfürchtiger Mensch ist, der mehr Verständnis hat als viele gelehrte Philosophen und Theologen." (Siehe Anhang!)

Ein lauter Ruf unterbrach das Gespräch. Der Taubstumme stand in der Tür und deutete an, dass das Essen bereit sei; er gab sich nicht eher zufrieden, bis die Gäste mit dem Hausbewohner an dem Tisch unter den Feigenbäumen vor der Tür Platz genommen hatten. Dann brachte er eine große Schüssel mit dampfenden Nudeln und eine strohumflochtene Flasche voll Wein. Glücklich stand er in ehrerbietiger Entfernung und freute sich an dem Appetit der Gäste, die dem einfachen Mahl alle Ehre antaten. Mit am Tisch sitzen wollte er nicht. Freundlich klopfte ihm Caserta nachher auf die Schulter und lobte mit entsprechenden Handbewegungen den vortrefflichen Schmaus.

Es war allmählich fast windstill geworden, die Sonne eilte sich, bald unterzugehen, und ein warmer, dämmernder Abend umfing die drei Männer, die nach der Mahlzeit in traulichem Gespräch am Marmortisch saßen. Galeazzo erzählte zunächst von den Erlebnissen, die er in Deutschland am Hof des Kaisers gehabt hatte, und er wunderte sich, als der Alte die selbe Frage stellte, die Caserta gestellt hatte: ob er Luther gesehen habe? Unmerklich glitt das Gespräch auf Fragen der Religion, und was der Alte darüber sagte, war so wohldurchdacht, dass man überhörte, wie er bei manchen Bemerkungen recht gewagte Lehren vertrat. Und er wusste seine Gedanken anschaulich und überzeugend auseinanderzusetzen, so dass Galeazzo nicht müde wurde, ihm zuzuhören. Der alte Mann ging freundlich auf die Fragen und Einwendungen seiner Besucher ein. Ohne Gehässigkeit, aber doch deutlich sprach er über die Zustände der Kirche, die dringend nach einer Reform schrieen.

„Hat nicht Papst Paul III. selbst zugegeben, dass endlich ein allgemeines Konzil einberufen werden müsse, um mancherlei Dinge abzustellen oder neu zu ordnen?

Man darf das nicht den Gegnern überlassen, sonst wird die Ausbreitung der Ketzerei immer größer." –

Wie das Gespräch weitergegangen war, wusste Galeazzo nachher nicht mehr genau, aber er vergaß den Eindruck nicht mehr, den es auf ihn machte, als der Alte eine lateinische Bibel zur Hand nahm und den beiden Freunden verschiedene Stellen vorlas und erklärte. Gerne hätten sie noch länger mit ihm geredet, doch Guido tauchte unter den Bäumen auf und mahnte zur Abfahrt.

Daher nahmen sie bald Abschied von ihrem Gastgeber.

„Entschuldigt", sagte dieser freundlich, „dass ich Euch nicht bis zum Schiff hinunterbegleite; meine Kräfte sind mir sparsam zugemessen. Aber sie reichen noch aus, um mich einem jeden, der mit mir über unsere wichtigsten Anliegen reden will, widmen zu können."

Ein freundliches Lächeln erschien um die von Krankheitsnot gefurchten Züge des alten Mannes, der an den Marmortisch gelehnt den Freunden nachschaute. –

Als sie in der Barke saßen und mit raschem Ruderschlag den stillen Hafen verlassen und den Gürtel der Brandung durchfahren hatten, sagte Galeazzo: „Nun müssen wir wieder in den Lärm und das ruhelose Treiben der Stadt zurückkehren! Am liebsten wäre ich auf deiner stillen Insel geblieben."

Caserta erwiderte: „Ich kenne meine kleine Insel Vivara von Jugend auf und weiß, dass auch sie kein Paradies ist."

„Aber was haben wir hier für schöne Stunden erlebt!"

„Wir verdanken sie nicht der Insel, sondern dem, der dort seine Zuflucht gefunden hat."

„Ich bitte dich, nun sage mir endlich, wer ist dieser Mann?"

Caserta sah den Freund lächelnd an. „Es ist ein Namenloser", entgegnete er schließlich zögernd, „er wird von Spionen umlauert und ist in größter Gefahr, obwohl er keinerlei Unrecht getan hat. Darum soll sein Name eigentlich nicht genannt werden, und niemand braucht zu wissen, dass er hier ist. – Aber du wirst ihn nicht verraten. Es ist Juan Valdez."

Galeazzo schwieg betroffen.

Sie hatten französisch gesprochen, damit Guido und der Schiffsjunge sie nicht verstehen konnten.

„Es sind unruhige Zeiten", nahm Caserta nach einigen Augenblicken das Wort, während die Barke in flotter Fahrt an Procida vorüberglitt, „und es ist traurig, dass man mit einem Aufleben der Inquisition rechnen muss. Ich habe sichere Nachrichten aus Rom, dass der Papst deinen Oheim, den Kardinal Caraffa, beauftragt hat, diese aus dem Mittelalter überlieferte Einrichtung neu aufzubauen."

„Sie ist notwendig, um alle Irrtümer auszurotten. Wohin sollte es führen, wenn die Lehre der Kirche verfälscht wird?"

„Lass uns nicht darüber streiten und vergiss nicht, dass unser Herr Jesus Christus sein Reich nicht mit Zwang und Gewalt gebaut hat ..."

Caserta hätte noch weiter gesprochen, wenn ihm sein Schwager nicht ins Wort gefallen wäre. „Ich kann mich heute nur wundern", sagte er, „du bist unter die Theologen gegangen! Ich möchte wirklich wissen, was unsereiner mit diesen Fragen zu schaffen hat. Wir sind neapolitanische Edelleute und keine Mönche oder Priester."

„Wenn Gott ruft, muss man folgen, wer man auch sei."

„Folge ich Gott nicht? Bin ich denn ein Heide oder ein Verächter? Ich bin im Gegenteil ein treuer Sohn meiner Kirche, ich habe von Jugend auf getan, was sie forderte, ich habe es auch nicht an Opfern und Almosen fehlen lassen. Du weißt, dass ich gern helfe und christliche Barmherzigkeit übe. Und mein Beichtvater ist immer mit mir zufrieden gewesen. Aber ich kann dir nicht darin folgen, mich nun ganz und gar auf solche frommen, klösterlichen Gedanken einzustellen. Caserta, ich verstehe dich nicht mehr. Es ist etwas zwischen uns getreten, seitdem du so eifrig in religiösen Dingen geworden bist, ganz zu schweigen davon, dass ich den Argwohn nicht los werde, du könntest unter den Einfluss schlimmer Irrlehrer gekommen sein."

„Nein, nein! Das brauchst du nicht zu befürchten. Hast du nicht vorhin selber zugegeben, dass dir der edle Valdez einen vortrefflichen Eindruck gemacht hat?"

Die Barke war längst an der Küste von Procida vorüber gefahren und bog eben in den weiten Golf von Neapel ein. Es war dunkel geworden; eine mondlose Nacht lag auf der weiten Wasserfläche, die nach den langen stürmischen Stunden jetzt still da lag wie ein wilder Knabe, wenn er sich müde getobt hat und friedlich schläft. Über der Flut leuchtete glutrot die Wolke des Vesuvs, die bei Tag schneeweiß schimmert und bei Nacht den Widerschein trägt von dem unauslöschlichen ewigen Feuer des Kraters. Wie ein Leuchtturm wies sie dem Schiffer den Weg, und Caserta sagte leise einen Ausspruch Christi vor sich hin: „Ich bin gekommen, dass ich ein Feuer anzünde auf Erden; was wollte ich lieber, denn es brennte schon!" Wer dürfte sein Herz vor Ihm versperren!

„Du redest in Rätseln. Lass uns nicht mehr davon sprechen!"

Die Unterhaltung verstummte, jeder hing seinen Gedanken nach. Allmählich erkannte man die Lichter Neapels, und Guido lenkte die Barke an das Ufer des Posilipp, um gegen Mitternacht an den Marmorstufen vor dem Landhaus Caracciolos anzulegen.

Die Freunde stiegen aus, reckten die vom langen Sitzen steifen Glieder, nahmen ihre Armbrüste, Jagdtaschen und die erbeuteten Wachteln und riefen dem Schiffer und seinem Buben einen freundlichen Dank zu. Sie schritten die Treppen hinauf und gingen über die Terrassen zu dem nächtlich dunklen Haus. Trajano, der treue Kettenhund, schlug an und begrüßte seinen Herrn mit Gebell und Freudensprüngen. Diener kamen mit Windlichtern, öffneten die Tür, fragten nach den Befehlen des Hausherrn und seines Gastes und meldeten, dass die edle Donna Vittoria mit den Kindern schon zur Ruhe gegangen sei.

„Sage meiner Frau nichts von dem, was wir miteinander besprochen haben", bat Galeazzo, als sie sich trennten, um ihre Schlafgemächer aufzusuchen. „Sie würde sich sonst unnötig beunruhigen. Und nun Gute Nacht!"

„Gute Nacht! Wir wollen dafür dankbar sein, dass wir nicht verjagt und flüchtig uns verbergen müssen, sondern in Ruhe und Sicherheit uns niederlegen können."

Betroffen schaute Galeazzo seinen Schwager an und fragte: „Wie meinst du das?"

„Es sind jetzt manche, und zwar nicht die Schlechtesten, die verjagt und bedroht werden, ohne dass sie etwas Böses getan hätten. Denke nur an Juan Valdez, den du heute kennengelernt hast."

„Sage mir, Caserta, warum verbirgt er sich in der Einsamkeit Vivaras? Ich wollte dich unterwegs schon danach fragen. Aber ich weiß ja freilich die Antwort schon im Voraus. Du hast ihn dort auf deinem abgelegenen, schwer zugänglichen Besitztum aufgenommen, weil er sich in Neapel nicht mehr sehen lassen darf. Ist es nicht so?"

„Du sagst es. Wir haben sichere Anzeichen dafür, dass man ihn umlauert und nur nach Gründen und Vorwänden sucht, ihn zu beseitigen. Leute wie er sind der Kirche unbequem."

Mit sorgenvollen Gedanken ging Galeazzo zur Ruhe, und er konnte lange nicht einschlafen. Durch das geöffnete Fenster seines Gemachs wehte der sanfte Nachtwind Düfte von blühendem Wein und von den Zitronenbäumen herein. Wenn er zuweilen die Augen aufschlug, sah er trotz des nächtlichen Dunkels die Glutwolke über dem Krater des Vesuvs.

„Ich bin gekommen, dass ich ein Feuer anzünde auf Erden, was wollte ich lieber, als dass es schon brennte?" – Dieses Wort wollte ihm nicht aus dem Sinn.

Am andern Morgen weckten Galeazzo die Stimmen seiner Kinder, die mit der Mutter in das Schlafgemach kamen und den Vater begrüßten. Fröhlichkeit, Sonnenschein, Glück umgaben ihn im Kreis der Seinigen. Die Kinder waren froh, den Vater, den sie so oft entbehren mussten, endlich wieder einmal bei sich zu haben. Und Donna Vittoria war noch glücklicher als sie.

Es war ein gewöhnlicher Wochentag, aber die Familie mit dem zahlreichen Gesinde begann ihn, so wie jeden anderen Tag, damit dass man sich in der schön ausgestatteten Kapelle versammelte, in welcher der Hauskaplan, ein ernster Theatinermönch, die Messe las. Auch Caserta, der heute Gast des Hauses war, schloss sich nicht aus. Aber er nahm danach bald Abschied von Schwester und Schwager, denn er wurde in der Stadt erwartet.

„Morgen Abend", so sagte er, ehe er zu Pferde stieg, zu Galeazzo, „predigt der Abt des Augustinerklosters."

„Ja, ich habe es nicht vergessen, dass ich dir versprach, jenem Gottesdienst beizuwohnen. Ich werde kommen. Aber, Freund, verstehen kann ich dich nicht!"

Kaum war Caserta fortgeritten, als ein Diener in den Garten kam, in welchem der Hausherr soeben mit den Kindern spielen wollte.

„Es ist Besuch eingetroffen", meldete er; „Seine Eminenz der Kardinal Caraffa."

Erschreckt trat Donna Vittoria, welche die Worte gehört hatte, aus dem Haus und gebot der Wärterin, die Kinder in den entlegenen Teil des Gartens zu bringen und dafür zu sorgen, dass sie sich ruhig verhielten; sie wusste, dass der Kardinal Kinder nicht leiden konnte.

Galeazzo eilte in den Empfangssaal, in den eben der von zwei jüngeren Klerikern begleitete hohe Besuch eintrat. Er kniete der Sitte gemäß vor dem Kardinal nieder und küsste ihm die Hand. Auch Vittoria wollte niederknien, aber der Kardinal wehrte es ihr mit vollendeter Höflichkeit. Er ließ sich auf einen Sessel nieder, wobei die gut eingeübten Kleriker die lange Seidenschleppe des roten Kardinalsgewandes über die Lehne des Sessels legten. Dann traten sie auf einen fast unmerklichen Wink zurück, und der Oheim begann eine nicht unfreundliche, aber kühl abgemessene Unterhaltung. Er sei selber gekommen, anstatt einen Boten zu schicken oder zu schreiben, denn er wolle die Sache mündlich erledigen. Er habe seinem Neffen ein glänzendes Angebot zu machen.

„Du weißt, Galeazzo, dass ich dich, den Sohn meiner verstorbenen Schwester, wie meinen eigenen Sohn betrachte, ich habe darum für dein Fortkommen Sorge getragen. Du sollst nicht am Hof des Kaisers Dienst tun, sondern am Hof dessen, der über allen Königen und Kaisern steht, am Hof des Papstes."

Caracciolo murmelte einige Worte des Dankes und der Kardinal fuhr feierlich fort: „Vielleicht weißt du schon, dass der Papst mich beauftragt hat, das Amt des Großinquisitors zu übernehmen. Er hat vor wenigen Tagen durch die Bulle ‚Liset ab initio', jene gesegnete Einrichtung erneuert, die das Feuer der protestantischen Irrlehre löschen soll, wo es nur immer in Italien aufgeflammt ist. Und da ich als Mitarbeiter unter anderem einen im diplomatischen Verkehr erfahrenen, gewandten, klugen und durchaus zuverlässigen Edelmann brauche, den ich zu Fürsten und Königen senden kann, habe ich an dich gedacht, Galeazzo. Du wirst in diesem Amt die Gunst des Papstes erringen und die höchsten Ehrenstellen einnehmen. Mit deiner Wahl sind meine beiden Mitarbeiter einverstanden, nämlich Ignazius von Loyola, der General des neu gegründeten Jesuitenordens, und Michele Ghisleri, der Kardinal, der von zelotischem Feuer beseelt ist. Sie haben genauere Erkundigungen über dich eingezogen, und es ergab sich, dass du untadelig bist, und dass keine Spur des Verdachts ketzerischer Ansichten an dir haftet. Ich irre mich doch wohl nicht in dieser Meinung?"

Lauernd, fast drohend sagte der Kardinal diese letzten Worte, während er seinen Neffen mit dunklen Augen durchdringend ansah, als wolle er in seiner Seele lesen.

„Nein, wahrhaftig, Euer Eminenz, Ihr irrt Euch nicht. Mir liegt nichts ferner als Ketzerei."

„Eine wahrhaft glänzende Zukunft liegt jetzt vor dir. Als Neffe eines Kardinals bist du ohnehin vor vielen

Tausenden deiner Altersgenossen bevorzugt. Aber –", setzte er langsam hinzu, und seine Worte klangen scharf, „ich erwarte, dass du immer das tust, was ich will und anordne. Ich bin dein Gewissen – i c h denke, und du handelst, – i c h bete, und du glaubst!"

Es war Galeazzo, als ob eine eisige Hand nach seinem Herzen griffe, und zum ersten Mal wusste er, der in allen höfischen und höflichen Sitten Wohlbewanderte, nicht, was er antworten sollte. Aber der Kardinal erwartete wohl auch keine Antwort. Er winkte den beiden Klerikern, dass sie die lange, schwere Seidenschleppe von der Lehne des Sessels herabnähmen, denn er wollte aufstehen.

„Ich brauche dir nicht zu sagen", wandte er sich noch einmal an seinen Neffen, „dass dein Vater, dem ich meinen Vorschlag zunächst unterbreitet habe, sich sehr darüber freut."

Er erhob sich, Galeazzo und Donna Vittoria, der der Kardinal es diesmal nicht wehrte, knieten nieder und küssten ihm die Hand. Er murmelte einige lateinische Segensworte, warf die Schleppe mit einem raschen Griff über den Arm und verließ den Saal. Vittoria lauschte ängstlich, ob kein Kinderlärm ertönte, und folgte mit ihrem Gatten dem voranschreitenden Kardinal. Es war, als ob die Blumen am Weg verwelken müssten, als er achtlos an ihnen vorüber ging. Er hatte keinen Blick für die Schönheit der bunten Beete, der herrlichen Bäume, der kunstvollen Marmorbilder, der weiten, unbeschreiblichen Aussicht. Er ging raschen Schrittes durch den Park zu dem Platz, an dem seine scharlachrot ausgeschlagene Sänfte wartete, stieg hinein und ließ sich in die Stadt zurücktragen, wo ihn trotz der noch frühen Morgenstunde bereits viele wichtige Geschäfte erwarteten.

Galeazzo schaute ihm nach und blieb in Gedanken versunken, bis seine Gattin mit den Kindern zu ihm zurückkehrte. Als er sie sah, schüttelte er irgend eine unsichtbare, aber unheimliche Last ab. Er begann mit den Kindern zu spielen, während die Mutter das jüngste Mädchen auf dem Arm trug. Lachen und fröhliche Stimmen verscheuchten das Echo, welches die Unterredung mit dem Oheim hinterlassen hatte. Es war eine für beide Eheleute seltsam beklemmende Empfindung, mit der sie an die Berufung in den Dienst der Inquisition dachten.

„Wirst du der Aufforderung folgen?" fragte Donna Vittoria.

„Ich habe wenig Lust, mit diesem gefürchteten Mann zusammenzuarbeiten. Er ist zwar einer meiner nächsten Verwandten, aber ich mag ihn nicht. Ich darf übrigens nicht ohne weiteres den Dienst des Kaisers verlassen. Ich müsste um meinen Abschied bitten, das weiß der Oheim auch. Und wenn der Kaiser mir den Abschied verweigert, bin ich gehalten, meinen Dienst bei Hof weiter zu tun."

Es war am Abend dieses Tages, als Galeazzos Vater aus der Stadt zum Landhaus kam und nach gemeinsamem Mahl mit dem Sohn die Vorteile der Berufung zu besprechen begann. Er spürte bald, wie wenig Freude dieser hatte, einen derartigen Auftrag zu übernehmen.

Er forschte nach den Gründen. Die Abneigung gegen den Oheim ließ er nicht gelten. Ein Mann dürfe nicht nach Zuneigung und Abneigung fragen, sondern müsse stets und vor allen Dingen auf seinen Vorteil bedacht sein. Und dass Galeazzo sich wenig zu der Tätigkeit als Ketzerverfolger eigne, wies er mit einem überlegenen Lächeln zurück.

„Das lass die Sorge der Dominikaner und der Jesuiten sein! Du wirst für Wichtigeres ausersehen, als Ungläubige zu verhören und zu verurteilen. Du darfst aber nicht vergessen, dass deine beiden Vettern Caraffa beim Kardinal in großer Gunst stehen, der einen dieser seiner Neffen ebenso gut an die Stelle berufen kann, die er dir geben will. Und soll ich noch davon reden, dass dein Oheim bereits von etlichen Kardinälen als der zukünftige Papst bezeichnet worden ist? Wer vermag zu wissen, ob sich diese Voraussage nicht erfüllt! Welch hohe Stellung wirst du dann haben, wenn du schon vorher sein erprobter Mitarbeiter warst. Die Geschichte ist reich an Beispielen dafür, dass ein Neffe des Papstes mächtiger gewesen ist, als alle Kardinäle und Kirchenfürsten, wenn er es nur verstand, sich bei seinem Oheim unentbehrlich zu machen."

Galeazzo widersprach nicht, denn was sein Vater sagte, war dem Herkommen und der Denkungsart der Zeit gemäß. Verdankte er nicht auch seine Stellung am Hof des Kaisers den Verbindungen, die er durch seine Familie ohne eigenes Verdienst hatte? Und wenn er auch nicht den brennenden Ehrgeiz seines Vaters teilte, so bot doch die Aussicht auf eine glänzende Laufbahn viel Verlockendes. Aber er hatte zu oft von den unmenschlichen Misshandlungen der Opfer gehört, welche in die Hände der Inquisition gefallen waren, und von dem finsteren Eifer mancher Inquisitoren, als dass er sich über diese Berufung hätte freuen mögen.

Er tat, was er in Stunden wichtiger Erwägungen gern tat, er besprach die Angelegenheit mit seiner Gemahlin, mit Donna Vittoria. Sie war klug und ihm stets die beste Ratgeberin.

„Wer weiß", sagte sie, „ob die Inquisition, die jetzt von Grund auf erneuert wird, fortan und zumal hier in Italien dasselbe Gesicht tragen wird, wie sie es bisher in Spanien trug. Und deine Entscheidung eilt noch nicht, denn du sagst selbst, dass du erst beim Kaiser deinen Abschied erbitten musst, ehe du in andere Dienste übergehst. Lass uns warten, es wird dir zur rechten Zeit klar werden, ob du der Aufforderung des Kardinals folgen sollst."

Am nächsten Abend sollte der Augustinerabt Petrus Martyr Vermigli predigen. Caserta kam nachmittags zum Posilipp geritten und bat den Schwager noch einmal, ihn zu der Predigt zu begleiten.

„Warum liegt dir soviel daran?" fragte Galeazzo.

„Weil ich überzeugt bin, dass du einen großen Gewinn haben wirst."

Dieses schien allerdings zunächst nicht der Fall zu sein. Denn nach dem Gottesdienst saßen die beiden Freunde in lebhaftem Gespräch noch lange im Palast Casertas zusammen, und Galeazzo erklärte frei und offen: „Ich habe den Prediger überhaupt nicht verstanden. Wohl bewundere ich seine große Beredsamkeit und seinen rhetorischen Schwung. Aber er lebt in einer anderen Welt als ich."

Caserta war klug genug, nicht zu widersprechen. Er bat seinen Schwager aber, die Predigten des Augustiners doch noch öfter zu besuchen. „Vielleicht ist er nicht mehr lange hier."

„Weshalb sollte er Neapel verlassen? Hat er doch einen mir unbegreiflich großen Zulauf in unserer Stadt. Man wird ihn nicht fortgehen lassen!"

„Natürlich wären wir alle dankbar, wenn er noch lange hier bliebe."

Das Gespräch wurde unterbrochen, denn trotz der späten Abendstunde meldete der Diener noch einen

Besuch, nämlich den Messere Marc Antonio Flaminio.

„Wie schön, dass er kommt, bitte ihn, einzutreten."

„Wer ist das?" fragte Galeazzo rasch.

„Ein lieber Mensch, einer meiner besten Freunde, wohlerzogen und gebildet. Du wirst dich freuen, seine Bekanntschaft zu machen."

So war es. Flaminio, der auch in der Augustinerkirche gewesen war und jetzt jemanden suchte, mit dem er über die gehörte Predigt sprechen konnte, war von großer natürlicher Liebenswürdigkeit. Er sprach ein wohlklingendes Toskanisch mit römischem Tonfall und wusste seine Gedanken gut auszudrücken. Er war lange in Rom gewesen bei seinem Freund, dem englischen Kardinal Pole, in dessen Haus er mit bekannten Künstlern verkehrt hatte. Michelangelo, der damals auf dem Höhepunkt seines Schaffens stand, hatte auf ihn einen besonderen Eindruck gemacht. Aber nicht von den Künstlern und ihren Werken sprach er in dieser Abendstunde, sondern von jenem kleinen Büchlein, welches Caserta bei Valdez gefunden hatte.

„Es ist eine wirklich köstliche Schrift", sagte er. „Als ich sie, noch ehe sie gedruckt war, handgeschrieben zu lesen bekam, hat sie mich so ergriffen, dass ich den Verfasser um die Erlaubnis bat, sie sprachlich noch ein wenig zu überarbeiten."

„Siehst du", antwortete Caserta lächelnd, „ich dachte schon, als ich das Büchlein heute las, dass du es geschrieben hättest."

„Ach nein. Eine solch reiche christliche Erkenntnis habe ich nicht. Der es verfasste, hat es in besonders begnadeten Stunden geschrieben, und er hat aus einem großen Schatz gottgeweihter Gedanken dabei schöpfen können, so dass es ihm möglich war, die Lehren der Bibel vom ewigen Heil in Jesus Christus unverfälscht darzustellen."

„Wer hat es geschrieben?"

Flaminio entgegnete: „Frage nicht, ich habe versprechen müssen, dass ich den Namen des Verfassers nicht nennen werde."

„Warum?"

„Weil gewisse Herren schon auf das Büchlein aufmerksam geworden sind, sie möchten es gern verbieten."

„Aber es ist doch ein frommes Buch", wandte Galeazzo ein. Ihr meint doch ‚Die Wohltat Christi'?"

„Gewiss, diese Schrift meine ich." –

Als Galeazzo nach langer, angeregter Unterhaltung aufbrechen wollte, bat er seinen Schwager, ihm die Schrift zu leihen.

„Gern! Es freut mich, dass du sie lesen willst. Ich bin gespannt auf dein Urteil."

„Ich will sie nur deshalb lesen, weil du sie lobst. Ich glaube nicht, dass sie mir so viel sagen wird wie dir. Ich bin nicht so religiös eingestellt, wie du es zu meiner Verwunderung seit einiger Zeit bist."

„Lest das Büchlein", mahnte Flaminio, „aber lest auch das Buch, welches noch besser ist – die Bibel selbst."

Galeazzo kehrte verwundert nach Hause zurück. Es war ihm, als greife eine seltsame ansteckende Krankheit um sich. Die Menschen fingen an, fromm zu werden, aber in einer Weise, die der Geistlichkeit sehr missfiel. Man sollte lieber religiöse Fragen der Kirche und ihren Priestern überlassen. Ließ man nicht auch die Arzneikunst den Ärzten, die Baukunst den Architekten, die Sorgen der Regierung dem Kaiser und seinen Beamten? Sie waren dazu berufen, für ihre Angelegenheiten zum Wohl des ganzen Volkes zu wirken. So auch die Kirche mit ihren Priestern, die für die Religion zum Wohl aller zu sorgen hatten. –

Gleich in den nächsten Tagen las er das Büchlein. Er fand, dass es lesenswert sei. Er las es zum zweiten Mal und zum dritten Mal. Dann erbat er sich vom Hauskaplan eine lateinische Bibel und schlug die Stellen auf, die angeführt waren.

Am nächsten Donnerstag hörte er wieder die Predigt des Vermigli an, und es fiel ihm auf, wie viele vornehme Leute die weite Kirche füllten, und wie alle so aufmerksam lauschten. Zuweilen schienen ihm längere Ausführungen in der Predigt fast wörtlich mit dem Büchlein übereinzustimmen. Und doch blieb ihm manches unverständlich.

Ohne es zu beabsichtigen, sprach er von nun an häufig mit Caserta über religiöse Fragen. Sein Freund und Schwager war geistig nicht so rege wie er selber, war aber ein einfacher wahrer Christ, der sich auf das Erlösungswerk seines Heilandes am Kreuz von Golgatha stützte. Ohne dieses Erlösungswerk könne die Kirche dem Menschen nicht helfen.

Und wieder einmal lauschte Galeazzo den Worten des Petrus Martyr Vermigli. Ach, hätte er doch den selben festen Glauben wie diese Frommen! Was waren das für Leute? Sie hatten die Notwendigkeit der Bekehrung und Wiedergeburt durch den Glauben an den Herrn Jesus Christus, den Sohn Gottes, den Heiland der Welt erkannt. Und diesem Jesus von Nazareth, dem noch immer Verworfenen, wollten sie aus Liebe dienen und auch seine Schmach tragen. Sie beschäftigten sich eifrig mit Gottes Wort. Der Herr gab ihnen Licht über seinen Willen, und sie zögerten nicht, diesem zu entsprechen.

Das war der Inhalt der Predigt. Galeazzo lauschte atemlos. Es war ihm, als empfange er hiermit eine Antwort auf die Fragen, die ihn bewegt hatten. Still und in sich gekehrt verließ er nachher die Kirche, er sprach nicht einmal mit seinem Schwager oder mit Flaminio, dessen Gesellschaft er in der letzten Zeit gern aufgesucht hatte. Er wollte allein sein.

Am anderen Morgen sagte er Donna Vittoria, er wolle den Adler schießen, den er vor einiger Zeit an den Abhängen des Vesuvs im Jagdgebiet des Vizekönigs gesehen habe. Als Kammerherr des Kaisers hatte er das Vorrecht, dort zu jagen.

Er nahm die Armbrust und den Köcher mit mehreren stählernen Bolzen; in die Jagdtasche packte er die kleine Schrift und die lateinische Bibel. Donna Vittoria gab ihm noch Mundvorrat mit, und Guido, der Steuermann, fuhr ihn über den Golf nach Torre del Greco, dem kleinen Fischerdorf am Fuß des Vesuvs. Dort lieh er sich ein starkes Maultier, lehnte aber die Begleitung durch einen Maultiertreiber ab und ritt zwischen den hellen Mauern der Weingärten bergan. Einige Bauern, die ihm nachschauten, freuten sich, als sie hörten, dass er den Adler schießen wolle, der unter dem Geflügel ihrer Bauernhöfe großen Schaden anrichtete.

Oberhalb der Weinberge und der Obst- und Gemüseanpflanzungen begann die öde, verlassene Region der Lavafelder. Gibt es eine noch ödere, noch einsamere Gegend in Italien als die Abhänge dieses unheimlichsten aller Berge? Blaugrau lag die Lava in breiten, längst erstarrten Strömen, die einst vom Gipfel heruntergekommen waren.

Das Maultier setzte vorsichtig seine kleinen Hufe auf den immer unwegsameren, steilen Pfad, der schließlich aufhörte oder sich irgendwo zwischen den Lavablöcken verlor. Aber Galeazzo sah sein Ziel vor sich und bedurfte des Pfades nicht. Auf halber Höhe des Berges ist nämlich inmitten der Einöde eine kleine Oase. Da hat sich vor langen Zeiten bei einem Ausbruch die Lava so gestaut, dass sie einen vom Bergrücken sich abhebenden Hügel bildet. Und diese geringe Erhebung blieb von späteren Lavaströmen verschont. Im Laufe der Zeit ist die Lava auf dem Hügel verwittert und hat fruchtbaren Boden gebildet, so dass er sich begrünte. Vom Wind hergewehter Samen hat Bäume und Kräuter angesiedelt, und schließlich ist ein Mönch dahin gekommen und hat eine kleine Kapelle und eine Klause daneben gebaut. Jahrhunderte lang wohnte seitdem immer ein Mönch hier, der die Betglocke läutete, wenn der Berg zu beben begann, und oft unter harten Selbstkasteiungen das uralte Gebet vor Gott brachte: „Ab ira Vesuvii liberia nos, Domine!" – „Vom Zorne des Vesuvs erlöse uns, Herr!"

Der letzte Bergmönch war gestorben, seine Klause verfallen, und in dem Kirchlein nisteten Dohlen und raschelten Schlangen durch das welke Laub, das der Wind hinein geweht hatte.

An einem der Bäume band Galeazzo das Maultier an und sattelte es ab. Die Armbrust mit dem Köcher legte er neben sich und warf sich in den Schatten des Kirchleins zwischen hohe, blühende Stauden.

Er merkte nicht, wie die Zeit verging.

Das Büchlein hatte er längst aus der Hand gelegt, aber in der lateinischen Bibel las er lange Abschnitte.

Mehrere Stunden waren Stunden vergangen.

Schließlich weckte ihn der Hunger aus seinen Gedanken. Er aß ein Stück Brot, nach mehr stand ihm nicht der Sinn, und trank einen Schluck Wein aus der Kürbisflasche, die ihm Vittoria mitgegeben hatte. Dann sprang er auf, denn es fiel ihm ein, dass er gewiss seit einer Stunde schon den heiseren Schrei des Adlers gehört hatte. Er griff zur Waffe, hängte den Köcher um und stieg spähend durch das Gebüsch des Hügels. Plötzlich glaubte er den Vogel zu sehen, der mit ausgebreiteten Schwingen unruhig hin und herflog, um dann steil herunterzustoßen und zwischen den Bäumen zu verschwinden. Er musste hier irgendwo seinen Horst haben.

Zwei Rebhühner flatterten auf, eine Schlange wand sich durch das Gras, und als er ihr auswich, trat er fast auf eine andere Schlange. Er ging zur Kapelle zurück und fand hier das sonst so ruhige Maultier in seltsamer Unruhe. Es riss am Halfterriemen, mit dem es angebunden war, und schlug vorn und hinten aus.

„Was hat das Tier?" dachte Galeazzo. Er wollte es losbinden und an einen besseren Platz führen. Doch er fühlte sich auf einmal selbst müde; es war äußerst schwül und die Luft drückend.

Galeazzo kehrte zu seinem alten Platz zurück, und die Bibelworte, die er gelesen hatte, trieben ihn in ein langes, heißes Gebet. Er sah nicht, dass dunkle Wolken den Gipfel über ihm zu verhüllen begannen.

Er betete.

Doch da wurde er aus seinem Gebet aufgeschreckt. Er glaubte zu fühlen, dass ihn jemand mit starker Hand zur Seite stieß. Gleich darauf kam ein zweiter und ein dritter Stoß. Der ganze Berg fing an zu beben.

Mit lautem Schrei riss sich das Maultier los und galoppierte bergab. Galeazzo sprang auf, um es einzufangen, aber ein neuer Erdstoß warf ihn zu Boden. Auch der Adler schrie immer noch, er mochte wohl um seine

Jungen im Horst bangen. Aus dem Krater stiegen gewaltige, schwefelgelbe Wolken empor.

Dann begann es aus der Tiefe des Erdbodens zu rollen und zu dröhnen, und darauf folgte ein langer, langer Erdstoß. Prasselnd stürzten die Mauern der Kapelle ein, so dass Galeazzo sich mit raschem Sprung zur Seite warf, um nicht von den Trümmern erschlagen zu werden. Zugleich sah er, dass hier und dort einer der Bäume in die Höhe gehoben wurde und mit Getöse zersplitternd niedersank.

Fort, nur fort!

Er eilte von dem Hügel hinunter auf die weiten Lavafelder, wo er sich sicherer glaubte. Aber draußen warteten andere Schrecken auf ihn. Der Vesuv schleuderte aus seinen unausforschlichen Tiefen in gewissen Abständen glühende Steine hoch in die Luft, die in weiter Entfernung vom Krater zu Boden fielen. Wehe dem, der von einem derselben getroffen wurde, wehe dem, der in einen dichten Hagelschauer solcher glühender, kleiner und größerer Steine geriet!

Galeazzo konnte trotz der einsetzenden Finsternis diese Steine wie riesige Funken niederfallen sehen. Er hatte sich noch niemals in solcher Lebensgefahr befunden. Selbst im Krieg, den er im Heer des Kaisers mitgemacht hatte, war er nicht in solcher Gefahr gewesen. Jetzt hing sein Leben an einem Faden.

Er versuchte so schnell wie möglich bergab zu gelangen. Aber auf den zerklüfteten Lavafeldern war dies nur schwer möglich. Und noch eine Gefahr bedrohte ihn: die Schwefelwolken, die der Krater ausstieß! Sie lagerten sich über die Abhänge des Berges. Wenn er in sie hinein geriet, musste er ersticken. Zum Glück änderte der Wind seine Richtung und trieb Steine und Schwefel nach einer anderen Seite. So rasch, wie die

Gefahr gekommen war, so bald hörte sie wieder auf. Nur die Erdstöße und das mit ihnen verbundene unterirdische Grollen dauerten noch an.

Galeazzo sank neben einen Lavablock, der ihm einen gewissen Schutz bot, nicht vom Steinregen getroffen zu werden. Wer in Neapel und seiner Umgebung aufgewachsen ist, weiß, dass solche Steinauswürfe des Berges plötzlich kommen und ebenso plötzlich vergehen. Sie sind nicht zu vergleichen mit den großen Lavaausbrüchen, die wochenlang anhalten können, zum Glück aber nur selten stattfinden. Aber man weiß auch immer wieder von Jägern und Bergsteigern zu berichten, die in einen Steinhagel gerieten und den Tod fanden. Ja, der Vesuv ist unberechenbar!

Galeazzo saß noch immer auf seinem Lavablock. Es wurde still und immer stiller um ihn her. Nun, wo er durch nichts mehr abgelenkt wurde, kamen ihm ernste Worte aus den Predigten des Augustinerabtes und auch aus dem Büchlein ‚Die Wohltat Christi' in Erinnerung. Manches, was ihm unklar gewesen war, wurde ihm plötzlich deutlich und verständlich. War dieses Erlebnis hier ein ernster Fingerzeig Gottes im Blick auf sein ewiges Seelenheil? War nicht auch er ein verlorener Sünder, der Vergebung und Frieden mit Gott brauchte? Wollte ihn die Güte Gottes jetzt zur Buße leiten? Noch zögerte er. Doch dann warf er sich auf seine Knie, bekannte seine Sünden, die ganze große Schuld seines Lebens, die ihm nun voll bewusst war, und flehte um Vergebung. Lange lag er so. Dann erkannte er, dass das Erlösungswerk auf Golgatha auch für ihn geschehen war. In sein Herz kehrte Frieden ein, und er dankte seinem Erretter immer und immer wieder.

Der schwüle Schirokko, der den Berg umweht hatte, wich allmählich dem erfrischenden Wind, der vom Meer kam, Galeazzos Lunge atmete freier, und der dumpfe Kopfschmerz hörte auf, den der Schwefelhauch verursacht hatte.

Es wäre stockdunkel gewesen, hätte nicht der Schein, der aus dem Krater glutrot beleuchteten Vesuvwolke ein mattes Licht verbreitet. Ab und zu zuckte über dem Berg ein Blitz, aber sonst wurde der Friede der Nacht nicht mehr gestört.

Stunde um Stunde verging. Galeazzo hörte plötzlich Stimmen, die nach ihm riefen. Fackeln glühten und zwei andere Männer stiegen bergan, die ihn suchen wollten. Guido, der Treue führte sie.

„O, Signor Marchese!" rief er mit Tränen der Freude, „Ihr lebt noch! Ihr seid unversehrt! Wie habe ich um Euch gebangt!"

Die beiden Männer, die ihn begleiteten, erzählten nun, wie man in Torre del Greco die Erdstöße verspürt und die Steinauswürfe des Berges beobachtet habe. Als dann gegen Einbruch der Nacht, das Maultier mit zerrissenem Halfter, ohne Sattel, verletzt, schweißtriefend vor dem Stall seines Besitzers gefunden worden sei, habe man um das Leben des Marchese sehr gefürchtet.

„Und Guido ruhte nicht, bis wir uns auf den Weg gemacht haben, Euch zu suchen."

Galeazzo dankte dem Treuen und seinen Begleitern gerührt und schilderte, wie es ihm gelungen sei, vor dem Steinhagel und dem Schwefel zu fliehen.

„Nun werdet Ihr froh sein, im Licht unserer Fackeln und unter unserer Führung den Berg der Schrecken verlassen zu können, um wieder unter Menschen zu gelangen."

Galeazzo lächelte zu diesen Worten der Männer und sagte nicht, was er dachte, – dass es ihm leid tat, nicht noch ein wenig in dieser gesegneten Stille bleiben und ihrem reichen inneren Erleben weilen zu dürfen.

Mit dem Morgenwind segelte er in Guidos Barke über den Golf zurück zum Posilipp. Das Frührot leuchtete schöner denn je, und ein neuer Tag begann.

Donna Vittoria hatte die Nacht in größter Angst verbracht. Nun ließ sie sich von Galeazzo alles genau berichten. Als er ihr die Begebenheiten schilderte, unterbrach sie ihn stürmisch: „O, du Armer! Du Armer! Es war gewiss schrecklich!"

„Nein", entgegnete er, „es war eine wunderbare Nacht."

Erstaunt blickte sie ihn an. „Warst du nicht voll Angst und Schrecken? Fühltest du dich nicht am Rande des Verderbens? Es muss ja gewesen sein, als hätte sich die Hölle aufgetan!"

„Nein! Nein!" wehrte er, „nicht die Hölle, sondern der Himmel. Eine gnadenreiche Nacht, in der mir Gott ganz nahe war!"

Erschreckt befürchtete Vittoria, er habe in der Nacht durch die Schwefelschwaden Schaden gelitten. Er erriet ihre Gedanken, aber ehe er noch etwas entgegnen konnte, rief sie: „Wir wollen der Madonna eine größere Geldsumme spenden; durch sie bist du heil davongekommen, denn es gibt keine Gnade ohne sie."

Als er diesem Vorschlag nicht gleich zustimmte, fragte sie: „Das denkst du doch auch?"

„Wir wollen *Gott* danken, denn von Ihm kommt alle Gnade."

Es berührte Donna Vittoria recht seltsam. Mit Sorge beobachtete sie ihn, aber er war an diesem Tag zwar ernst und gesammelt, aber doch sichtlich froh und ausgeglichen.

Galeazzo empfand, dass er mit ihr über das, was ihn bewegte, jetzt nicht sprechen könne. Aber es würde sich wohl einmal Gelegenheit finden. Vielleicht würde sie auf den selben Weg geführt werden wie er, wenn sie nur die Predigten des Augustinerabtes Petrus Martyr Vermigli mit ihm zusammen besuchte.

Sie wies seine Einladung hierzu weit von sich. „Nein", sagte sie, „ich habe meinen Beichtvater darum gefragt, und er hat mir abgeraten, allerdings ohne mir Gründe zu nennen. Auch deinen Oheim, Kardinal Caraffa, fragte ich. Er hört es nicht gern, dass du seit einiger Zeit zu diesen Predigten gehst."

„Warum?"

„Er sagte: ‚Wir haben Besseres.' Es wäre mir lieber, du und mein Bruder Caserta ließet Euch nicht mehr dort sehen. Ich weiß nicht weswegen, aber es scheint mir, als ob der Weg dorthin dich und uns alle in viel Unruhe bringen wird."

„Fürchte dich nicht! Du scheinst Angst vor Ketzerei zu haben. Doch dies ist völlig unbegründet, denn wie dein Bruder und ich – und mehr sogar als wir – ist Vermigli ein treuer Sohn der Kirche. Nichts liegt uns ferner als Irrlehre und Abfall."

Als Caserta, der von der Rettung seines Schwagers gehört hatte, nachmittags aus der Stadt zum Landhaus kam, beteuerte er seiner Schwester dasselbe, so dass sie schließlich beruhigt war. –

Galeazzo war auch ihm gegenüber zurückhaltend. Er hatte den Eindruck, als dürfe er von den Erlebnissen dieser wunderbaren Nacht nicht viel sprechen. Einen schönen bunten Schmetterling darf man nicht mit der Hand festhalten und betasten, sonst verliert er seinen Glanz.

Aber es bedurfte der Worte nicht. Caserta merkte, dass der Freund mehr erfahren hatte, als er sagte, und er freute sich darüber. Und als er ihm vorschlug, mit mehreren Gleichgesinnten zusammen in den nächsten Tagen nach Vivara zu fahren, um einige Stunden mit Valdez zusammenzusein, willigte Galeazzo gern ein. Valdez pflegte dort in seinem stillen Asyl jede Woche einmal in kleinem Kreis eine Vorlesung über etliche Kapitel der Bibel zu halten. Das hatte er schon in Neapel in seinem Haus an der Chiaja begonnen, und er setzte es jetzt, wenn auch unter erschwerten Umständen, fort. Manche seiner Freunde wagten nicht mehr, sich zu ihm zu halten, denn es war ein offenes Geheimnis, dass man in den höchsten kirchlichen Kreisen diese Zusammenkünfte nicht gern sah, und dass man den unbequemen Bibelausleger am liebsten in einem Kloster gesehen hätte. Nun war er allerdings für die Augen der kirchlichen Behörden verschwunden, ehe sie hatten zugreifen können. Niemand außer seinen Freunden wusste, dass ihn Caserta auf Vivara gastlich aufgenommen und in Sicherheit gebracht hatte.

Am frühen Morgen des verabredeten Tages trafen sich an einer einsamen Stelle des Strandes zwischen der Stadt und dem Posilipp die Freunde des Valdez, in deren Kreis Caserta seinen Schwager einführte.

„Er ist einer der Unsrigen", sagte er beruhigend, „er wird nichts verraten."

Galeazzo war erstaunt, als er unter den Versammelten Bekannte fand. Man begrüßte ihn sehr herzlich. Auch die Männer, die ihm unbekannt waren, reichten ihm freundlich die Hand. Zwei jüngere Männer standen ein wenig abseits am Strand, offenbar sollten sie Wache halten und aufpassen, wenn sich Fremde nahten.

Aus dem leichten Nebel, der über dem Meer lag, tauchten die scharf geschnittenen Linien einer schlanken Felukke auf, die an zwei schräg stehenden Masten große dreieckige Segel führte. Ein Seemann, der mehrere Narben von Säbelhieben im Gesicht hatte, kommandierte sie. Er war Kapitän in der Kriegsflotte des Vizekönigs und hielt sich zu den Freunden des Valdez. Seine Mannschaft waren braune Berber, die kein Wort italienisch sprachen, mohammedanisch waren und daher nicht unter dem Einfluss der Priester standen. Sie gehorchten ihrem Kapitän blindlings, und es war von ihnen kein Verrat zu befürchten.

Unsere Freunde gingen an Bord, und der schnelle Segler eilte über die Wogen dahin wie ein Sturmvogel, so dass die Insel Vivara nach kaum zwei Stunden erreicht war. Die Felukke war gerade schlank genug, um durch die schmale, vom Meer aus kaum erkennbare Öffnung zwischen den Felsen in den stillen, kreisrunden Hafen einzulaufen, der nur den Eingeweihten bekannt war.

„Es ist besser", sagte der Kapitän, „wir landen nicht an der gewohnten Anlegestelle der Insel, man könnte uns beobachten. Ich habe einen Vogel singen hören, dass man ein Auge auf alles hat, was mit unserem Freund zusammenhängt." –

Valdez empfing die Ankömmlinge nicht unten am Ufer, denn er war zu müde und gebrechlich. Es ging ihm seit einigen Tagen gar nicht gut. Er war wohl kränker, als er es sich und den anderen zugestehen wollte.

Der Taubstumme begrüßte statt seiner die Gäste. Er stieß seltsam klingende Laute aus, sprang hin und her, um seine Freude zu äußern und kletterte mit unglaublicher Geschwindigkeit an den steil aufragenden Felsen in die Höhe; er wollte auf kürzestem Weg seinem Herrn die Ankunft der Freunde melden.

Valdez saß zwischen mehreren Kissen auf der Marmorbank unter den schattigen Feigenbäumen vorm Haus. Ein weiches Leopardenfell bedeckte seine Knie. Es fröstelte ihn leicht. Caserta hatte das Fell einmal als wertvolle Beute vom Kriegszug nach Tunis mitgebracht.

Der Taubstumme eilte in das Haus und holte die Bibel, dann legte er sich ins Gras und schaute erwartungsvoll zu Valdez hin. Er hatte verstanden, dass Caserta ihm die Fürsorge für den kränklichen, stets freundlichen Mann übertragen hatte; und er nahm seine Aufgabe ernst.

Valdez begann mit der Auslegung, nachdem er einen Abschnitt vorgelesen hatte. Seine Gedanken waren klar und tiefgründig und kehrten immer wieder zu dem zurück, was er als den Mittelpunkt der christlichen Lehre bezeichnete: die Versöhnung mit Gott allein durch den Opfertod Jesu Christi am Kreuz von Golgatha. Seine Hörer stellten Fragen, machten Einwendungen, und es gab eine rege Unterhaltung. Auch Galeazzo, der zunächst nichts gesagt hatte, ergriff das Wort und fragte dieses und jenes. Valdez wusste so klar zu antworten, dass man immer wieder empfand: Er hat recht.

Ein einfaches Mahl, wie es den Kochkünsten des Taubstummen entsprach, brachte eine Pause. Dann sanken Valdez die Augen zu, und die Freunde gingen auf dem Eiland auf und ab und besprachen, was sie gehört hatten. Plötzlich blieb der Kapitän der Felukke stehen.

„Achtung, ihr Herren", sagte er überrascht, „tretet schnell unter die Olivenbäume, dass man Euch vom Meere aus nicht erkennen kann. Ich müsste mich sehr irren, wenn nicht diese Segelbarke, die da unten breit und schwerfällig um die Insel fährt, Seiner Eminenz, dem Kardinal Caraffa gehört!"

Mit geübtem, scharfem Seemannsauge verfolgte er das Schiff. „Was soll es hier? Das hat nichts Gutes zu bedeuten!"

Man sah, wie die Barke an dem offenen Landeplatz Vivaras vorüberfuhr. „Ich weiß schon, was sie wollten", rief der Kapitän triumphierend, als sie sich langsam in Richtung nach Procida entfernten. „Sie suchen nach unserer Felukke! Sie haben Wind bekommen! Wenn wir dort angelegt hätten, wäre alles verraten gewesen. Nein, Eminenza, so töricht sind wir nicht, wie Eure Schergen glauben. Und unseren Hafen werdet ihr schwerlich finden."

Caserta blickte sehr ernst. Ihm war klar, dass man dem Freundeskreis des Valdez nachspürte. Er dachte nicht an seine eigene Sicherheit, nur an die des geliebten Lehrers. –

Bald versammelte man sich wieder um Valdez, der sie noch vieles lehrte. Als es Abend wurde, wollte man aufbrechen. Valdez saß müde am Tisch, stand aber auf. Noch einmal scharten sich die Freunde um ihn, und er sprach noch ein inniges Gebet, in welchem er für seine Freunde und sich selber festen Glauben und Treue erbat. Weiter betete er für die geliebte Stadt, seine Heimat, und für die Kirche, dass Gott sie erneuere und zu Kraft und Reinheit und der lauteren Wahrheit des Evangeliums führe.

Dann schieden die Freunde.

Über das abenddunkle Meer glitt die Felukke, jeden Windhauch geschickt ausnutzend, lautlos, mit abgeblendeten Lichtern, nach Neapel zurück, ohne dass sie entdeckt worden wäre.

In der nächsten Woche wiederholten sie die Fahrt, und Galeazzo war wieder dabei. Er zehrte von dem, was er auf Vivara empfangen hatte, und es verlangte ihn nach mehr. Vermigli, der Augustinerabt, beteiligte sich ebenfalls an dem Besuch bei Valdez, den er liebte und als Ausleger hoch schätzte. Vermigli predigte fast jeden Tag, und wenn man ihn mahnte, seine Kräfte zu schonen und auch die Missgunst der kirchlichen Behörden nicht zu sehr zu erregen, antwortete er: „Ich muss wirken, solange es Tag ist! Wer weiß, wie rasch meine Tätigkeit hier ein Ende finden kann." –

Die Felukke fuhr wieder in den verborgenen Hafen ein, und alles schien in bester Ordnung zu sein, als unerwartet Guido, Casertas Schiffer, in einem flinken Nachen aus Procida herüberkam, wo er Netze für den Thunfischfang legte. Er versorgte Vivaras Bewohner mit Brot und allem Lebensnotwendigen und hatte von dem Taubstummen erfahren, dass die Gäste heute dort erwartet würden. Er sprang ans Land, als die Felukke eben anlegte und rief warnend: „Nehmt Euch in acht! Ich habe in Procida gehört, dass die Schergen des Kardinals davon Wind bekommen haben, der Mann, dem sie nachspüren, sei hier auf Vivara. Und es ist kein Zweifel, dass man Eure Felukke längst beobachtet hat."

Caserta beruhigte den treuen Warner. Der Hafen sei so verborgen, dass man ihn nicht finden werde. Aber Guido entgegnete, man werde die ganze Insel sorgfältig durchsuchen.

„Ich werde Wache halten", sagte er, „auf mich armen Fischer wird niemand achten. Und wenn ich sehe, dass die Barke sich nähert, bringe ich Euch Nachricht. Mein Nachen ist schneller als ihr schwerfälliges Schiff. Dann müsst Ihr euch verbergen. Niemand darf gefunden werden. Die Heiligen mögen Euch schützen."

Valdez war schwächer als vor einer Woche. Er lehnte Casertas Anerbieten, ihm einen Arzt zu schicken freundlich, aber entschieden ab. Seine Zeit sei gekommen, sagte er, und ihm könne kein Arzt mehr helfen.

Dann redete er zu ihnen. Die Hörer lauschten ergriffen seinen Worten. Niemand machte heute eine Einwendung, nicht eine einzige Frage wurde laut. Man wollte ihn nicht stören, sondern möglichst viel von ihm empfangen. Friedlich verbrachte man den Vormittag, und nachmittags ließ es sich Valdez trotz großer Erschöpfung nicht nehmen, in seiner Auslegung fortzufahren. Er fröstelte, und das Leopardenfell, welches zuweilen zu Boden glitt, musste ihm immer wieder auf die Knie gelegt werden.

Plötzlich ertönte ein Pfiff. Caserta fuhr auf und sah Guido atemlos unter den Bäumen zum Haus eilen.

„Sie kommen", flüsterte er, „Signore, sie kommen. Sie legen eben unten am offenen Landeplatz an!"

Caserta trat, äußerlich gefasst, zu den Freunden und teilte ihnen mit, was er gehört hatte. „Es ist keine Zeit zu verlieren, wir müssen uns und vor allem Valdez vor ihnen in Sicherheit bringen."

Jeder wusste, dass die Zusammenkunft hier nicht verboten, aber sehr unerwünscht war, und dass eine Entdeckung für alle Beteiligten womöglich unangenehme Folgen haben könnte.

Der Taubstumme hatte die Lage rasch begriffen. Er ergriff Valdez, hob ihn mit starkem Arm auf, hüllte die Decke um ihn und gab den anderen ein Zeichen, ihm zu folgen. Er eilte in das Haus, schob mit dem Fuß leere Tongefäße zur Seite und hob mit der freien Hand eine Falltüre auf. Eine düstere, feuchte Treppe führte in die Tiefe, wo ein antikes Grabgewölbe die Flüchtenden aufnahm. Kaum waren sie alle unten, als man oben Schritte und Stimmen hörte. Caserta machte dem Taubstummen ein Zeichen, schnell die Falltüre zu schließen. Dieser sprang die Treppe hinauf, und das Leopardenfell, welches er im Eifer Valdez nicht mehr hatte geben können, hing ihm über die Schulter. Er wollte eben die schwere Türe verriegeln, als er fühlte, wie sie von oben aufgerissen wurde. Beherzt stieß er sie mit starker Hand völlig auf, so dass die Männer die oben standen, zurücktaumelten. Mit einem wilden, tierischen Schrei sprang er hinaus. Sein Gesicht war wutverzerrt, über seine Augen hingen lange schwarze Haarsträhnen, und das Leopardenfell umflatterte ihn. Schon hatte er einen der Häscher an der Brust gepackt und schleuderte ihn gegen die Wand. Dabei schrie er immer lauter.

Die Verfolger verließen in wilder Hast das Haus. Der Mann, den der Taubstumme gegen die Wand geschleudert hatte, floh ebenfalls laut schreiend, als wäre ein Dämon hinter ihm her. Alle eilten in großen Sprüngen zum Landeplatz hinunter, warfen sich in die Barke und stießen ab. Der Wilde aber stand am Ufer und schleuderte Steine nach ihnen, so lange er die Barke treffen konnte, dann kehrte er langsam zurück.

Die Häscher des Kardinals aber fuhren nach Neapel und berichteten entsetzt, ein Geist der heidnischen Unterwelt sei ihnen erschienen, und sie gingen für kein Geld jemals wieder dort hin!

Auf der Insel aber war es still geworden. Als die Gefahr vorüber war, trug man Valdez aus dem dumpfen Gewölbe unter die Bäume zurück, und er bat seine Freunde, noch nicht aufzubrechen, denn er habe ihnen noch Vieles zu sagen!

„Lasst Euch nicht einschüchtern", mahnte er, „wir tun nichts Böses, obwohl der Erzbischof an meinem Wirken durchaus kein Gefallen hat."

„Ihr seid hier nicht mehr in Sicherheit. Das heutige Vorkommnis beweist, dass man Euch entdeckt hat und hier verhaften möchte. Wollt Ihr nicht vielleicht lieber auf einer der anderen Inseln eine Zuflucht suchen?" Caserta fragte es besorgt und liebevoll, aber der Kranke wehrte ab.

„Lasst mich. Mir ist, als ob Gott mir zeigen wolle, dass kein Leid mir widerfahren soll. Und ich habe mich nun eingewöhnt und scheue einen erneuten Wohnwechsel. Hier ist es zudem so schön, wie ich es mir nur je habe wünschen können, wenn ich in aller Unruhe und Arbeit meiner früheren Jahre zuweilen nach einer Stätte ausschaute, an der ich einmal Feierabend halten dürfte."

Sein Blick glitt über den Platz mit dem Marmortisch unter den Feigenbäumen, über die Freunde, die sich um ihn scharten und blieb zuletzt hängen an dem Taubstummen, der wenige Schritte entfernt am Stamm eines uralten Ölbaumes auf der Erde hockte und mit wachsamen Augen alles beobachtete. Ob er eine Gefahr witterte?

Valdez winkte ihm freundlich zu. Dann wandte er sich wieder zu den Büchern, die auf dem Tisch lagen, und fuhr mit der Auslegung eines Kapitels aus den Briefen des Apostels Paulus fort. Er hätte dies noch gern eine ganze Weile fortgesetzt, aber Caserta, der die zunehmende Schwachheit des Kranken bemerkte, drängte bald danach zum Aufbruch. Er selber blieb auf Vivara, denn er mochte den Freund nicht gern allein lassen. Er traf aber Anordnungen, dass man seinen Kammerdiener hersende, der ein verlässlicher Mann war und im Kloster der Fatebenefratelli auf der Tiberinsel in Rom als Krankenpfleger ausgebildet worden war.

Valdez erhob dagegen Einwendungen, er habe sein Leben lang keinen Krankenpfleger um sich gehabt und wollte auch jetzt niemandem Mühe machen. Caserta wies seine Worte freundlich, aber bestimmt zurück. „Ihr müsst mir erlauben", sagte er, „dass ich jetzt für Euch sorge, denn Ihr seid nicht nur hier auf Vivara mein Gast, sondern Ihr seid mir auch wie ein Vater. Verdanke ich Euch nicht das Beste, was ich gefunden habe?" –

Als die andern im Abenddunkel mit der schnellen Felukke nach Neapel zurückfuhren, saß Geleazzo auf dem Verdeck neben Vermigli, und sie besprachen miteinander die Ereignisse des Tages.

„Ich habe gewisse Nachricht", sagte Galeazzo, „dass die erneute Inquisition zielbewusst gegen alles vorgehen wird, was ihren Verdacht erweckt. Wir müssen deshalb tun, was wir können, um sie nicht auf uns aufmerksam zu machen. Dazu gibt es auch keinen Grund, denn nichts liegt uns ferner, als etwa eine Auflehnung gegen die Kirche. Das ist doch auch Eure Meinung?"

„Natürlich", entgegnete Vermigli. „Wir wollen nicht eine neue Religion schaffen, sondern nur das Licht wieder auf den Leuchter stellen, damit es heller brenne als bisher. Und dennoch dürfen wir uns nicht darüber täuschen, dass man die Hand gegen uns erheben wird. Ich mochte es heute nicht sagen, um Valdez nicht zu beunruhigen, dass man jetzt Jagd macht auf die köstliche Schrift von der Wohltat Christi. Sie ist gewissen Leuten deshalb sehr unheimlich und unbequem, weil sie nichts sagt von den Verdiensten der Heiligen und der guten Werke, von der Wirksamkeit des Ablasses und der Sakramente."

„Sie sagt nichts dagegen. Ich habe sie mehrfach gründlich durchgelesen und fand nichts, was etwa den kirchlichen Lehren widerspräche."

„Aber sie sagt auch nichts dafür, und dieser Umstand genügt den argwöhnischen Ketzerjägern bereits, um sie zu vernichten. Wie mir geschrieben wurde, sind von dem Büchlein in kürzester Frist nicht weniger als vierzigtausend Stück in Venedig gedruckt worden. Man hat dort deutsche Buchdrucker, die ihre Arbeit vortrefflich verstehen. Und unsere Buchhändler haben dieses Büchlein in ganz Italien verbreitet. Ihr findet kein noch so abgelegenes Klösterchen, keine Stadt, kein Dorf, wohin die Wohltat Christi nicht gekommen wäre. Die Menschen hungern danach, die Wahrheit über die Lehre und das Werk Christi zu hören."

„Ja", antwortete Galeazzo, „es ist ein gesegnetes Buch. Ich habe es neulich in Stunden der Stille und des Sturmes auf dem Vesuv bei mir gehabt. Leider habe ich mein Exemplar, in dem ich vieles angestrichen und mit Randbemerkungen versehen hatte, bei meiner Flucht vor dem Steinhagel auf den Lavafelsen verloren. Ich will mir ein neues Exemplar kaufen."

„Das wird Euch nicht mehr möglich sein, denn kein Buchhändler darf es mehr auslegen. Alle irgendwie erreichbaren Stücke sollen eingezogen werden."

„Heißt das nicht über das Ziel hinausschießen?"

Vermigli schwieg. Nach einer kleinen Weile legte er seine Hand auf Galeazzos Arm und sagte leise: „Marchese! Wir müssen uns auf Vieles gefasst machen."

„Aber wir sind ja doch gut kirchlich und denken nicht daran, in Ketzerei zu verfallen."

„Ja, ja!" entgegnete Vermigli gedehnt. Er stand auf zum Zeichen, dass er das Gespräch abbrechen wollte, und setzte sich zu den anderen Freunden, die hier und da in kleinen Gruppen auf dem Verdeck beieinander waren und die laue Sommernacht genossen.

Mitternacht war längst vorüber, als das Schiff in Neapel anlegte. Galeazzo ließ es sich nicht nehmen, Vermigli bis an die Pforte seines Klosters zu begleiten.

Kaum hatten sie dort den schweren Türklopfer in Bewegung gesetzt, als der Guardian, der schon lange gewartet hatte, auftat.

„O Herr", sagte er, „man hat heute hier unseren ganzen Konvent durchsucht und zahlreiche von Euren Büchern mitgenommen. Auch Eure geschriebenen Hefte hat man beschlagnahmt!"

„Wer? Wer?"

„Geistliche und weltliche Beamte des Kardinals Caraffa und des Erzbischofs. Und sie haben immer wieder nach Euch gefragt, denn sie wollten nicht glauben, dass Ihr abwesend wäret."

„Und wo sind die Häscher geblieben?"

„Sie gingen mit den Büchern und Schriften beladen fort."

„Aber sie werden wiederkommen. Meine Zeit ist abgelaufen in Neapel. Gehab dich wohl, Bruder!"

Vermigli verließ ohne weitere Erklärungen die Klosterpforte und sagte zu Galeazzo: „Ich habe längst damit gerechnet, dass man mich der Inquisition ausliefern will."

„Was wollt Ihr nun tun?"

„Fliehen!"

„Wohin werdet Ihr Euch wenden?"

„In die Schweiz. Sie ist das nächste erreichbare Asyl für die von der Kirche Verfolgten."

„Womit kann ich Euch helfen?"

„Nur mit Euren Gebeten. Es ist längst alles vorbereitet für eine plötzliche Flucht. Und für Euch, lieber Freund, ist es am besten, wenn auch Ihr hier weggeht, ehe uns jemand zusammen erblickt. Geht! Geht!"

Galeazzo zauderte, doch Vermigli drängte ihn. „Ich weiß", sagte er, „dass in Eurem Leben durch die Gnade Gottes etwas Neues begonnen hat. Nun bitte ich Euch inständig, bleibt dem Herrn Jesus Christus treu!"

Er wies das Anerbieten Galeazzos ab, ihm mit Reisekleidern, Geld oder Pferden zu helfen. Gott werde ihm beistehen, und die notwendigen Vorsichtsmaßnahmen seien schon getroffen.

An einem ärmlichen, unscheinbaren Haus in einer dunklen Gasse blieb Vermigli stehen. „Hier wohnt einer unserer Freunde, ein Franzose, der mir jetzt zur Flucht verhelfen wird, wie es bereits seit Monaten verabredet ist. Lebt wohl! Wir werden uns einst am Thron Gottes wiederfinden!"

Vermigli trat ins Haus, und Galeazzo ging allein durch die Stadt bis zu dem Palast seines Vaters. Dort verbrachte er schlaflos den Rest der Nacht im inbrünstigen Gebet mit der Bitte: „O Herr, verlange alles von mir, nur nicht, dass ich mich von meiner Kirche trennen und ein Ketzer werden muss!"

Sorgenvoll empfing ihn am andern Tag Donna Vittoria auf dem Landgut am Posilipp. Unheimliche Gerüchte waren zu ihr gedrungen, dass man in Neapel ein Schlangennest von Irrlehrern entdeckt habe. Er beruhigte sie und versicherte ihr, er sei kein Irrlehrer. Ja, er habe jetzt erst recht einsehen gelernt, dass es gelte, Gott über alle Dinge zu lieben und sich der Gnade Gottes anzubefehlen.

Sie sah ihn sorgenvoll an und sagte: „Ich habe Angst um dich, denn ich fühle, dass du seit einiger Zeit anders geworden bist. Mir ist, als ob wir uns nicht mehr verstehen können. Du bist so fromm geworden."

„Aber ist Caserta, dein Bruder, anders als ich?"

„Du sollst mir näher stehen als mein Bruder!" rief sie mit bebender Stimme, „Caserta hat dich mir geraubt! Du bist durch ihn unter einen unguten Einfluss gekommen, du liebst mich nicht mehr so wie früher!"

„Gottes Wort sagt, dass wir Gott mehr lieben sollen als uns selbst und unsere liebsten Menschen!"

„O, siehst du, das ist es ja, was ich fühle! Dein Herz gehört nicht mehr mir, du liebst mich nicht mehr!" Sie rief es mit aller südländischer Leidenschaft. „Galeazzo, sag', dass du mich liebst!"

Er zog sie liebevoll an sich, und mit bewegten Worten versicherte er ihr, dass kein Mensch sich zwischen sie beide gedrängt habe, und dass er sie sehr liebe und ihr treu sei.

Es traf sich, dass an diesem Tag gerade ein Heiligenfest war. Sie gingen deshalb zusammen zur Kirche der Addolorata, die auf dem steilen Felsenrücken des Posilipp inmitten eines kleinen Dorfes steht. Ehrerbietig machten die Weingärtner und Fischer dem vornehmen Paar Platz, das sonst nur in einer Sänfte oder im prunkvollen Wagen zur Kirche kam.

„Seht", flüsterte einer dem andern zu, „seht, wie der Marchese der Kirche treu ergeben ist!"

„Er ist fromm geworden", so raunte es von Mund zu Mund in den Palästen der Vornehmen und in den Schreibstuben der vizeköniglichen Regierung, wo immer Galeazzo ein- und ausging.

Jeder wusste, dass Galeazzo fromm geworden sei. Man lachte über ihn, man bekrittelte ihn. Er sei auch einer der vielen gewesen, welche sich von den Predigten des Augustinerabtes hätten betören lassen. Es sei nur gut, dass der Abt die Flucht ergriffen habe, sonst hätte er und sein Gefolge noch ein Ende mit Schrecken genommen. Als ob die Predigten der Priester in den Hauptkirchen der Stadt nicht gut genug gewesen seien!

Galeazzos Vater Colantonio stellte seinen Sohn zur Rede. „Was höre ich von dir?" fragte er ärgerlich. „Willst du ein Betbruder werden? Wird doch bereits von dir erzählt, du seiest entschlossen, in ein Büßerkloster zu gehen, du, ein Kammerherr des Kaisers, dem die höchsten Ehrenstellen offen stehen!"

„Nein, nein! Ich denke gar nicht daran, alles ist törichtes Gerede!"

Sein Vater blieb aber misstrauisch und machte dem Sohn oft Vorhaltungen. „Warum musst du so fromm sein? Wozu haben wir die Kirche? Doch nur dazu, dass sie die Fürsorge für unsere Seele übernimmt. Wir tun, was sie begehrt, und tun das reichlich und ohne Knauserei. Dich hat man zu einem Frömmler gemacht, der keinen Ehrgeiz mehr hat!"

Selbst sein Oheim Caraffa, der Kardinal, schalt über seine Bekehrung. „Ich dachte", hatte er einst zu ihm gesagt, „ich bekomme in dir einen tüchtigen, gewandten Hofmann, der im Umgang mit anderen Menschen geschickt ist, und der im richtigen Augenblick von den ernsten Forderungen der Kirche zuzutun und abzutun weiß. Aber nun bist du streng geworden wie ein Karmelitermönch. Solch einen kann ich nicht in meinen Dienst berufen, Mönche habe ich schon genug um mich."

Als am Hof des Vizekönigs im Lauf des nächsten Winters einmal ein rauschendes Fest stattfand, wurde Galeazzo von einem Höfling angeredet, welcher zu viel getrunken hatte und Dinge aussprach, die er in nüchternem Zustand nie gesagt hätte. „Wenn ich", polterte er los, „wenn ich höre, dass Ihr einer von den Frommen seid, dann kann ich nur den Kopf schütteln."

„Warum?"

„Weil ich immer denken muss: Hätte ich das Geld und den vornehmen Namen des Marchese Caracciolo, ich wollte mein Leben genießen und würde nicht ruhen, bis ich wenigstens selbst Vizekönig geworden wäre. Warum macht Ihr es Euch nicht bequem und lasst andere für Euch arbeiten?"

Derartige Redereien waren noch harmlos. Es sollte aber bald eine Unterredung folgen, die mit schlimmer Drohung endete.

Eines Tages wurde bekannt gegeben, dass auf dem Marktplatz Neapels in feierlicher Handlung und im Beisein der geistlichen und weltlichen Behörden verbotene Bücher verbrannt würden. Wenige Tage vorher ließ der Kardinal Caraffa seinen Neffen zu sich entbieten. Mit finsterer Miene blickte er ihn an.

„Ich habe dich rufen lassen, um dir mitzuteilen, dass ich auf deine Mitarbeit im Dienst der Inquisition verzichten muss. Es ist mir hinterbracht worden, dass du dich nicht gescheut hast, mit Menschen Verkehr zu suchen, die der Kirche verdächtig sind. Ich weiß, dass du nicht nur ein eifriger Hörer der Predigten des Vermigli warst, sondern dass du auch zu den Schülern des Valdez gehörst."

„Gewiss, Eminenza, Ihr seid recht unterrichtet. Mir aber ist nicht bewusst, dadurch gegen die Kirche verstoßen zu haben. Valdez ist ein wahrhaft christlicher Mann ..."

„Lassen wir das! Ich will dich nur warnen, denn ich möchte nicht, dass der einzige Sohn meiner verstorbenen Schwester in den Ruf der Häresie, der Irrlehre, der Gottlosigkeit gerät. Du weißt, dass in diesen Tagen viele Bücher verbrannt werden sollen, weil sie gefährliche Irrtümer enthalten. Darunter befinden sich auch zahlreiche Exemplare der Schrift ‚Die Wohltat Christi', die hier in Neapel offenbar viele Leser gefunden hat. Und nun ist mir gestern eins dieser Bücher gebracht worden, welches ein Jäger des Vizekönigs unter den Bäumen an den Abhängen des Vesuvs gefunden hat. Wie mag es wohl dorthin gekommen sein? Und wem mag es gehört haben …?"

Lauernd sah er Galeazzo an, ließ ihn aber nicht zu Wort kommen. „Danke es der Gnade Gottes, dass man es mir brachte, und dass ich es war, der die Handschrift der Randnoten erkannte. Hüte dich! Nicht immer werde ich dich vor dem Zugriff der Inquisition schützen können."

„So sagt mir, Eminenza, was ich tun soll, um Euer und der Kirche Wohlgefallen zu erringen?"

In den Augen des Kardinals blitzte es auf. Rasch griff er in eine Brusttasche seines roten Gewandes und entnahm ihr einen Umschlag aus weichem Saffianleder. Er enthielt ein Blatt blütenweißen Pergamentes, auf welchem in klarer, sehr gleichmäßiger Handschrift einige Zeilen standen. „Dies sollst du unterschreiben", sagte er kalt und befehlend.

Galeazzo nahm das Blatt und überflog die wenigen Zeilen. Es besagte nichts anderes, als dass er verspreche, in Zukunft allen verdächtigen Verkehr zu meiden und nur noch die Bücher zu lesen, die erlaubt seien.

„Nimm das Blatt mit nach Hause und überlege es dir, damit du nicht durch deine Unterschrift übereilt etwas versprichst, was du nachher nicht halten wirst. Denn wisse, man wird dich beobachten, und die Folgen deines Verhaltens wirst du dir selbst zuzuschreiben haben."

Die Audienz war zu Ende.

Was für eine Unterredung! Galeazzo nahm das Blatt mit, und je mehr er über die Forderung nachdachte, um so schwerer legte es sich ihm aufs Herz. Zwar war Vermigli längst in der Schweiz, und der Freundeskreis, der sich unter seiner Kanzel zusammengefunden hatte, war auseinander gegangen. Manchen war der Mut entfallen, als Vermiglis Flucht bekannt wurde. Andere hatten Neapel verlassen, und die noch übrigen vermieden es seither, sich regelmäßig zusammen zu finden. Um den Umgang mit ihnen konnte es sich bei dem geforderten Versprechen nicht handeln. Es richtete sich vielmehr gegen Valdez.

Dieser lebte still und krank immer noch auf Vivara. Man hatte nichts mehr gegen ihn unternommen, denn auf Galeazzos Bitten hin hatte der Vizekönig verlauten lassen, er wünsche nicht, dass dieser selbst im Ausland sehr angesehene Professor der Philosophie belästigt werde. Wenn er wegen seiner religiösen Tätigkeit Verdacht errege, solle man sie ihm in vorsichtiger, geschickter Weise unmöglich machen. Auf diesen Bescheid hin tat man so, als wisse man nicht, wo Valdez sich aufhalte. Dass er von manchen Freunden in seinem Versteck aufgesucht wurde, war nicht unbekannt, und man versuchte, das zu unterbinden.

Galeazzo und Caserta gehörten zu denen, die gern immer wieder bei dem Kranken auf seinem stillen Eiland einkehrten, denn sie kamen jedes Mal reich beschenkt mit geistlichem Gut von ihm zurück. –

Als der Oheim fort war, ging Galeazzo zu seinem Schwager, um mit ihm die Dinge zu besprechen. Mit Donna Vittoria konnte er schon seit einiger Zeit nicht mehr über religiöse Dinge reden. Sein Oheim hatte ihr einen Beichtvater gegeben, der zu dem neu gegründeten Orden der Jesuiten gehörte und bald einen großen Einfluss auf sie ausübte. Beide Ehegatten empfanden schmerzhaft die Trennung und Entfremdung, die zwischen ihnen entstanden war. Es nützte nichts, dass Galeazzo gegenüber Vittoria oft betonte, er sei ein treuer Sohn der Kirche und denke nicht daran, von ihr abzufallen. Sie fühlte, dass er nicht der Mann war, der der Kirche blindlings gehorchte.

Caserta empfing den Freund sehr herzlich. Auch er hatte mancherlei zu erzählen, denn man hatte bei ihm Haussuchung nach verbotenen Büchern gehalten, und ein Mönch hatte ihm schließlich mit geballter Faust gedroht: „Ihr seid die längste Zeit hier gewesen! Man wird mit Euch fertig zu werden wissen!"

Die beiden fuhren im Schutz der Nacht nach Vivara, und ließen, als sie morgens in dem Felsenkessel landeten, Guido sofort wieder abfahren, damit nichts ihre Anwesenheit verrate.

Es war ein sonniger Wintertag, die Luft war frisch und rein. Vom Vesuv und den Gipfeln der Sorrentiner Halbinsel schimmerte Schnee, und in der Turmstube, die Valdez bewohnte, brannte ein Feuer aus Olivenholz. Der Kranke saß, in einen weiten Mantel gehüllt, das Leopardenfell auf den Knien, in einem Lehnstuhl am Fenster und schaute über die Baumwipfel auf das Meer hinaus.

Casertas Kammerdiener, ein vorzüglicher Pfleger, der es an nichts fehlen ließ, ging geräuschlos ab und zu, rückte für die beiden Freunde Sessel zurecht und bat leise, dass sie ihren Besuch nicht zu lange ausdehnten, denn es gehe seinem Herrn nicht gut.

Valdez aber sagte, er fühle sich wohl. Er war heiter, und gerade hatte man von ihm den Eindruck, dass er über den Dingen stünde, welche den anderen als ungeheuerlich vorkamen. Wenig später sprachen sie nicht mehr von der Gegenwart, sondern von der Ewigkeit. Der Kranke freute sich, bald am Ziel zu sein. Dort würde die Person des Herrn Jesus sein Herz erfüllen und die irdischen Dinge für immer vergessen lassen.

Nach einiger Zeit verließen die Freunde den Kranken, damit er ruhe. Die Unterhaltung strengte ihn sichtlich an, obwohl sie ihm viel Freude bereitete. Als sie die Tür öffneten, stießen sie auf den Taubstummen, der dort gehockt hatte, aber zu bescheiden war, ohne Aufforderung bei seinem Herrn einzutreten. Valdez sah ihn und winkte ihm, hereinzukommen. Da stand er auf, streifte die groben Schuhe von den Füßen, wie es ihn der Pfleger gelehrt hatte, und eilte zu dem Kranken, an dessen Lehnstuhl er niederkniete. Valdez streichelte ihm die bärtigen Wangen, fuhr ihm zart mit der Hand über den schwarzen Haarschopf und klopfte ihm dann auf den Rücken. Mit glücklichem Lächeln stand er wieder auf und verließ das Gemach.

„Er kommt jeden Tag einmal", sagte der Diener, „und mein Herr hat mir befohlen, ihn nicht fortzuweisen. Der Mensch ist lauter wie ein Edelstein, obwohl sein Verstand nur ein schwaches Fünklein darstellt."

Galeazzo und Caserta streiften unter den Ölbäumen auf der nach allen Seiten zum Meer abfallenden Insel umher. Am Haus blühten noch die letzten Rosen, und die Sonne schien hell und warm. Sie setzten sich auf eine umgestürzte, halb zerbrochene Marmorsäule, die vor zweitausend Jahren den Portikus eines Tempels getragen haben mochte.

In langem Gespräch blieben sie hier, bis der Taubstumme kam und sie durch Zeichen zum Mittagessen rief. Valdez hatte gebeten, dass sie heute mit ihm zusammen das Mahl hielten. Er freute sich ihres Besuchs.

„Wer weiß, ob ich euch noch einmal auf dieser Erde wiedersehe. Redet mir nicht dagegen, denn ich glaube bestimmt, dass meine Stunden gezählt sind. Und das ist gut so."

Trotz des großen Ernstes, der auf ihm lag, schien er glücklich. Anschaulich erzählte er mancherlei aus seinem Leben, und er hätte gern noch mehr gesprochen, wäre nicht der Diener gekommen und hätte wieder zur Ruhe gemahnt.

„Du bist mein Zerberus", schalt Valdez lächelnd, „soll ich den Taubstummen rufen, damit er mich gegen dich verteidigt?"

„Tut es lieber nicht", entgegnete der Diener scherzend, „denn er würde mich vertreiben, und dann selber Eure Pflege übernehmen. Nichts würde ihm mehr Freude bereiten!"

Wieder wanderten die Freunde, um dem Kranken Ruhe zu lassen, allein umher. An einer Stelle verweilten sie lange, denn sie konnten von da zur Insel Capri hinüberschauen.

„Siehe", sagte Caserta, „dort auf dem Gipfel hat Kaiser Tiberius seinen Palast gehabt, in welchem er menschenscheu, menschenverachtend seine Tage verbrachte. Trotz des herrlichsten Schlosses und aller irdischen Reichtümer war sein Alter nicht schön."

„Für Christen ist das Altwerden und Sterben etwas Besseres. Denken wir nur an unseren Freund Valdez."

Als die Dämmerung herein brach, mussten sie an den Rückweg denken, sie nahmen Abschied von dem Kranken. Er saß im Lehnstuhl und es war, als könne er in die Zukunft schauen: „Es werden stürmische Tage kommen", sagte er, „und wehe denen, die nicht fest stehen! Man wird euch verfolgen, vor das Tribunal der Inquisition schleppen, man wird euch bis aufs Blut peinigen und euch das Liebste rauben. Und manche von euch werden gewürdigt werden, den Herrn mit dem Märtyrertod zu preisen. Bleibt dem treu, dem ihr mehr gehorchen sollt als den Menschen. Liebt Ihn allezeit von ganzem Herzen."

Bewegt drückten sie ihm die Hand und verließen ihn in der Gewissheit, dass sie ihn auf Erden nicht wiedersehen würden. Sie beauftragten den Diener, so bald sich etwas ereigne, nach Neapel Nachricht zu schicken.

Nach wenigen Tagen kam bereits die Nachricht, Valdez sei sanft entschlummert.

Die Freunde sorgten dafür, dass er ein christliches Begräbnis in Neapel erhielt. Trotz aller Gefahr nahmen zahlreiche seiner Schüler und Anhänger an der Feier teil. Einer derselben, ein feuriger Italiener, ließ es sich nicht nehmen, zum Schluss Worte des Dankes und der Liebe zu sagen. Er erinnerte unter anderem die ergriffen lauschenden Anwesenden daran, wie Valdez einst bei der Auslegung des Römerbriefes gesagt habe: „Es wird Menschen geben, deren Glaube um so mehr wächst, je inbrünstiger und mutiger ihr Bekenntnis ist."

Die Zeit eilte weiter, und die Gegensätze verschärften sich immer mehr. Die Evangelischgesinnten wurden bedrängt und geängstigt, und man verspürte allmählich, welch unheimliche Macht die Inquisition ausübte.

Bald hörte man, dass hier und dort Tribunale dieses erneuerten geistlichen Gerichtes entstanden, Verhaftungen anordneten, schwere Kerkerstrafen verhängten und Todesurteile fällten.

Wäre Valdez nicht noch gerade vor dem eigentlichen Ausbrechen des Sturmes gestorben, dann wäre er eines der ersten Opfer geworden, denn man ging nun gegen alle vor, welche Bücher von ihm hatten und von denen man wusste, dass sie seine Schüler gewesen waren.

Galeazzo war dem Sturm für lange Zeit entrückt. Sein Dienst hatte ihn kurz nach dem Tod des Valdez an den Hof des Kaisers gerufen, und es drängte ihn nicht, nach Hause zurückzukehren. Seinem Oheim, dem Kardinal Caraffa hatte er die geforderte Unterschrift nicht geleistet, ihm aber in einem ehrerbietigen Schreiben noch einmal beteuert, dass er sich nicht von der Kirche trennen wolle. Er gebe die Hoffnung nicht auf, dass diese eine Erneuerung und Wiederbelebung erfahre.

Dies war selbst in den Kreisen des Vatikans jetzt sehr erwünscht und bestimmte das Programm für das Konzil, das nach langem Zögern endlich einberufen wurde, damit es über die Abstellung vieler Missbräuche berate.

Wenn Galeazzo, was am Hof des frommen Kaisers häufig geschah, auf seine religiöse Meinung hin angesprochen wurde, berief er sich als gewandter Diplomat auf das Konzil und die demselben vom Papst zugewiesene Aufgabe.

„Etwas anderes", beteuerte er dann stets, „erstreben weder ich noch meine Freunde."

Als er nach Neapel zurückkam, merkte er, wie dort der Boden immer heißer wurde. Zwar misslang ein Versuch, in der Stadt ein Tribunal der Inquisition zu errichten; dort war der Einfluss der insgeheim Evangelischgesinnten doch so groß, dass es zu Straßenaufläufen und bedenklichen Unruhen vor dem Palast des Erzbischofs kam. Man beruhigte das Volk, in Neapel werde kein Tribunal aufgerichtet. Aber der Vizekönig ließ es zu, dass ständig Verhaftungen vorgenommen wurden. Die der Ketzerei Beschuldigten wurden bei Nacht und Nebel in den Kerker der erzbischöflichen Kurie gebracht, dort meist unter Folter verhört, und, wenn genug Gefangene beisammen waren, per Schiff nach Rom gebracht, wo sich ihr Schicksal erfüllte. Es kam dahin, dass das geistliche Gericht sich ein eigenes Schiff anschaffen musste, um die vielen Transporte durchzuführen. Dieses Schiff war die berüchtigte Inquisitionsbarke, die im Lauf von zwanzig Jahren unzählige Evangelischgesinnte aus dem Hafen Neapels nach Rom gebracht hat.

Grauen und Entsetzen lähmte das geistliche Leben, welches zur Zeit des Vermigli und des Valdez in der Stadt aufgeblüht war. Viele gab es, die den Schein aufrecht hielten, als seien sie katholisch, aber die Ernsten und Ehrlichen unter ihnen verurteilten dieses Verhalten als nicht richtig.

Auch Galeazzo dachte so, obwohl er nie geheuchelt hatte. Er hielt sich noch immer für einen treuen Katholiken. Der Gedanke, sich von der Kirche trennen zu müssen, erschien ihm schrecklich. Er bat Gott um klare Weisung.

Dieses Gebet wurde immer inbrünstiger.

Und er sollte die Weisung bekommen.

Im Jahre 1550 hatte er wieder einmal längere Zeit am Hof des Kaisers verweilen müssen. Auf dem Rückweg wusste er es so einzurichten, dass er, ohne Aufsehen zu erregen, nach Straßburg reisen konnte. Dorthin hatte es ihn schon lange gezogen, denn hier lebte Petrus Martyr Vermigli, der aus Neapel geflüchtet war. Ihn wollte er besuchen.

Vermigli hatte in Straßburg eine Anstellung als Lektor der Theologie gefunden, und eine kleine Gemeinde geflüchteter evangelischer Italiener scharte sich um ihn. Er lebte in großer Armut, aber er war unermüdlich tätig. Er schrieb eine Auslegung des Glaubensbekenntnisses und andere religiöse Schriften, die für seine Landsleute bestimmt waren. Denn je mehr in Italien die Inquisition alle evangelischen Bücher ausrottete, um so wichtiger war es, für Ersatz zu sorgen, und die nach christlicher Literatur hungernden Gläubigen zu stärken. Vermigli fand durch diese Tätigkeit seine Aufgabe.

Er empfing Galeazzo mit großer Freude. „Meine Gedanken und meine Gebete", sagte er, „haben Euch oft gesucht, Signor Marchese, und ich habe mich immer wieder gefragt, wie es um Euch steht."

Galeazzo erzählte ihm von seinen Schwierigkeiten. „Zu Hause bin ich vereinsamt, obwohl mich und meine Frau eine tiefe, mit den Jahren immer stärker werdende Liebe verbindet. Aber Vittoria versteht mich nicht mehr. Mein Vater zürnt mir, weil er mich für einen unnützen Frömmler hält. Meine Kinder werden mir entfremdet, denn ich muss oft monatelang im Dienst des Kaisers von zu Hause abwesend sein. Diese Zeit benutzt der Beichtvater meiner Frau, unsere Kinder zu echten Katholiken zu erziehen. Sie sind mir gegenüber befangen, fast scheu, und doch lieben sie mich, und ich selbst liebe meine Kinder mehr als ich Euch sagen kann. Bei Hof spöttelt man über mich, weil ich das oberflächliche, haltlose Treiben der Hofschranzen und der Großen nicht mitmache. Dort findet man wenig wahre Gottesfurcht."

Vermigli nickte zu diesen Worten. „Es wundert mich nicht", sagte er bedächtig, „dass Ihr derartiges empfinden und erleben müsst. Das ist schon in Gottes Wort vorausgesagt."

„Es ist mir eine Qual, wenn ich bei der kaiserlichen Tafel zwischen Menschen sitzen muss, deren Gespräche sich nur noch um die Verfolger der Ketzer, ihre Verwerflichkeit und die grausamen Hinrichtungen drehen."

„Man hat öffentliche Schauspiele aus alledem gemacht."

„Und nicht nur die Herren, sondern auch die Damen des Hofes wohnen ihnen gern bei! Es ist bei Hof eine Welt, in der ich nie glücklich war und in der ich mich jetzt mehr als je unglücklich fühle. Aber hier liegt nicht die größte Schwierigkeit, nicht die Not, die mich treibt, Euren seelsorgerischen Rat zu erbitten."

„Wenn es möglich ist, will ich Euch ratend helfen."

Galeazzo schilderte nun seine Lage, die er als unhaltbar empfand, dass er nämlich den Bruch mit der Kirche vermeiden wollte und doch immer mehr empfinde, wie entschieden er sich von ihren Lehren und ihrem Tun trennen müsse.

Vermigli hörte aufmerksam zu und entgegnete in wohlabwägender Weise: „Es wird Euch nichts anderes übrig bleiben, als dass Ihr den Bruch vollzieht, koste es, was es wolle. Ihr müsst der Wahrheit die Ehre geben, und das tut Ihr nicht, wenn Ihr weiterhin zur Messe geht, obwohl Ihr nicht mehr an die Lehre vom Messopfer glaubt."

„Unterlasse ich den Besuch der Messe, habe ich sofort die Vorladung vor das geistliche Tribunal zu erwarten, denn die Spürhunde der Inquisition sind in Neapel längst hinter mir her. Will ich überleben, muss ich öffentlich zeigen, dass ich nicht von der Kirche abgefallen bin."

Vermigli erhob die Hand: „Nicht also!" sagte er warnend, „sondern Ihr sollt der Wahrheit die Ehre geben. Ich sage Euch, dass Ihr sonst alles verliert, was Ihr an christlicher Erkenntnis und Gnade empfangen habt."

Sie schwiegen beide einige Augenblicke, dann nahm Vermigli wieder das Wort: „Es wird viele und große Opfer kosten, wenn Ihr bekennt, dass Ihr allein Christus nachfolgen wollt."

„Man wird mich sofort in den Kerker werfen und mir das Urteil sprechen, das jetzt schon an vielen Ketzern vollzogen worden ist. Da gibt es kein Entrinnen!"

„Ihr vergesst eine Möglichkeit, die Euch bleibt."

„Welche?"

„Ihr könnt Italien verlassen und in ein Land gehen, welches unter evangelischer Obrigkeit steht."

Betroffen schaute Galeazzo ihn an. Zögernd antwortete er: „Das würde heißen, dass ich fliehen und alles verlassen müsste."

„Ja, das heißt es. Und es ist nicht leicht, als Flüchtling das Brot der Fremde zu essen. Ich weiß es aus eigener Erfahrung. Signor Marchese, lieber Freund! Ich rede zu Euch als ein älterer Bruder, wenn ich Euch sage, dass große Opfer von Euch verlangt werden. Selbst ich habe Opfer bringen müssen, der ich doch schon längst ein besitzloser Bettelmönch gewesen bin und kein Hab und Gut zu verlieren hatte. Ich hatte in Neapel mein sicheres Obdach und Brot, und ich hatte eine glückliche Tätigkeit in der stillen Klosterbibliothek und konnte Gottes Wort verkündigen. Und hier! Ich bin dankbar dafür, dass mir der himmlische Vater auch hier Dach und Brot gegeben hat. Aber ob ich es morgen noch habe, weiß ich heute nicht. Ein landfremder Flüchtling hat kein Recht und keine Sicherheit, und wohin wir auch kommen mögen, überall sind alle Plätze zunächst besetzt, und es heißt: ‚Geh weiter, Freund, wir können dir nicht helfen'. Man muss lernen, mit wenigem auszukommen. Aber Gott ist es wert, dass wir das alles nicht scheuen."

„Meint Ihr wirklich, dass Gott ein solches Opfer von uns fordert?"

„Ich will Euch sagen, wie es Euch ergehen wird, wenn Ihr weiterhin in Neapel bleibt: Man wird Euch nicht mehr trauen, man weiß, Ihr seid anderer Auffassung. Man wird Euch verhaften und mit grausamen Mitteln zu einem öffentlichen Widerruf zwingen. Gerade gegen die Großen und Vornehmen wütet die Inquisition ganz besonders. Und wenn Ihr nicht widerruft, ist Euer Schicksal besiegelt. Beteuert Ihr aber unter feierlicher Anrufung Gottes, dass Ihr ein überzeugter Katholik seid, so lügt Ihr, denn Ihr seid es nicht, und Ihr fallt von Gott ab!"

Vermigli stand auf und wies mit der Hand in den grauen Nebel hinaus. „Es ist hier ein trübes, nebliges Land, in dem man bei Wintertag die Sonne oft lange Zeit nicht sieht. Wie friert mich nach der warmen Sonne unserer italienischen Heimat! Aber lieber will ich in Not und Nebel bleiben, als das Los eines Abtrünnigen zu tragen. Wir dürfen fliehen, aber wir dürfen nicht verleugnen!"

Galeazzo nahm schmerzlich bewegt Abschied. Er hatte genug gehört und musste dies nun durchdenken und durchkämpfen. Vermigli standen die Tränen in den Augen. „Es jammert mich", sagte er, „dass ich ein solch harter Bote für Euch sein muss. Seid überzeugt, dass ich aus Liebe gesprochen habe." Er zog Galeazzo an sich und drückte ihm die Hand: „Gott segne Euch, ich will jeden Tag für Euch beten."

Feuchter, kalter Nebel umfing Galeazzo, als er auf die Gasse zwischen den hohen, alten Häusern hinaustrat. Er war noch nie in Straßburg gewesen und wusste daher in der winkligen, eng gebauten Stadt nicht Bescheid. Als er aber versuchte, Vorübergehende um den Weg nach seinem Gasthaus zu fragen, verstand ihn niemand, obwohl er auf französisch und auch in fehlerhaftem Deutsch die Menschen ansprach. Er musste sich den Weg allein suchen.

Galeazzo kehrte nach Neapel zurück und führte still und unauffällig sein Dasein weiter wie bisher. Aber er führte es mit einem anklagenden Gewissen.

Es war die dunkelste Zeit in seinem Leben; denn er fühlte, wie Friede und Freude von ihm wichen, die ihn beglückt hatten seit der Nacht auf dem Vesuv. Schmerzlich war es ihm, dass er kaum noch einen Gleichgesinnten finden konnte. Nur Caserta war übrig geblieben von jenem Kreis, der sich vor Jahren gesammelt hatte. Er war ihm ein treuer Freund.

Wie früher, so machten sie auch jetzt gemeinsame Jagdausflüge nach Ischia, wo Loreta und Giovan sie gastlich aufnahmen. Caserta hatte diesen beiden Getreuen den Taubstummen von Vivara zur Pflege und Versorgung übergeben, denn er konnte auf der einsamen, kleinen Insel nicht sich selbst überlassen werden. Er hauste jetzt in einer Hütte in einem der Weinberge, die unter Giovans Obhut standen.

Einmal kamen die beiden Freunde bei der Jagd gerade in diesen Weinberg und trafen den Taubstummen. Seine Freude war unbeschreiblich. Er brachte, was er zu essen und zu trinken hatte, köstlichen, dunklen Wein, den berühmten vino tinto, in weitbauchiger Flasche, und auf abgerissenen Blättern eine Handvoll grüner, ungekochter Erbsen, die dort als besondere Leckerbissen galten.

Die Jäger setzten sich vor die Hütte und verzehrten die Erbsen, um den Taubstummen nicht zu betrüben. Dieser hielt immer wieder die rechte Hand weit vor das Auge, um den Freunden etwas mitzuteilen. Plötzlich begriff Galeazzo, was er meinte. Er hielt die Hand so wie Valdez sie gehalten hatte, wenn er beim Lesen die Lupe brauchte. Der Taubstumme wollte von Valdez reden! Sein Gesicht strahlte, und er nickte seinen Gästen zu, als wollte er sagen: Wie schön war es doch, als Valdez noch da war!

Im Weitergehen sprachen die Freunde darüber, wodurch Valdez auf den Taubstummen solchen Eindruck gemacht habe, obwohl eine richtige Verständigung nicht möglich war.

Caserta meinte: „Die freundliche Art Valdez' machte auf den Taubstummen so großen Eindruck, und er hat es empfunden, welch ein geheiligter Mensch Valdez gewesen ist. So sollten wir auch sein."

„Aber wir sind es nicht, wir sind es nicht!"

Die Unehrlichkeit ihrer Haltung lastete drückend auf ihnen. Auch Caserta ging zur Messe und tat so, als ob er mit allem einverstanden sei, was die Kirche lehrte, obwohl er schon viel länger als Galeazzo von der Wahrheit der protestantischen Lehre überzeugt war. Sie gestanden sich gegenseitig, dass Vermigli recht hatte mit seinem Rat: Wir dürfen fliehen, aber wir dürfen nicht verleugnen!

„Wie können wir unter diesen Umständen jemals Gott wohlgefällig leben? Lass uns endlich zur Klarheit kommen und den Bruch anerkennen, der ja schon längst vollzogen ist!"

„Hast du bedacht", fragte Caserta, „dass du damit auch den Bruch mit den Deinigen vollziehst?"

„Mit meinem Vater – ja. Der wird nie meine Überzeugung teilen. Aber meine Frau und meine Kinder werden doch zu mir halten!"

„Du vergisst, dass Vittoria besonders fromm katholisch ist, seit ihr dein Oheim den Jesuiten als Beichtvater gegeben hat. Sie wird ihr Herz nicht der biblischen Lehre öffnen, noch wird sie aufhören, diese Lehre den Kindern als Irrlehre darzustellen."

„Glaubst du das?"

„Ja. Ich weiß, dass sie und die Kinder jeden Tag beten, du mögest von deinem Irrtum zurückgebracht werden. Wenn du aber in ein anderes Land gehst, wird sie nicht mitkommen. Eher gibt sie dich preis. Ich kenne Vittoria, ist sie doch meine Schwester."

Galeazzo seufzte, denn er fühlte, dass sein Schwager recht hatte. Schweigend nahm er seine Armbrust auf, die er neben sich gelegt hatte, und folgte Caserta, der zwischen den Weinbergen hinanstieg, um zu den Felsenabhängen zu kommen. Dort pflegten die Wachteln zu rasten, wenn sie von Afrika in ihre nordische Heimat zurückkehrten.

Aber die Jagd hatte heute für die Jäger keinen Reiz, und schon bald kehrten sie bedrückt nach Forio zurück. Loreta hatte einen Imbiss bereit und den Tisch gedeckt. Giovan leistete den Gästen Gesellschaft bei der Mahlzeit.

Bald kam die Rede auf den Taubstummen, und Giovan bestätigte, dass er mit jener merkwürdigen Handbewegung von Valdez spreche, der ihm einen unauslöschlichen Eindruck gemacht zu haben schien, obwohl es doch bekannt war, dass dieser Mann ein Ketzer gewesen sei.

„Es ist Zeit", schloss der Winzer, „dass überall Scheiterhaufen aufgerichtet werden, um diese Verderber zu beseitigen, denn man ahnt oft zunächst gar nicht, dass man es mit einem solchen zu tun hat. Ihr, Messer Caserta, hättet sonst Valdez unmöglich auf Eurer Insel aufgenommen. Ich habe deshalb schon mehrfach Streit mit Don Gaetano, dem Erzpriester, an der Madonna del soccorso gehabt. Er sagte, Ihr hättet bestimmt gewusst, wer Euer geheimer Gastfreund war; aber ich habe Euch verteidigt, ich weiß ja doch, dass Ihr rechtgläubig seid und Euch kein Makel anhaftet!"

„Du hast recht, mein treuer Giovan, weder mir noch meinem Schwager, dem Marchese Galeazzo Caracciolo, haftet ein Makel an deswegen, weil Valdez mein Gast auf Vivara war, und wir ihn dort öfter besucht haben."

„Kein Makel! Das habe ich gesagt und das werde ich weiter sagen, mögen die Menschen noch so törichte Dinge behaupten."

„Was meinst du damit?"

„O, eigentlich nichts. Es ist hier nur ein junger Franziskanerbruder, der jede Woche zum Betteln nach Neapel fährt. Der bringt mancherlei Klatsch mit, den sie dort in den Klöstern einander zuflüstern."

„Hängt es mit mir irgendwie zusammen?"

„Caro signore! Es ist albernes Gerede, was sie in Neapel breittreten, und es reut mich, dass ich es überhaupt erwähnt habe."

„So erzähle, Giovan, was man behauptet!"

„Die Mönche sagen, die Häscher des Kardinals seien hinter Euch her, denn man hege Zweifel an Eurer Rechtgläubigkeit. Es ist töricht, aber immerhin sagen sie es. Ja, der Franziskaner hat schon gehört, man habe Euch und den signor marchese, Euren Schwager, verhaftet. Da habe ich aber laut gelacht, und es war mir heute eine wirkliche Freude, Euch durch die ehrenwerte Stadt Forio gehen zu wissen. Ihr und Ketzer! Wenn die Menschen nur alle so christlich und wahrhaft fromm wären wie Ihr!"

Giovan hätte noch lange weitererzählt, aber die Freunde hatten genug gehört. Es klang wie ferner Donner eines Gewitters, welches unaufhaltsam heranzog. Sie brachen bald auf, und Loreta war betrübt, dass die vornehmen Gäste ihrem Mahl so wenig Ehre angetan hatten.

„Ein andermal!" tröstete Caserta, und sie fragte enttäuscht: „Wann wird das sein? Wann kommt Ihr wieder?"

„Wann Gott will."

Auf der Heimfahrt in Guidos Barke unterhielten sie sich mit gedämpfter Stimme auf französisch.

„Es wird Zeit", sagte Galeazzo; „das war eine Warnung, die Gott uns sandte. Die Vögel singen es bereits auf den Dächern von Neapel, und wir, die es am meisten angeht, ahnen nichts davon. Es wird Zeit!"

„Aber wozu? Was sollen wir tun?"

„Wir dürfen fliehen, aber nicht verleugnen!"

Schweigend setzten sie die Fahrt fort, in schwere Gedanken versunken. Dem lieben, stillen Eiland Vivara winkten sie mit der Hand einen letzten Gruß zu. Es war jetzt verlassen; nur im Herbst würden die Winzer aus Ischia kommen und die Weinlese halten, und im Winter würde man die Oliven ernten. Aber jetzt war kein Mensch dort.

Caserta schlug vor: „Wir sollten uns hier ein sicheres Versteck schaffen."

„Das würde uns nicht viel nützen. Ist die Inquisition wirklich hinter uns her, so sucht sie uns auch hier. Und sie geht jetzt mit vermehrtem Eifer vor und mit größerer Vollmacht als noch vor kurzem. Die Verfolger ließen Valdez nach mehrfachen vergeblichen Versuchen in Ruhe; damit wäre aber jetzt nicht mehr zu rechnen. Wenn mein Oheim den Befehl gibt, dass wir ergriffen werden, können wir uns nicht vor ihnen verbergen."

„Aber was sollen wir tun? Sollen wir feierlich und öffentlich beschwören, was wir doch längst als unrichtig erkannt haben?"

„Niemals! Nur das nicht!" rief Galeazzo heftig. „Lass uns endlich der Wahrheit die Ehre geben. Ich fühle es, meine Seele geht zu Grunde, wenn ich noch weiter heuchle!"

Caserta nickte: „Du hast recht!"

„Also lass uns ins Ausland flüchten. Bisher hatte ich mich gescheut, der Kirche den Rücken zu wenden. Meine Väter gehörten ihr an seit undenklichen Zeiten und haben ihr trotz ihrer großen Irrtümer eine geradezu kindliche Zuneigung und Verehrung bewahrt. Deshalb zögerte ich. Aber jetzt ist sie im Begriff, mich selber auszustoßen. Nun ist die Weisung Gottes da. Der Nebel lichtet sich, und ich sehe meinen Weg vor mir. Und du, kommst du mit?"

„Ja", entgegnete Caserta, „ich bin in derselben Lage wie du. Wir gehen zusammen!"

Rasch entwarfen sie einen Plan. Als Zufluchtsort kam nur Genf in Betracht, denn in Deutschland hätte der Kaiser selbst von evangelischen Fürsten ihre Auslieferung verlangen können. Und Galeazzo musste mit der Ungnade des Kaisers rechnen, der es nicht verwinden würde, dass einer seiner am meisten bevorzugten Kammerherrn ins Lager der von ihm verabscheuten Protestanten überging. Es galt nun, die Flucht umsichtig vorzubereiten, damit kein Verdacht erweckt würde. Hatte man nicht schon öfter von Flüchtlingen gehört, die noch im letzten Augenblick vor dem Aufbruch verhaftet worden waren?

„Gott wird uns die Wege ebnen", ermutigte Galeazzo seinen Schwager. „Ich kann mir nicht denken, dass wir ohne seinen Beistand bleiben werden."

Und so ereignete es sich. Als Galeazzo spät abends nach Hause zurück kehrte, erwartete ihn Donna Vittoria betrübt. „Es ist heute ein Kurier des Kaisers gekommen, der dir eine wichtige Depesche aus dem Hoflager bringt. Du wirst gewiss schon wieder dorthin gerufen. Wie oft musst du Frau und Kinder verlassen! Ich beneide zuweilen die ärmsten Tagelöhnerfamilien, die hier in unserem Dienst arbeiten und nie voneinander getrennt werden. Mann und Frau leben da ihr Leben wirklich zusammen, gemeinsam arbeitend und ruhend, und der Vater wird den Kindern nicht vorenthalten, sondern kann sich ihnen widmen. So sollte es bei uns auch sein, dann wären wir glücklich. Wie froh wäre ich, wenn du deinen Hofdienst aufgeben könntest, um ganz den Deinigen zu gehören. Aber dein Vater, dem ich hierüber schon geklagt habe, will nichts davon wissen. Er möchte dich am liebsten immer noch mehr im kaiserlichen Dienst sehen, damit seine ehrgeizigen Pläne gefördert werden."

„Ja, das würde seinen Wünschen entsprechen. Aber ich bin kein Kind mehr, sondern ein selbständiger Mann, der seinen Weg auch ohne seinen Vater findet. Doch gib mir nun die Depesche!"

Donna Vittoria schellte. Der Sekretär trat leise in das Gemach und fragte nach den Befehlen. Er brachte das versiegelte Pergamentblatt und meldete dabei, dass der Kurier am nächsten Morgen eine Antwort mitnehmen wolle.

Galeazzo riss die Depesche auf. Es war, wie Vittoria geahnt hatte, eine Einberufung an den kaiserlichen Hof. Sie kam außer der gewohnten Zeit. Der Kaiser, der in schwierige Händel mit seinen Gegnern in aller Welt verwickelt war, brauchte offenbar seine Diplomaten dringender als sonst.

„O weh", klagte Vittoria, „nun musst du schon wieder nach Deutschland und lässt mich allein!"

„Komm mit!" entgegnete er rasch, „das würde alles leichter machen! Wir nehmen auch die Kinder mit!"

„Ach nein, das darf ich nicht!"

„Wer hat dir denn das verboten?" Verdutzt schaute Galeazzo seine Frau an und fragte noch einmal drängend: „Wer hat es dir verboten?"

„Mein Beichtvater!"

„Was geht es ihn an, und wie kommt er darauf, dir eine Reise verbieten zu wollen, die wir eben im Augenblick erst planen?"

„Er sagte dieser Tage missbilligend, es sei gefährlich, dass du so oft in das von Protestanten bewohnte Deutschland kommst, und er warnte mich dringend, dich jemals dorthin zu begleiten."

„Folgst du seinen Worten mehr als denen deines Mannes? Ich bitte, bedenke doch, dass kein Mensch auf der ganzen Welt das Recht hat, sich zwischen uns zu drängen."

Sie brach in Tränen aus und flehte: „Quäle mich nicht! Du weißt ja, dass meine Liebe allein dir gehört. Aber hier handelt es sich um das Heil der Seele, die durch Ketzerei gefährdet werden könnte, wie mein Beichtvater immer wieder sagt!"

Galeazzo brach die unerquickliche Unterredung ab. Er zwang sich zur Ruhe, obwohl es in ihm kochte.

Am andern Morgen hatte Donna Vittoria verweinte Augen, und er hatte starke Kopfschmerzen. Aber er durfte jetzt nicht schwach werden. Trotz alles Leides, das auf ihn einstürmte, beherrschte ihn eine feierliche, gehobene Stimmung. Er sah seinen Weg vor sich und war entschlossen, ihn zu gehen, wie steil und steinig er auch sein mochte.

Er gab dem Kurier eine Antwortdepesche mit, dass er in den nächsten Tagen abreisen werde. Vom Vizekönig erbat er Urlaub und Ausfertigung eines Diplomatenpasses, und dann hatte er eine lange Besprechung mit einem der Bankiers Neapels, welche die

Geldgeschäfte der Regierung zu bearbeiten pflegten. Es gelang ihm mit dessen Hilfe, auf sein mütterliches Erbteil, einem großen Landbesitz aus der Familie Caraffa, ein Darlehen von zweitausend Dukaten aufzunehmen. Er bat den Bankier, die Sache geheim zu halten, da er sonst leicht Unannehmlichkeiten haben würde. Dieser versicherte ihm lächelnd, dass ein gewiegter Finanzmann niemals über die Geldgeschäfte spricht, die er macht. Er hoffte wohl, Galeazzo werde noch weitere Darlehen benötigen, denn er wusste, dass am kaiserlichen Hof viel Geld ausgegeben wurde.

In zwei Beuteln aus schwerer grüner Seide wurden die Goldstücke verpackt, so dass sie sich im Mantelsack und den Reisekoffern unterbringen ließen. Rasch und ohne Aufsehen wurden die Vorbereitungen getroffen, denn es galt jetzt, den längst regen Verdacht der geistlichen Behörden nicht noch zu bestärken.

Nachdem auch der Pass für Caserta besorgt war, konnten sie aufbrechen. Doch das schwerste stand noch vor Galeazzo: der Abschied von Frau und Kindern. Er spürte überdeutlich, was es heißt, sein Liebstes herzugeben, um Gott zu gehorchen. Ob er dieses Opfer wirklich zu bringen vermochte? Auch die Seinigen, die doch gewohnt waren, dass er oft verreiste, waren sehr bewegt. Eindringlich bat er Vittoria, sie möge ihn mit den Kindern begleiten. Aber sie wies dies wieder ab. Der Gehorsam gegen den Beichtvater und dessen Drohung war zu mächtig.

Galeazzo begab sich auf die Reise. Selbst den Sekretär ließ er in Neapel zurück, um keinen Beobachter bei sich zu haben, der ihn etwa noch auf der Reise hätte verraten können. Nur Caserta, der treue Freund, begleitete ihn.

Auch der hatte einen schweren Abschied hinter sich, denn er war heimlich versprochen mit Donna Anna Civara, einer jungen Aristokratin Neapels. Es kostete ihn einen noch heißeren Kampf als Galeazzo.

Jetzt aber galt es nicht zu zögern, weil jeder Tag längeren Verweilens gefahrbringender wurde. Mit leichtem Gefährt eilten die beiden Flüchtlinge nach Norden. In Rom rasteten sie nur so lange, als nötig war, die Pferde zu wechseln und die Pässe visieren zu lassen. Sie wagten nicht, in der Stadt des Papstes zu übernachten, sondern reisten weiter. Ungefährdet kamen sie trotz mehrfacher, strenger Passrevisionen über den Apennin nach Mailand.

Dort aber vollzog sich eine harte Entscheidung.

Caserta war mit jedem Reisetag einsilbiger geworden, und als sie vor den Toren von Mailand aus dem Dunst der lombardischen Ebene die Alpen wie eine schneeweiße, zackige Mauer aufragen sahen, entsank ihm der Mut.

„Ich kann es nicht über mich bringen, Italien zu verlassen", sagte er am Abend in der Herberge zu Galeazzo. „Ich liebe mein Land, meine schöne Heimat, ich liebe Donna Anna mehr, als ich sagen kann."

„Du hast mir früher nie etwas von ihr erzählt!"

„Die Liebe ist plötzlich mit Gewalt über mich gekommen. Galeazzo, Freund, ich muss umkehren!"

„Du begibst dich in die größte Gefahr, entweder getötet zu werden oder zu verleugnen!"

„Nein! Ich werde zurückgezogen leben, so dass niemand auf mich Acht hat. Und Donna Anna hat mächtige Verwandte, deren Einfluss mich schützen wird!"

„Du irrst, wenn du deine Hoffnung auf Menschenhilfe setzt. Du wirst beobachtet. Du willst doch nicht abfallen oder dein Leben in Heuchelei verbringen?"

„Nein, wahrhaftig nicht! Aber es ist kein Unrecht, wenn ich zurückkehre, heirate und still und gottesfürchtig gemäß unserer biblischen Erkenntnis lebe."

„Man wird dich nicht in Ruhe lassen."

„Halte mich nicht auf, ich reite heute Nacht noch zurück!"

Dieser Abschied war für Galeazzo sehr schmerzlich, denn er sah den Freund in die größte Gefahr gehen.

Galeazzo reiste nach dem Abschied von Caserta einsam weiter, so einsam, wie er sich noch nie vorgekommen war. Schließlich erreichte er Augsburg, wo der Kaiser damals Hof hielt. Er blieb etliche Wochen dort und war vorsichtig genug, niemandem zu verraten, was sein Plan sei. Auch an Donna Vittoria schrieb er zunächst nur, dass er am Hof bleiben wolle, bis der Kaiser in die Niederlande reisen werde. – Dies geschah gegen Ende Mai. Galeazzo erbat sich Urlaub vom Kaiser und begab sich nach Genf.

Dort kannte er noch niemanden. Aber er hatte Briefe an Calvin und mehrere italienische Flüchtlinge, die in Genf weilten, vorausgeschickt, so dass er freundlich aufgenommen wurde. Es war eine gastliche Stadt, die in jenen Jahrzehnten viele Hunderte evangelischer Verfolgter vor dem Zugriff der Kirche schützte. Die Genfer Bürger wachten eifersüchtig über ihre politische Selbständigkeit, die sie weder dem Herzog von Savoyen noch dem König von Frankreich noch dem Kaiser zu opfern bereit waren.

Galeazzo erklärte bald nach seiner Ankunft in aller Öffentlichkeit in Gegenwart Calvins und einer sehr zahlreichen Gemeinde, dass er aus der katholischen Kirche austreten werde. Das geschah im Jahre 1551.

Wie ein Lauffeuer durcheilte die Nachricht vom Übertritt des Marchese Galeazzo Caracciolo, des kaiserlichen Kammerherrn, nicht nur Deutschland, sondern auch Italien. Am Hof des Kaisers erweckte sie Entrüstung. Man sah in dieser Tat eine Schmach, dem Kaiser zugefügt von einem unwürdigen, undankbaren, gesinnungslosen Untertan.

In Neapel war der Aufschrei noch viel gewaltiger. Man musste die Nachricht Galeazzos Vater langsam und schonend beibringen, und doch erschütterte sie ihn so sehr, dass er wochenlang krank war. Und Donna Vittoria hätte die schreckliche Kunde nie geglaubt, wenn nicht Galeazzo ihr selbst in einem langen, herzlichen Brief seinen Schritt mitgeteilt hätte. Der Brief entglitt ihren Händen, und sie fand nicht einmal Tränen, um den Verlust des geliebten Gatten zu beweinen. Doppelt wurde ihr Leid, als Kardinal Caraffa noch am gleichen Tag sie aufsuchte und Galeazzo einen ehrlosen Judas nannte. Da schrie sie: „Nein! Er ist es nicht! Er ist kein Verräter, er ist seiner Überzeugung gefolgt, er hat mutig und edel gehandelt!"

Der Kardinal hielt ihr noch Vieles vor, so dass sie schließlich, alle Höflichkeit vergessend, das Zimmer verließ, so dass Seiner Eminenz schließlich auch nichts anderes übrig blieb, als fortzugehen. Aber er rief den Hauskaplan zu sich und den Beichtvater Vittorias. Diesen beiden gab er schärfste Anweisungen, alles zu tun, um eine Ausbreitung der Irrlehre in der Familie im Keim zu ersticken. Donna Vittoria sollte in jeder nur denkbaren Weise beeinflusst werden, dass sie sich innerlich lossage von ihrem Gatten, und die Kinder sollten gelehrt werden, in ihrem Vater einen Menschen zu sehen, dessen Seele schon tot sei.

Colantonio, Galeazzos Vater, raffte sich bald, obwohl er noch immer krank war, zu planvollem Handeln auf, um den Schritt seines Sohne ungeschehen zu machen. Er suchte eine Audienz beim Vizekönig und ebenso beim Erzbischof. Und Caraffa ging in der nächsten Zeit jeden Tag bei ihm aus und ein. Es wurde beraten, was zu tun sei.

Der vizekönigliche Fiskus hatte nach den bestehenden Gesetzen das Recht, alles Eigentum eines Ketzers einzuziehen, selbst die Familiengüter, die dieser von seiner Mutter geerbt hatte. Seinen Kindern sollte die Erbfolge im Besitz und im Titel des Marchese Caracciolo genommen werden, denn sie waren die Kinder eines Ehrlosen.

Das musste abgewendet werden, koste es, was es wolle. Der ehrgeizige Mann, der für seinen Sohn und dessen Kinder die kühnsten Hoffnungen und maßlosesten Ziele gehabt hatte, konnte sich nicht darein finden, dass das Wappenschild seines Sohnes vor allem Volk vom Henker zerbrochen und sein Name nur noch mit Verachtung und Abscheu als der eines Hochverräters genannt werde.

Es musste so schnell wie möglich etwas geschehen. Man kam überein, einen Vetter Galeazzos nach Genf zu senden, damit dieser ihn zur Rückkehr und Unterwerfung unter die Kirche bewege. Man wollte ihm goldene Brücken bauen, es sollte alles vergessen und vergeben sein. Der Übertritt solle als nie geschehen betrachtet werden. Nur solle er zurückkommen und sagen, dass er katholisch sei.

Der Vetter war sein Jugendfreund gewesen. Man hätte keinen besseren Boten wählen können, denn er übernahm die Botschaft mit einem liebevollen Herzen.

Er eilte nach Genf. Dort fand er Galeazzo in einer Stube, die so armselig war, dass ihm die Tränen kamen. Er konnte zunächst kaum ein Wort der Begrüßung finden, so bewegt war er. Auch Galeazzo war von dem unerwarteten Wiedersehen ergriffen. Als sie sich gefasst hatten, schilderte der Vetter den Schmerz des alten Vaters, die Trauer der Verwandten, die Angst der Kinder und die Verzweiflung der Gattin. Er sprach von der Schande, die auf den edlen Namen des Markgrafen Caraccioli und seiner Angehörigen gehäuft sei. Und er sprach davon, dass man alles tun werde, um die Sache zuzudecken, damit ihrer nicht mehr gedacht würde.

Galeazzo erwiderte, er habe nicht übereilt gehandelt, wie man offenbar annehme, sondern er habe seinen Schritt reiflich überlegt. „Und", sagte er weiter, „ich habe nichts Unehrenhaftes getan. Es sei fern von mir, eine ehrenrührige Handlung zu begehen, welche den guten Namen meines Vaters, meiner Kinder und meiner selbst besudelt."

Ob er denn nicht aus Liebe zu den Seinigen zurückkehren könne?

„Ich darf trotz aller Liebe selbst zu meiner Familie das nicht opfern, was das Wichtigste ist: der Gehorsam gegen Gott und sein Wort!"

Der Vetter sah schließlich ein, dass er Galeazzo nicht werde umstimmen können. Deshalb nahm er traurig Abschied. Sie reichten einander die Hand, küssten sich und versicherten, dass sie auch weiterhin einander lieben und achten wollten. Dann schloss sich die Tür hinter dem Boten, und Galeazzo blieb allein und vereinsamt zurück.

Aber trotz aller Trauer war er getrosten Mutes, wie einer, der von einem jahrelangen, schweren Alpdruck befreit ist. Hier in Genf wehte nicht nur der frische, kühle Wind von den Gletschern und schneetragenden Firnen der Alpen, sondern hier wehte auch der Geist echter christlicher Gesinnung. Hier brauchte man nicht ängstlich den Schein aufrecht zu erhalten, als sei man katholisch. Hier konnte man ohne Gefahr der Wahrheit die Ehre geben.

Und es wurde Galeazzo bald nach seiner Ankunft eine wertvolle Tätigkeit anvertraut. Er fand sie unter den zahlreichen geflüchteten Italienern, die so wie er hierher gekommen waren. Sie mussten unbedingt von einem verständigen Mann betreut werden, denn viele von ihnen waren ohne jegliche Mittel. Sie hatten keine Zukunft, wenn für sie nicht Arbeit und Brot beschafft werden konnte. Das war eine Aufgabe, für die er wie geschaffen schien. Es ergab sich von selbst, dass gerade seine Landleute aus Italien sich an ihn wandten. Er besaß Autorität, und jeder spürte, dass dieser Mann durch tiefes Leid gegangen war und unbeirrt an seinem Glauben festgehalten hatte. Zudem war er gewandt im Umgang mit Menschen, war welterfahren und hatte liebenswürdige Umgangsformen.

Calvin lernte ihn ebenfalls schätzen und zog ihn in den engeren Kreis seiner Freunde mit ein. Der Reformator hatte damals mit manchem Widerstand selbst in seiner Stadt Genf zu kämpfen, so dass er es begrüßte, wenn klar biblisch gesonnene Männer zu ihm stießen. Nicht nur Italiener, sondern auch Spanier und vor allem Franzosen bildeten in Genf große Kolonien, und viele von ihnen erhielten auf Calvins Vorschlag das Genfer Bürgerrecht.

Die Italiener, die sich um Galeazzo sammelten, schlossen sich unter Calvins ausdrücklicher Billigung zu einer eigenen Gemeinde zusammen, angeführt von

Galeazzo. Es war die „Chiesa Italiana die Ginevra", welche bis zum Jahre 1870 bestanden hat.

Zunächst galt es nun, für sie einen geistlichen Führer zu finden. Als Calvin bald nach Galeazzos Eintreffen im Jahre 1551 nach Basel reiste, lernte er dort einen Italiener kennen, der ihm für dieses Amt der rechte Mann zu sein schien. Er bat Galeazzo, auch nach Basel zu kommen und mit ihm zu verhandeln. Dies geschah, und man kam überein, den Flüchtling als Prediger nach Genf zu berufen. Es war der Graf Celso di Martinengo.

Wie viele seiner Leidensgefährten hatte er eine bewegte Geschichte hinter sich. In jungen Jahren war er als nachgeborener Sohn eines vornehmen Hauses zum geistlichen Stand bestimmt worden. Er wurde Kanonikus in der Laterankongregation zu Lucca in Mittelitalien, und er zeichnete sich durch eine natürliche Beredsamkeit aus, die ihn bald zu einem hinreißenden Prediger werden ließ. Seine Grundhaltung zeigte, dass er heimlich die Schriften der deutschen Reformatoren studierte. Sie ließen ihn nicht mehr los. Und es fügte sich dann, dass er den Predigten des Vermigli beiwohnen konnte, als dieser für einige Zeit von Neapel nach Lucca gekommen war, um im Kloster von San Frediano unter den dortigen Chorherren für die Einhaltung christlicher Hausordnung Sorge zu tragen.

Durch Vermigli wurde Ceso Martinengo zur biblischen Erkenntnis geführt. Das hatte zur Folge, dass er sich bald verdächtig machte, von Ketzerei angesteckt zu sein. Er zog es daher vor, als die Inquisition immer eifriger und rücksichtsloser wurde, rechtzeitig zu fliehen. Er verließ 1550 Italien und ging nach Graubünden, wo sich verschiedene protestantische Gemeinden mit italienischer Sprache gebildet hatten. Aber er sah, dass er hier nicht bleiben konnte; darum wanderte er weiter nach Basel. Doch auch dort erwiesen sich seine Hoffnungen auf Arbeit und Brot als trügerisch. Nirgends schien sich für ihn eine Tür auftun zu wollen, als unerwartet die Berufung nach Genf erfolgte.

Er nahm den Ruf an und wurde der erste Leiter und Prediger der Genfer italienischen Gemeinde. Als solcher wirkte er in großem Segen, bis er 1557 starb.

Ihm zur Seite gestellt wurden Gemeindeälteste, die darüber wachen sollten, dass das Wort Gottes lauter und rein gepredigt werde. Unter diesen Ältesten tat sich Galeazzo besonders hervor. Er betrachtete seine Arbeit als einen wichtigen Dienst für Gott. Es wurde später von ihm gerühmt, dass er „dies heilsame und nützliche Werk durch sein Ansehen, seinen Fleiß und seine Sorgfalt als eine feste Säule, so lange er lebte, zu erhalten half".

Er war ein Freund, Berater und Seelsorger. Er wurde der Vertrauensmann der Gemeindeglieder, die mit ihren Anliegen sich bald am liebsten an ihn wandten, weil er für alle Zeit hatte und jeder von ihm den Eindruck empfing, dass ihm sein Christsein wirklich Kraft und Licht bedeutete.

Damals, es mochte etwa zwei oder drei Jahre nach Galeazzos Ankunft in Genf gewesen sein, ließ sich ein junger Piemontese an der Genfer Universität einschreiben, um dort bei Calvin Theologie zu studieren. Er hieß Giovanni Luigi Pascale.

Galeazzo lernte ihn kennen, und beide schlossen bald Freundschaft. Pascale war savoyischer Offizier gewesen. Nachdem er eine klare Bekehrung erlebt hatte, nahm er Abschied vom Heer mit der Absicht, ein Prediger des Wortes Gottes zu werden. Galeazzo, der etwa zehn Jahre älter war, fand in ihm einen entschiedenen, aufrichtigen Christen. Er wurde dem Jüngeren zum Lehrer, zum freundlichen Erzieher, und beide ahnten in jenen ersten Jahren der Freundschaft nicht, wie Galeazzo als Bote eines höheren Herrn noch in sein Leben eingreifen sollte.

Trotz gesegneten Umgangs mit Gleichgesinnten blieb die Zeit in Genf für Galeazzo eine Zeit, in der er oft äußeren Mangel litt. Dass er arm geworden war, focht ihn nicht an. Er hatte ein sehr bescheidenes Obdach, aber er machte keine großen Ansprüche, obwohl er aus großzügigen Verhältnissen einer in fast unbegrenztem Reichtum lebenden Familie kam. Er vermisste nicht den Glanz des kaiserlichen Hofes, an dem er einstmals berufen zu sein schien, eine wichtige Rolle zu spielen.

Was an ihm nagte, was das Heimweh nach den Seinigen. Er sprach selten darüber, denn die meisten der Flüchtlinge hatten Ähnliches zu durchkämpfen, und er wollte nicht anderen sein Leid klagen. Regelmäßig schrieb er ausführliche Briefe an Donna Vittoria, und ihre Antworten waren die Quellen stets neuer, leidvoller Freude. Sie versicherten einander immer wieder ihrer ungetrübten und treuen Liebe. Doch Vittoria konnte sich nicht entschließen, seinen Bitten nachzugeben und nach Genf zu kommen. Hätte die Entscheidung allein von ihr abgehangen, wäre sie gekommen und hätte ihre Kinder mitgebracht. So hatte es Galeazzo erwartet. Aber sie stand unter dem immer stärker werdenden Einfluss des jesuitischen Beichtvaters und ihrer zahlreichen Verwandten, die immer wieder betonten, wie streng katholisch sie seien.

Sie verzehrte sich vor Sehnsucht nach dem geliebten Gatten und kannte nichts Schöneres, als ihren Kindern von ihm zu erzählen. Mochten ihn viele vor den

Augen seiner Kinder als Verlorenen, Abtrünnigen hinzustellen, sie bemühte sich, in ihren Herzen die Liebe zu ihrem Vater und die Ehrerbietung vor ihm wach zu halten. Nie sagte sie ein böses Wort über ihn, und jeden Abend betete sie mit ihren Kindern um seine Rückkehr. –

Auch andere warteten sehr auf seine Rückkehr.

Der Kardinal Caraffa, Galeazzos Oheim, schürte und drängte unablässig, dass man versuche, ihn zurückzugewinnen. Es war dem Kirchenfürsten, welcher hoffte, beim nächsten Konklave zum Papst gewählt zu werden, ein peinliches Hindernis, dass sein Schwestersohn von der Kirche abgefallen sei, und man warf ihm, dem Großinquisitor vor, er könne nicht einmal in seiner eigenen Verwandtschaft die Ketzerei ausrotten. Darum lag ihm sehr viel daran, jenen Austritt ungeschehen zu machen, koste es, was es wolle.

Galeazzos Vater, Colantonio Caracciolo, litt noch mehr unter all diesen Ereignissen. Er liebte seinen einzigen Sohn, je älter und einsamer er wurde, um so mehr, und empfand dessen Handlungsweise als Ausdruck liebloser Gleichgültigkeit und Selbstsucht. Zudem sah er als kluger Mann, wie der Fiskus sich anschickte, Galeazzos Güter einzuziehen, da man nicht mehr mit einer Rückkehr Galeazzos rechnete. Der Raub der Güter musste unter allen Umständen verhindert werden!

Colantonio wurde beim Vizekönig vorstellig. Dieser berief sich auf die gesetzlichen Bestimmungen, die ihm keine Abweichung und Milderung erlaubten. Der einzige, der die Sache abwenden könnte, sei Galeazzo. Der Kaiser allerdings könne auch eingreifen und durch eine besondere Verfügung die Beschlagnahme der Güter verbieten.

Deshalb fasst Colantonio den Entschluss, sich persönlich an beide zu wenden.

Zwei Jahre waren vergangen seit Galeazzo Neapel verlassen hatte, als sein Vater ihn brieflich aufforderte, mit ihm in Verona zusammenzutreffen.

Es war ein Brief, der mit viel Bedacht geschrieben war. Am Schluss betonte Colantonio, von der Furcht gequält, dass Galeazzo nicht auf seinen Vorschlag eingehen werde, er sei der Vater, und Gott gebiete es, dass Kinder Vater und Mutter ehren. „Wenn du sagst, dass der Gehorsam gegen Gott dich zu jenem unbegreiflichen und verhängnisvollen Schritt geführt habe, nun, so beweise deinen Gehorsam gegen Gott, indem du jetzt tust, wozu dich dein alter Vater auffordert. Ich erwarte, dass du nach Verona kommst."

Wenige Tage darauf erhielt Galeazzo einen Geleitbrief der Republik Venedig, den sein Vater für ihn erwirkt hatte, so dass er ungefährdet in venezianisches Gebiet reisen konnte. Verona gehörte hierzu, und es lag am selben Weg, den Colantonio nehmen wollte, um ins kaiserliche Hoflager zu gelangen, welches damals in Innsbruck war.

Im Mai 1553 fand das Treffen statt.

Weinend sanken sich Vater und Sohn in die Arme. So mild und liebevoll, wie Colantonio noch nie gewesen war, bat er, flehte er, beschwor er Galeazzo, reumütig nach Neapel und in die Kirche zurückzukehren. Er fasste seine Hände und sagte mit zitternder Stimme: „Rette deinen Vater vom Grab, deine Gattin von der Verzweiflung, deine Kinder von der Unehre, und vom Schmerz deine Vaterstadt!"

Hätte er gescholten, gewütet, wäre es Galeazzo leicht gewesen, fest zu bleiben. Aber als er diese Worte seines gramgebeugten Vaters hörte, war er nahe daran, nachzugeben. Doch er raffte sich auf und entgegnete mit tränenerstickter Stimme: „Vater, Ihr fordert zu viel. Ich kann es nicht tun!"

„Warum nicht?"

„Ich muss Gott mehr gehorchen als Menschen!"

„Ebbene! Nun ja!" Tonlos sagte es Colantonio. Matt sank er in einen Sessel und versuchte keine weitere Überredung mehr. Er hatte offenbar mit dieser Antwort trotz aller Hoffnungen gerechnet, und er kannte seinen Sohn zu genau, als dass er jetzt noch weiter auf diesen eingeredet hätte.

Galeazzo saß ihm zur Seite, und beide schwiegen eine Zeitlang. Schließlich fasste sich der Vater. Sein Gesicht wurde hart, und seine Stimme klang kalt: „Ich erwarte wenigstens", sagte er, ohne den Sohn anzublicken, „dass du so lange hier in Italien bleibst, bis ich selbst bei seiner Majestät gewesen bin und es erreicht habe, dass deinen Kindern das Recht der Erbfolge im Familienlehen der Markgrafen von Vico, der bisher makellosen Caraccioli, gelassen wird. Der Kaiser wird barmherzig sein, und du wirst ihn nicht reizen dadurch, dass ich ihm sagen muss: ‚Mein Sohn, den Ihr mit Gunst und Gnade überschüttet habt, ist bereits wieder in der Hauptstadt Eures Gegners Calvin.'"

„Sorgt nicht, Vater; was ich tun kann, tue ich. Ich bleibe also vorläufig hier in Verona, wo mich die Republik vor den Häschern der Inquisition schützt."

Sie nahmen bekümmert voneinander Abschied. Colantonio reiste nach Tirol, und Galeazzo blieb in Verona. Wäre er nicht so betrübt gewesen durch die schmerzliche Unterredung, hätte es ihn mit großer Freude erfüllt, endlich einmal wieder unter der hellen Sonne seines Heimatlandes zu sein und italienische Laute um sich zu vernehmen.

In einem vornehmen Adelspalast hatte er gastliche Unterkunft gefunden. Hier zeugte alles von Wohlstand, feiner Kultur und Kunstsinn. Von den Deckengemälden, welche die hohen Gemächer schmückten, bis zu den schweren Teppichen auf dem Marmorboden, von den geschnitzten, vergoldeten Möbeln bis zu den schimmernden Damasttischtüchern und den Silbergeräten auf der Tafel gehörte alles zu der aristokratischen Lebenshaltung, welche die Räume mit ihrem Zauber erfüllte und ein wohltuendes Behagen erweckte. So war er es gewohnt von Jugend an, so war es für ihn etwas Selbstverständliches gewesen, bis er in die armselige Nüchternheit Genfs eintauchte.

Er bewohnte dort einige kleine und kahle Stuben, deren niedrige Fenster auf eine freudlose Gasse gingen. Hier in Verona strahlte alles in hellem Licht, und auf den Straßen hörte man fröhliche Stimmen und Mandolinenklang, Singen und Lachen. In den öffentlichen Anlagen rauschten Springbrunnen, und Kinder lachten und spielten.

„O la cara, la bella Italia!"

Als Colantonio abgefahren war und Galeazzo abends müde in seinem Gemach saß, meldete ihm ein Diener, dass ihn ein Signore besuchen wolle. Erstaunt bat er, ihn hereinzuführen. Es war ein jüngerer, sehr gut angezogener Herr, der sich vorstellte als Arzt Hieronymus Fracastorius.

„Entschuldigt, Exzellenz", sagte der Besucher, „dass ich noch zu so später Stunde komme. Der Signor Marchese bat mich, mich um Euch etwas zu kümmern, da Ihr an Melancholie leidet und hier einsam seid!"

„Einsam bin ich, aber nicht melancholisch", entgegnete Galeazzo lächelnd, „aber ein freundlicher Besuch, denke ich, ist wie gute Medizin."

Der Arzt verbeugte sich: „Ich freute mich, als ich hörte, dass Ihr ein weitgereister Herr seid, ein besonderer Günstling des Kaisers, dem noch die höchsten Ehrenstellen offen stehen."

„Jetzt nicht mehr! Lassen wir das!"

„Ganz recht, Exzellenz! lassen wir das. Ich kam ja auch nur, um Euch ein köstliches Exemplar des Vergil zu bringen, das Euer Vater für Euch gekauft hat!"

Er entnahm seiner Tasche eine in glattes, grünes Leder gebundene Ausgabe des damals gern gelesenen lateinischen Dichters.

„Mein Vater, sagt Ihr, hat das Buch gekauft?"

„Ja, Euer Vater. Durch Vermittlung des Buchhändlers, in dessen Haus ich wohne, bat er mich, es Euch als ein Zeichen seiner Liebe zu bringen."

Galeazzo, der gerne las, fuhr mit der Hand zart über den schönen Lederband. Ihm war ganz eigen zumute. Von seinem Vater! Tränen traten in seine Augen, und er hörte kaum, als der Arzt höflich sagte: „Darf ich Euch für heute eine gute Nacht wünschen, Exzellenz? Ich möchte nicht länger stören."

„O nein", entgegnete Galeazzo, „es wäre mir sogar lieb, wenn Ihr noch ein Weilchen meine Einsamkeit teilen wolltet!"

Der Besucher setzte sich wieder, und sie unterhielten sich lange, denn er war nicht nur Arzt, sondern auch Poet und Philosoph, der viel gelernt und gelesen hatte und angenehm zu plaudern wusste. Sogar in theologischen Fragen war er bewandert und vertrat die Lehren der katholischen Kirche mit Eifer und Überzeugung. Die Bibel freilich kannte er nur vom Hörensagen, er hatte sie noch nie in der Hand gehabt. Es erweckte seine Neugier, als Galeazzo ihm die kleine Bibel zeigte, die sein ständiger Begleiter war.

Gegen Mitternacht nahm die Unterredung ein Ende, nicht ohne dass der Arzt höflich gefragt hätte, ob er in den nächsten Tagen noch einmal wiederkommen dürfe. Er kam wieder und immer wieder. Galeazzo mochte ihn von Mal zu Mal mehr. Doch insgeheim fragte er sich, was den Arzt bewog, sich mit ihm zu unterreden. Immer wieder brachte der Arzt das Gespräch auf religiöse Dinge; aber er war so wenig auf diesem Gebiet bewandert, dass es ein Leichtes war, ihn an Hand der Bibel zu widerlegen. Er musste eine Behauptung nach der anderen fallen lassen. Schließlich gestand er eines Abends ehrlich: „Ich sehe ein, dass Euer Exzellenz in der christlichen Religion besser Bescheid wissen als ich. Reden wir noch länger in dieser Art miteinander, so macht Ihr noch einen Ketzer aus mir. Das möchte ich aber durchaus nicht!"

„Aber guter Freund", entgegnete Galeazzo lächelnd, „so sagt mir wenigstens, warum Ihr hier von diesem für Euch so peinlichen Thema angefangen habt!"

„Ich sollte es eigentlich nicht sagen, aber da Ihr danach fragt, mögt Ihr es wissen: Euer Vater hat mich beauftragt, auf Euch einzuwirken und Euch von der Falschheit Eurer Lehre zu überzeugen. Entschuldigt mich, Exzellenz, ich meine es gut, und Euer Vater meint es auch gut!"

Der Arzt kam nach diesem Gespräch nie wieder. Er mochte sich schämen – oder gar fürchten.

Galeazzos Aufenthalt in Verona zog sich bis zum August hin. Dann erst bekam er Nachricht, dass sein Vater eine Audienz beim Kaiser gehabt habe. Es war durch einen besonderen Gnadenakt des Kaisers bestimmt, dass die Kinder Titel und Besitz des Großvaters ungeschmälert erben sollten, Galeazzo selbst aber solle alles verlieren, was er besessen habe. Für ihn gebe es keine Gnade.

Er kehrte nach Genf zurück, wehmütig und doch getröstet. Gern saß er abends in seiner ärmlichen Kammer und griff nach Gottes Wort. Seine Tätigkeit unter der Gemeinde brachte es mit sich, dass er nicht nur zu seiner eigenen Erbauung und Förderung, sondern auch zur Unterweisung anderer die Bibel emsig studierte. Die Vorlesungen Calvins, die er treu besuchte, waren ihm willkommen als Einführung und Vertiefung in biblische Gedanken.

Es war ihm nicht gegeben, in der zündenden Weise zu predigen wie etwa Cesso Martinengo und der junge Pascale. Aber er wirkte durch das gesprochene Wort, wenn er die Gemeindeglieder besuchte, oder wenn diese zu ihm kamen. In eingehender, freundlicher Unterredung war er ein Meister. Immer wusste er die Menschen auf Bibelworte hinzuweisen, die er ihnen für das praktische Leben auslegte. Stets betonte er den festen Grund des christlichen Heils, das Werk des Heilandes Jesus Christus am Kreuz von Golgatha. –

Regelmäßig wechselte er Briefe mit seiner Gattin, und er gab die Hoffnung immer noch nicht auf, dass sie nach Genf kommen werde. Sie hingegen hoffte, dass er in Anbetracht der veränderten Verhältnisse eines Tages zurückkehren werde. Es änderte sich nämlich manches, denn Galeazzos Oheim, der Kardinal Caraffa, wurde im Jahr 1555 unter dem Namen Paul IV. Papst.

Leopold von Ranke nennt ihn in seiner Geschichte der Päpste den strengsten aller Kardinäle, welche damals zum Konklave, das heißt, zur Wahlversammlung vereinigt waren. Trotzdem oder vielleicht gerade deswegen wählten sie ihn. Denn in der Kirche war die Erkenntnis von der Notwendigkeit einer durchgreifenden Erneuerung endlich durchgedrungen. Daher wollte man einen resoluten Mann an der Spitze. Ranke sagt vom neugewählten Paul IV.: „Er zählte schon neunundsiebzig Jahre, aber seine tiefliegenden Augen hatten noch alles Feuer der Jugend. Er war sehr groß und mager, rasch ging er einher, er schien lauter Nerv zu sein … Keine andere Pflicht, keine andere Beschäftigung als die Wiederherstellung des alten Glaubens in seine frühere Herrschaft schien er zu kennen."

Es stand ihm jetzt eine ungeheure Macht zu Gebote, es gab kein Mittel, das er nicht hätte benützen können, um seine Ziele zu erreichen. Widerspruch anerkannte er nicht.

Er nahm es sofort in die Hand, seinen Neffen, ob dieser wollte oder nicht, für seine Kirche zurück zu gewinnen.

* * *

Kaum war Paul IV. am 23. Mai 1555 gewählt worden, als er seinen Schwager Colantonio Caracciolo beauftragte, die Verhandlungen mit dem Abtrünnigen wieder aufzunehmen. Er ermächtigte ihn zu den weitest gehenden Versprechungen, wies ihn an, auf alle Weise sein Ziel zu erreichen. Er sollte nichts unversucht lassen und dann persönlich dem Papst Bericht erstatten.

Colantonio schützte eine zufällige Reise nach Mantua in Norditalien vor, um seinen Sohn aufzufordern, dort mit ihm zusammenzutreffen. Zugleich verschaffte er ihm wieder durch den venezianischen Gesandten in Bern einen Reisepass, der ihm sicheres Geleit im Gebiet der Republik Venedig und der mit ihr verbündeten Herrscher verbürgte. Durch ein Bankhaus in Lyon überwies er ihm außerdem ein sehr reichlich bemessenes Reisegeld. Und durch Donna Vittoria ließ er ihm die Bitte, mit dem Vater zusammenzutreffen, in dringlich flehenden Briefen wiederholen.

Galeazzo konnte sich dem nicht verschließen und sagte zu. Als er Calvin von seiner bevorstehenden Reise unterrichtete, sagte dieser: „Geht hin! Gott wird Euch beistehen, treu und standhaft zu bleiben. Geht nach Mantua, denn ich habe einen Auftrag für Euch, den Ihr erfüllen könnt. Besucht, ehe Ihr nach Genf heimkehrt, die Herzogin Renata von Ferrara, die wegen ihres Glaubens hart bedrängt wird und dringend einer Ermutigung bedarf. Ferrara ist nicht allzu weit von Mantua entfernt. Allerdings will ich Euch nicht verhehlen – was Ihr Euch selber sagen werdet –, dass es eine gefährliche Reise ist, denn in Ferrara wird Euch der venezianische Reisepass keinen Schutz gewähren. Sie wüten dort gegen alle protestantisch Gesinnten mit Kerker und Tod. Wenn Ihr entdeckt werdet, vermag ich Euch nicht zu retten. Wollt Ihr trotzdem die geängstigte, einsame Herzogin aufsuchen und ihr Mut machen, treu zu bleiben?"

„Ja, das will ich", entgegnete Galeazzo ohne zu zaudern.

Er verließ schon nach wenigen Tagen Genf und erreichte Mantua am 15. Juni 1555.

Sein Vater empfing ihn liebevoll. Er erwartete, dass nun alles wieder gut werde, und war daher froh und zuversichtlich. Sie machten sofort nach Galeazzos Ankunft einen höflichen Besuch beim Herzog, dessen Gäste sie waren. Dieser lud sie zur Abendtafel ein, zu der zahlreiche vornehme Herren und Damen geladen waren. Die Unterhaltung floss in lebhafter Rede und Gegenrede. Niemand hätte denken können, dass die beiden Fremden, Vater und Sohn, die heute gekommen waren, um eine schwere Entscheidung ringen mussten.

Nachdem die Tafel aufgehoben war, bat Colantonio, sich mit Galeazzo zurückziehen zu dürfen, da sie etwas Wichtiges zu besprechen hätten. „Wir hoffen, heute Abend noch Eurer Hoheit fröhliche, sorgenfreie Angesichter zeigen zu können."

Während in den Sälen des herzoglichen Palastes Musik und festlicher Lärm erklangen, saßen Vater und Sohn in einem einsamen Gemach zusammen. Colantonio hatte aus den früheren ergebnislosen Verhandlungen gelernt. Er bemühte sich, diesmal klüger vorzugehen.

„Wie du erfahren hast", begann er, „ist dein Oheim Papst geworden. Er lässt dir durch mich seinen Gruß entbieten und den apostolischen Segen überbringen, denn er liebt dich, weil du einer seiner wenigen Neffen bist. Er ist ein alter und einsamer Mann und möchte gern, dass seine Neffen jetzt um ihn seien, nachdem er durch die Gipfelhöhe, auf die er geführt, noch einsamer geworden ist."

Galeazzo wollte etwas erwidern, aber sein Vater ließ ihn nicht zu Wort kommen. „Höre mich erst ruhig an, ich habe viel zu sagen. Ich bin vom Papst ermächtigt, dir zu versprechen, dass du wieder eingesetzt wirst in Erbfolge, Rang, Würde und Besitz. Damit ist dann vor aller Welt die Schande ausgelöscht, die nicht nur auf dir, sondern auch auf mir und deiner lieben Frau und deinen unschuldigen Kindern liegt. Unterbrich mich nicht! Alle Verwandten werden dich deswegen loben, deine Familie wird glücklich sein, der Papst wird dich segnen, und Gott der Herr wird dir gnädig sein!"

„Nein, nein!" rief Galeazzo, der nicht länger an sich halten konnte, „Gott wird mir nicht gnädig sein, wenn ich meine Überzeugung verleugne!"

„Wer spricht davon? Höre doch erst einmal, was ich zu sagen habe! Der Papst verlangt ja gar nicht, dass du wieder zur Kirche zurückkehrst, du sollst nur Genf verlassen und deinen Wohnsitz auf italienischem Boden im Gebiet Venedigs nehmen. Weiter gar nichts!"

Colantonio beobachtete die Wirkung dieses sehr weitherzigen Angebots auf seinen Sohn, der ihn erstaunt und ungläubig anschaute.

„Sonst wird nichts von mir verlangt?"

„Dank der Gnade des Papstes! Jetzt kann alles wieder gut werden, und du brauchst nichts gegen deine Überzeugung zu tun."

Galeazzo schwieg. Ein solches Entgegenkommen hatte er nicht erwartet. Es erschien ihm zu verlockend, als dass er es hätte für wahr halten können. Aber sein Vater versicherte ihm noch einmal, dass das Angebot durchaus ernst gemeint sei. Er hatte gesiegelte und unterschriebene Schriftstücke aus der vatikanischen Kanzlei und sogar ein Breve des Papstes, in welchem Paul IV. das eben erörterte Angebot schriftlich niedergelegt hatte.

„Sieh es dir an und zweifle nicht mehr. Und höre noch etwas: Ich verpflichte mich, dir ein reichliches Jahresgeld aus unseren Familiengütern zu zahlen, bis du nach meinem Tod selbst in ihren Besitz kommst. Es soll nicht daran geknausert werden. Im Gegenteil, meine Freigebigkeit wird keine Grenzen kennen, so dass du mit den Deinigen bequem und standesgemäß leben kannst. Und nun schlag ein, Galeazzo!" Er streckte dem Sohn die Hand hin. „Sag", drängte er, „dass du nun in Italien bleibst und nicht mehr nach Genf zurückkehrst! Man wird dir die Wahl des Aufenthaltsortes völlig frei lassen, und man wird dir deines Glaubens wegen keinerlei Schwierigkeiten machen. Du darfst dank der besonderen Vergünstigung des Papstes deine Religion behalten, ohne dass irgend jemand dich behelligen wird. Was zauderst du? Gib mir die Hand zum Zeichen, dass du einverstanden bist!"

Flehend sah Colantonio ihn an. Galeazzo antwortete nicht und zog langsam seine Hand zurück. Schließlich sagte er, jedes Wort abwägend: „Lasst mir Zeit zum Überlegen!"

„Aber es gibt doch nichts zu überlegen! Kann etwas noch klarer sein?"

„Lasst mir Zeit bis morgen, dann will ich Euch meine Entschlüsse sagen."

Colantonio seufzte und blickte den Sohn angstvoll an. Und allmählich stieg aus der Sorge der Unmut und der Zorn auf, der in seinem heißen Neapolitanerblut schon oft genug gekocht hatte.

„Du wärest ein Narr", sagte er, „du wärest nicht wert, als vernünftiger Mensch angesehen zu werden, wenn du jetzt bei deinem Eigensinn beharrtest! Willst du denn durchaus uns alle und dich selbst in Schande und Jammer wissen?"

„Nicht doch, Vater! Lasst mir Zeit bis morgen, denn ich möchte nicht unbesonnen handeln!"

„Bis morgen! Und ich dachte, heute Abend den ganzen schlimmen Handel für immer aus der Welt geschafft zu haben. – Der Herzog erwartet uns in seinem Saal. Doch ich kann ihm jetzt nicht unter die Augen treten!"

„Ich auch nicht! Wir lassen uns für heute Abend entschuldigen und suchen jetzt unsere Schlafgemächer auf."

„Ich fürchte", sagte der alte Mann bitter, „wir werden dort wenig Schlaf finden. Es ist nicht nur die Tanzmusik aus dem Saal, die uns nicht schlafen lassen wird."

Es wurde wirklich eine schlaflose Nacht. Galeazzo setzte sich in einen bequemen Lehnstuhl an das Fenster und schaute zu den Sternen hinauf. Die Nacht am tobenden Vesuv fiel ihm ein, jene Nacht des größten Segens. Die Bilder von Frau und Kindern zogen heimwehweckend vor ihm vorüber, die Bilder der Freunde in Neapel, der Freunde in Genf.

Nach langem, heißem Gebet wurde er ruhig, so dass er endlich nüchtern überlegen konnte. Er entnahm seiner Briefmappe, die er auf Reisen stets mit sich führte, ein Blatt Papier und schrieb beim Schein einer Wachskerze alle Gründe auf, die für die Annahme des Vorschlags sprachen. Auf die gegenüberliegende Hälfte des Papiers schrieb er dann die Gegengründe. Lange überlegte er. Er wusste, er würde den Zorn seines greisen Vaters auf sich laden und dadurch die Möglichkeit der Wiedervereinigung mit Frau und Kindern verlieren. Es kamen ihm große Bedenken, ob er dies vor Gott werde verantworten können.

Würde er den Gläubigen in Genf und anderswo nicht ein großes Ärgernis geben, wenn es von ihm heiße, er sei um äußerlicher Vorteile willen nach Italien zurückgekehrt; er achte den Segen christlicher Gemeinschaft gering; er sei durch die Anerbietung großer Ehren und Würden weich geworden und habe sich auf den Weg begeben, der zum Abfall führen müsse. Dies würde für viele Unbefestigte zum Fallstrick.

Und noch etwas: Nahm er das Angebot an, so machte er sich dadurch vom Papst abhängig, von dem er nur zu genau wusste, welch grimmiger Feind der Protestanten er war. Wer konnte voraussagen, ob er seine Versprechungen erfüllen würde? Man hatte Beispiele dafür, dass einem Ketzer das Wort nicht gehalten wurde. Und wie würde sich alles erst gestalten, wenn ein neuer Papst auf den Stuhl Petri kam? Würde der dann dem Drängen der beutegierigen Inquisition widerstehen, um einen als abtrünnig geltenden Mann zu schützen?

Galeazzo hätte viel dafür gegeben, wenn er sich in dieser Nacht mit einem Freund hätte beraten können. Aber er war so einsam wie nur je, so einsam wie im Hagel der glühenden Steine am Abhang des bebenden Vulkans. Doch dort hatte er die Einsamkeit als Wohltat empfunden, denn sie half ihm, die Nähe Gottes zu finden.

Die Musik durchzitterte den Palast, bis die übernächtigten, vom Tanz müden und erhitzten Gäste aufbrachen und von irgendeiner Kirche das erste Morgenglöcklein läutete. Endlich schlief Galeazzo ein; mitten im Gebet übermannte ihn der wohltätige Schlummer.

Als er sich am anderen Vormittag erneut mit seinem Vater traf, war sein Entschluss gefasst: Er nahm das Angebot nicht an.

Noch einmal wiederholte Colantonio, was er abends zuvor gesagt hatte, und er führte einen Grund nach dem andern ins Feld, um den Sohn zu überzeugen. Dieser aber widerlegte alle seine Gründe, indem er sachlich auf sie einging und mit Gegengründen beantwortete. Die Züge im Gesicht des Vaters erstarrten nach und nach, und er sagte schließlich verbittert: „Mit einem Wahnsinnigen ist nicht vernünftig zu reden."

Galeazzo aber flehte nach diesen harten Worten: „Vater, zwingt mich doch nicht zu etwas, was nicht nur mich, sondern auch Euch in der Ewigkeit gereuen würde."

Überaus traurig und mit nur wenigen Worten nahm Colantonio Abschied von seinem Sohn. Er verließ Mantua alsbald und kehrte nach Neapel zurück. Aber unterwegs hatte er noch einen schweren Weg zu gehen.

Er musste dem Papst in Rom über die Verhandlungen Bericht erstatten. Wenn ihm je ein Gang sauer geworden war, so war es dieser. Aber er war nicht umsonst ein alter Soldat. Er hatte gelernt, auch besonderen Schwierigkeiten mit Mut zu begegnen.

Im Gasthaus bei der Minerva in Rom kehrte er ein und begab sich früh am Morgen in den Vatikan, denn er wusste, dass sein Schwager von jeher ein Frühaufsteher war, der die besten Stunden des Tages zu emsiger Arbeit am Schreibtisch zu nutzen pflegte.

Die Schweizersoldaten, die am Bronzetor des Vatikans Wache hielten, wiesen ihn an einen päpstlichen Kämmerer, der ihn über Treppen und Höfe und durch prachtvolle Säle und Gemächer führte und ihm schließlich in einem prunkvoll ausgestatteten, weiten Raum zu warten gebot.

Offiziere der Nobelgarde in schönen Uniformen kamen und gingen, Geistliche aller Rangstufen eilten hin und her, zuweilen schlurfte ein alter Kardinal mit langer Purpurschleppe durch den Saal, dann mussten alle Anwesenden aufstehen. Mönche der verschiedensten Orden fanden sich ein, Bittsteller kamen, Pilger, Diplomaten ausländischer Herrscher, römische Edelleute, Künstler mit Mappen voller Entwürfe, ein Arzt, der dem Papst ein neues Mittel gegen Altersbeschwerden bringen wollte, und noch mancherlei andere, die alle ein Anliegen hatten und alle hofften, bei Seiner Heiligkeit vorgelassen zu werden. Sie saßen auf breiten Bänken oder auf Sesseln und Stühlen, die um mehrere lange Tische standen.

Ständig hörte man leises Flüstern, und jeder suchte mit seinen Erwartungen beim Nachbarn Gehör zu finden. Nur wenn einer der Kammerherrn erschien und jemanden der Anwesenden aufrief, wurde es totenstill, denn alle hofften, dass die Reihe an sie kommen werde. Waren doch manche Bittsteller darunter, die schon wochenlang jeden Tag hierher kamen und immer noch nicht vorgelassen waren.

Aber Colantonio wurde, als er kaum den Saal betreten hatte, von einem Monsignore aufgefordert, ihm zu folgen.

Wieder ging es über Korridore und Treppen, durch Türen hindurch, die sich lautlos auftaten und schlossen, bis zu den Privatgemächern des Papstes. Ein Kammerherr öffnete und winkte einzutreten.

Es war das Arbeitszimmer des Papstes.

Paul IV. saß, schneeweiß gekleidet, mit einem großen, edelsteinbesetzten Kreuz auf der Brust, an seinem mit rotem Leder überzogenen Schreibtisch und schaute ungeduldig nach der Tür.

Colantonio kniete nieder, als er das Gemach betrat, stand auf, näherte sich einige Schritte dem Papst, kniete, genau nach dem vatikanischen Zeremoniell, zum zweiten Mal nieder, um dann dicht beim Schreibtisch zum dritten Mal das Knie zu beugen. Auf einen Wink des Papstes erhob er sich, aber er durfte sich nicht setzen.

„Was habt Ihr ausgerichtet, Marchese Colantonio?" fragte Paul IV.

„Nichts, heiliger Vater", antwortete Colantonio mit tonloser Stimme. „Er ist auf nichts eingegangen."

„Habt Ihr ihm alle Versprechungen gemacht, die irgendwie tunlich erschienen?"

„Alle. Aber er ist wie ein Irrer, ist völlig verblendet. Es gibt nun keine Möglichkeiten mehr, auf ihn einzuwirken."

„Wir wollen abwarten", antwortete der Papst kühl. „Man hat schon mehr mit verstockten Menschen zu tun gehabt und Erfolge erzielt. So wahr es sich um den Sohn meiner Schwester handelt, so wahr werden wir Mittel und Wege finden, das Ärgernis aus der Welt zu schaffen. Verlasst Euch darauf!"

Paul IV. sagte es mit harter Entschlossenheit, die ihres Erfolges gewiss war. Er machte mit der Hand ein Zeichen, dass die Audienz beendet sei, aber er ergriff rasch noch einmal das Wort: „Ihr und Eure ganze Familie habt Euch bereit zu halten, das zu tun, was man Euch im gegebenen Augenblick sagen wird. Ich versichere Euch, wir werden in diesem Kampf siegen!"

Colantonio kniete wieder nieder, küsste den schneeweißen Pantoffel des Papstes, auf den ein kleines Kreuz gestickt war, und verließ das Gemach. Als er kurz darauf aus dem Vatikan in die helle Sommersonne hinaustrat, klangen wie unheilvolle Fanfarentöne die Worte des Papstes noch in seinen Ohren: „Wir werden in diesem Kampf siegen!"

* * *

Galeazzo brach nach dem Abschied von seinem Vater bald aus Mantua auf. Dass er zunächst nach Ferrara reisen wollte, erzählte er nicht, denn er musste sehr vorsichtig sein, dass man ihn nicht etwa dort verhaftete. Durch einen verlässlichen Boten hatte er sich bei der Herzogin angemeldet und die Antwort bekommen, dass sie ihn erwarte.

Sie war die Tochter des Königs Ludwig XII. von Frankreich. Aus politischen Gründen war sie, kaum achtzehnjährig, 1528 mit dem Herzog Ercole II. d'Este verheiratet worden, dem sie nach Ferrara folgte. Hier gewann sie rasch aller Herzen, denn sie verband die angeborene französische Liebenswürdigkeit mit einer natürlichen Leutseligkeit selbst dem Ärmsten gegenüber und mit einer von Herzen kommenden Mildtätigkeit. Auch rühmten die Gelehrten, welche von Venedig, Padua und Bologna aus häufig am Hof in Ferrara zu Gast waren, dass sie ausgezeichnete Kenntnisse des Lateinischen und Griechischen besitze und die schwierigsten Schriftsteller mit Verständnis lesen könne. Sie studierte Astrologie, und was besser als dieser Wust des Aberglaubens war, auch Astronomie, und mit Vorliebe las und besprach sie philosophische und theologische Bücher.

Sie überragte die meisten Fürstinnen ihrer Zeit an Bildung und Schärfe des Verstandes. Daher schien sie wohl geeignet, dem Haus der Herzöge von Ferrara neuen Glanz zu erwerben. Aber es sollte anders kommen.

Renata fand nämlich in Ferrara unter den führenden Leuten der Stadt mehrere, die biblisches Gedankengut hegten. Durch sie erhielt sie Bücher der Reformatoren, deren Lehren sie bald nicht nur aus theologisch-wissenschaftlichen Gründen anzogen. Sie sah ein, dass sie recht hatten, wenn sie es auch zunächst scheute, für sich die Folgerungen aus dieser Erkenntnis zu ziehen. Ebenso wie ihr Gatte, der Herzog, hielt sie sich zum katholischen Gottesdienst, mit dem sie sich allerdings immer weniger verbunden fühlte. Auch der Herzog hatte keine inneren Beziehungen zu demselben, obwohl er geflissentlich aus politischen Gründen seine Freundschaft mit dem Papst und seine Ergebenheit der Kirche gegenüber betonte. In Wirklichkeit war er ein Mensch ohne jedes religiöse Verlangen und Empfinden. Er hätte seiner Gattin auch niemals ihrer religiösen Einstellung wegen Schwierigkeiten bereitet, wenn sie ihm damit keine bereitet hätte.

Aber sie wurde zu größerer Entschiedenheit getrieben durch einen Besuch Calvins, der im Jahre 1535, also ehe er der berühmte Reformator wurde, einige Zeit in Ferrara verbrachte, und als Franzose am Hof der französischen Königstochter aus- und einging.

Er hielt der Herzogin ihre bisherige Unentschiedenheit vor und forderte sie auf, sich offen zu dem Evangelium zu bekennen, indem sie sich vom katholischen Gottesdienst lossagte. Sie vollzog jedoch den Bruch mit der Kirche noch nicht. Der Schritt erschien ihr zu ungeheuerlich. Aber sie bewahrte seither für Calvin eine unerschütterliche Achtung und Anhänglichkeit, so dass sie mit ihm in häufigem Briefwechsel blieb.

Renata hielt aber schützend ihre Hand über Italiener und Franzosen, die um ihres Glaubens willen verfolgt wurden, und durch die Verbindung mit den Protestanten wurde sie immer mehr mit den Wahrheiten des Wortes Gottes bekannt. Als die Gegenreformation einsetzte, erhob sich Widerspruch gegen ihr Verhalten. Der Herzog wurde gewarnt, er sah politische Verwicklungen voraus und fühlte sich beunruhigt durch die Möglichkeit, dass die Inquisition nicht nur in seinem Land, sondern sogar in seinem eigenen Haus einen Herd der Irrlehre entdecken könnte. Er war kein rücksichtsvoller, liebreicher Gatte. Schroff verbot er seiner Gemahlin, sich für verfolgte Evangelische bei den Behörden zu verwenden. Dann entließ er gegen ihren Wunsch ihre aus Frankreich stammenden Kammerfrauen, Dienerinnen und Hofdamen, denn er gab vor, sie seien schlechter Gesinnung verdächtig. Statt ihrer umgab er sie mit fanatisch katholischem Gefolge, dem sie kein Vertrauen zu schenken vermochte.

Im Jahr 1545 hielt die Inquisition ihren Einzug in Ferrara, um bald gegen alle zu wüten, die ihren Argwohn erweckten. Die Herzogin musste hilflos zusehen, ohne etwas ändern zu können. Und es war ein offenes Geheimnis, dass die Inquisitoren am liebsten gegen sie selbst eingeschritten wären, wenn sie nicht hätten auf den Herzog Rücksicht nehmen müssen.

Sie rang sich aber gerade deswegen zu größerer Entschlossenheit durch. Sie lehnte es schließlich ab, der Messe beizuwohnen, und als der Herzog sie dazu zwingen wollte, weigerte sie sich entschieden. Daraufhin ließ er es geschehen, dass sie in aller Form zur Ketzerin erklärt wurde.

Nun fing eine schlimme Leidenszeit für sie an, in der ihre Standhaftigkeit auf eine schwere Probe gestellt wurde. Durch treue Boten gelang es Calvin, ihr selbst in dieser Zeit hin und wieder Briefe zu senden, in denen er sie ermutigte. Er sandte ihr sogar einen Seelsorger, den edlen Francois de Morel, der heimlich und unerkannt nach Ferrara kam und die Herzogin einige Mal besuchen konnte. Calvin versuchte auch, freilich vergebens, ihr eine bibelgläubige, zuverlässige Kammerfrau zu schicken, welche die Aufsicht über ihr Hofgesinde führen sollte.

Aber man konnte sie nicht vor der Drangsalierung durch die Gegner schützen. Die Inquisitoren setzten es durch, dass der Herzog ihr den großen Schmerz antat, sie von ihren Kindern zu trennen, weil sie nicht würdig sei, diese zu erziehen. Nicht genug damit. Aus Gründen der Vorsicht tat der Herzog alles, um den Forderungen der Kirche nachzukommen; er ließ seine Gemahlin verhaften und aus Ferrara in das düstere Kastell Este überführen, wo sie in strenger Haft gehalten wurde. Eine Haushofmeisterin führte die Aufsicht über sie und berichtete jede Kleinigkeit dem Herzog, der nichts unversucht ließ, sie umzustimmen. Er schickte ihr die Nachricht, dass ihre älteste Tochter in ein Kloster gebracht worden sei, um dort für die Sünden ihrer Mutter lebenslang zu büßen.

Da gab sie nach. Sie ließ dem Herzog melden, dass sie nicht mehr länger zu widerstehen vermöge. Alsbald kam ein hoher Geistlicher, der freundlich, milde, tröstend auf sie einredete. Er las, als er sich von ihrem Nachgeben überzeugt hatte, in der Kapelle des Kastells die Messe. Sie beichtete ihm und empfing aus seinen Händen die Kommunion.

Nun erlaubte der Herzog unter Zustimmung der Inquisitoren, dass sie nach Ferrara in ihren Palast zurückkehrte.

Dies geschah im Jahre 1554, also ein Jahr bevor Galeazzo Caracciolo sie von Mantua aus aufsuchte. Calvin war durch ihren Abfall sehr erschüttert. Er schrieb ihr seelsorgerische Briefe und beschwor sie, sich wieder offen zum Evangelium zu bekennen. Aber davon konnte vorläufig keine Rede sein, denn sie war so verschüchtert und geängstigt, dass sie, wieder in Freiheit, ganz zurückgezogen lebte, um keinen Argwohn zu erregen. Sie konnte es nicht einmal verhindern, dass die Diener, die sich ihr freundlich gesinnt zeigten, manches zu erleiden hatten.

Ihre Kinder ließ man nur selten und dann nur für wenige Stunden zu ihr, und nur in Gegenwart von Aufsichtspersonen. Ihr Gemahl vermied es ihre Gemächer zu betreten. Die Ehe, die nie glücklich gewesen war, brach unter diesen Belastungen völlig auseinander, wenngleich nach außen hin der gute Schein gewahrt wurde.

Fremder Besuch durfte nicht zu ihr, damit sie nicht ungut beeinflusst würde. Es war daher für Galeazzo ein schwieriges und nicht ungefährliches Wagnis, sie aufzusuchen. –

Es ging auch hier, wie es oft in Verfolgungszeiten geht: geheime Türen tun sich auf, und Freunde ebnen die Wege, ohne dass die, welche die Aufsicht noch so streng führen, es wissen und hindern können.

Galeazzo hatte Weisung bekommen, er möge den Gelehrten Francesco Porta besuchen, welcher damals an einer Schule in Ferrara Lehrer des Griechischen war und unter dem Zulauf vieler Studenten, selbst zahlreicher Geistlicher, Vorlesungen über die griechischen Schriftsteller hielt. Niemand ahnte, dass er sich im Herzen längst von der Herrschaft der Priester gelöst hatte und ein Feind der Inquisition geworden war. Er war so vorsichtig, dass er es vermied, Argwohn zu erregen. Deshalb durfte er auch vor der vereinsamten, wissenschaftlich interessierten Herzogin seine Vorlesungen im Schloss halten.

Zu ihm ging Galeazzo, als er in Ferrara angekommen war. Der Gelehrte nahm ihn freundlich auf, beherbergte ihn, und am anderen Tag führte er ihn zur Herzogin. Dem diensttuenden Offizier der Schlosswache sagte er beim Passieren des Tores leichthin: „Hier ist ein Herr, welcher heute der Vorlesung bei der Herzogin beiwohnen will. Er gehört zu denen, welche sich sehr für den edlen antiken Schreiber Vergil begeistern. Ihr solltet ihn auch lesen, diesen trefflichsten aller Dichter!"

Der Offizier fand kein Arg darin, Galeazzo in Portas Begleitung in das Schloss eintreten zu lassen, so dass dieser von Calvin angeregte Besuch wirklich zustande kam.

Der Gelehrte war feinfühlig genug, sich nicht an der Unterredung zu beteiligen. Er setzte sich in eine tiefe Fensternische und las in seinen Büchern. Die Herzogin begrüßte Galeazzo als Calvins Boten mit großer Rührung. Sie ließ sich ausführlich über den Reformator und die Verhältnisse in Genf erzählen. Teilnehmend fragte sie auch nach Galeazzos Erleben und seinem religiösen Werdegang. Er berichtete ihr von Valdez und Vermigli, von dem Freundeskreis in Neapel und von den Nöten, die hereingebrochen waren. Sie fragte nach seiner Familie, und Tränen traten ihr in die Augen, als sie Galeazzos Schicksal erfuhr.

„Ich weiß, was es heißt, um des Evangeliums willen seine Lieben zu verlieren. Das Schwerste von allem ist der Verlust der Kinder." Sie klagte ihr Leid, Galeazzo hörte ergriffen zu und suchte sie zu trösten, indem er von seinen Kindern erzählte und von der unermesslichen Sehnsucht, die ihn zu ihnen zurückziehen wollte.

„Und Eure Gattin?" fragte sie. „Steht sie auch im feindlichen Lager?"

„Sie ist in der Gewalt eines jesuitischen Beichtvaters und kann sich nicht von ihrer Kirche trennen, aber sie liebt mich, und ich liebe sie. Dieses Band ist nicht zerrissen, es ist so fest, wie es nur je gewesen ist. Nein, es ist jetzt durch all das Leid, das uns beide getroffen hat, nur noch viel fester geworden."

„Marchese", sagte die Herzogin, „wenn es so ist, seid Ihr trotz allem reich und glücklich."

„Ja, wirklich", entgegnete er, „aber das, was mich noch mehr tröstet und beglückt, ist die Gewissheit, auf Gottes Wegen zu gehen und unter dem Segen seiner Gnade zu leben."

Getröstet und ermutigt brachen sie endlich das Gespräch ab, denn der Gelehrte mahnte, die für die Vorlesung übliche Zeit sei schon weit überschritten.

Sie nahmen Abschied voneinander. Die Herzogin dankte Galeazzo mit bewegten Worten: „Ihr seid zu mir gekommen als ein Bote des Herrn! Calvins Briefe sind gut, aber Eure Worte waren noch besser, denn Ihr geht den Weg des Leidens und Opferns, Ihr wisst, wie mir zu Mute ist. Und Ihr seid selbst oft getröstet und ermutigt worden, darum könnt Ihr andere trösten und ihnen Mut machen."

Sie ließ Galeazzo in ihrem eigenen fürstlichen Reisewagen bis an den Flusshafen von Francolin bringen. Dort fand er ein Schiff, mit welchem er auf dem Po bis zur Küste und nach Venedig fahren konnte. Er atmete erleichtert auf, als er wieder auf venezianischem Gebiet war. Er wusste, wenn ihn jemand erkannt hätte, wäre er der Inquisition zum Opfer gefallen. Doch war er froh, die edle Herzogin besucht zu haben, denn auch er selbst war getröstet und ermutigt worden.

Mit großer Anteilnahme verfolgte er auch weiterhin ihren Lebensweg. Nach manchen bitteren Erlebnissen, kehrte sie, als ihr Gatte gestorben war, in die französische Heimat zurück, wo sie zu Montargis in der Nähe von Orleans ihren Wohnsitz nahm. Sie bekannte sich wieder offen zur reformatorischen Lehre und wirkte als Wohltäterin und Beschützerin ihrer Glaubensgenossen in Frankreich. Die Schrecken der Bartholomäusnacht erlebte sie in Paris mit, wohin sie als Hochzeitsgast des königlichen Hofs gekommen war. Sie entging zwar selbst dem Blutbad, aber nicht den entsetzlichen Eindrücken jener Ereignisse.

Am 12. Juni 1575 starb sie in ihrem Schloss zu Montargis. In ihrem Testament wiederholte sie das Bekenntnis zum Evangelium mit der Mahnung an ihre Kinder, sich auch zu ihm zu bekennen, weil es die einzige feste Grundlage für das Glück der Familien und der Völker sei.

Galeazzo kehrte Anfang Oktober 1555 nach Genf zurück und wurde von seinen Freunden und der italienischen Gemeinde aufs herzlichste empfangen; man hatte ihn schon sehr vermisst.

Er musste Calvin Bericht erstatten über seine Eindrücke vom Hof zu Ferrara und über die Verhandlungen mit seinem Vater. Bei dieser Gelegenheit fragte ihn Calvin: „Wünscht Ihr, immer bei uns in Genf zu bleiben? So will ich dafür sorgen, dass man Euch das Bürgerrecht verleiht, und Ihr damit auch vor dem Gesetz hier Eure Heimat habt."

So geschah es.

Nun konnte Galeazzo daran denken, sich ein eigenes Haus zu kaufen. Es war nur ein ärmliches Häuschen, denn seine wenigen Mittel reichten nicht weit. Aber er blieb trotz allem, ohne es zu beabsichtigen, der vornehme Mann. Seine schlichte Kleidung hielt er peinlich sauber, seine kleine Wohnung war stets rein und gepflegt, so dass er zu jeder Zeit Besucher empfangen konnte.

Häufig kamen Fremde durch Genf, die ihn aufsuchten, um sich mit eigenen Augen davon zu überzeugen, dass ein neapolitanischer Magnat, der Neffe des Papstes, hier in den allerbescheidensten Verhältnissen lebte, weil er nicht von seiner biblischen Überzeugung lassen wollte.

Seine Gattin schrieb ihm regelmäßig und bat immer wieder, er möge zurückkommen. Durch sie erfuhr er, was sich in Neapel ereignete. Sie berichtete ihm auch von der glänzenden Laufbahn seiner beiden Vettern Caraffa, der Neffen des Papstes.

„Geliebter", schrieb sie, in einem dieser Briefe, „du könntest ebenso wie sie durch die Huld deines mächtigen Oheims jetzt eine führende Stellung in Rom haben, und wir könnten in Glanz und Wohlstand leben. Aber ich trachte nicht nach Glanz und Wohlstand. Wenn wir auch arm wie Tagelöhner, wie Weinbergarbeiter, oder Fischer in einer elenden Hütte mit unseren Kindern leben müssten – ich wollte mich nicht beklagen, wenn wir nur wieder zusammen wären und alles gemeinsam tragen könnten. Wir sind zusammen jung gewesen, lass uns auch zusammen alt werden!"

Er antwortete ihr auf solche Bitten stets mit der herzlichen Aufforderung, sich dem Bann ihres Beichtvaters zu entziehen und mit den Kindern zu ihm zu kommen. Aber er wusste eigentlich, dass sie dies nie tun werde.

Der Einfluss, unter dem sie in Neapel stand, war zu stark. Ohne dass sie sich dagegen wehren konnte, wurde er immer stärker. Seine Feinde gaben die Hoffnung keineswegs auf, seiner habhaft zu werden. Denn während er still in Genf unter seinen Landsleuten wirkte, wurden in Italien Pläne geschmiedet, wie man jetzt gegen ihn vorgehen könne.

„Nur nichts überstürzen! Vorsichtig die Dinge reif werden lassen", mahnte der Großinquisitor, Michele Ghisleri, der, seitdem Caraffa Papst war, die Fäden der Inquisition in seiner Hand vereinigte. Er war noch mehr als sein Vorgänger ein eifriger Verfolger aller Andersgläubigen. Er lebte nur seinen Andachtsübungen und der Inquisition. Das Volk, welches ihn fürchtete, erzählte, sein bloßer Anblick habe schon Protestanten bekehrt. Ihnen gegenüber hielt er jedes Mittel für erlaubt und jede Milde für Schwachheit.

Paul IV. hatte ihn nach dem Scheitern des Versuchs in Mantua beauftragt, Galeazzo tot oder lebendig zur Kirche zurückzuführen. Ghisleri hatte geantwortet: „Vertraut mir, heiliger Vater! Nur geduldet Euch etwas, denn ich will mich lieber auf die Krücke der Zeit als auf die Keule des Herkules verlassen. Mit Gewalt ist nichts auszurichten, solange Caracciolo in Genf unserem Zugriff entzogen ist. Wir müssen ihn aus Genf herauslocken, sich in den Kirchenstaat oder das Königreich Neapel zu wagen, wo wir ihn ergreifen können. Es nützt uns nichts, dass er, wie schon zweimal, nur bis in das Gebiet der Venezianer kommt."

Die Republik Venedig hatte nämlich, eifersüchtig über allen ihren Rechten wachend, dem Nuntius des Papstes erklärt, es sei nicht notwendig und erwünscht, dass ein Inquisitionstribunal in ihrem Machtbereich errichtet werde. Man wolle von Staats wegen selbst die Ketzerei ausrotten, liebe es aber nicht, wenn jemand anderes als die Regierung des Dogen in Venedig über die Aufrechterhaltung von Recht und Ordnung wache.

Der Beichtvater Donna Vittorias wurde zum Großinquisitor gerufen und empfing von ihm seine Anweisungen.

Nun wurde vorsichtig, ohne etwas zu verraten, das Netz ausgelegt, mit dem man Galeazzo zu fangen gedachte.

Der Beichtvater musste Vittoria vorschlagen, sie solle zur Hilfe in der Erziehung der kleineren Kinder eine ehrbare Witwe ins Haus nehmen, die gute Empfehlungen mitbringe. Die Frau kam und wusste sich bald unentbehrlich zu machen. Die Kinder liebten sie, und Vittoria freute sich, in ihr eine anregende Gesellschafterin für lange einsame Abende gefunden zu haben. Die Frau erzählte oft aus ihrem Leben und von ihrem Mann, den sie früh verloren hatte. Und sie unterließ es nicht, gelegentlich nach Galeazzo zu fragen. Es kam bald soweit, dass ihr Vittoria, die froh war, mit jemandem über ihr Leid reden zu können, aus seinen Briefen vorlas.

„Ihr solltet einmal ein Wiedersehen mit ihm haben", sagte die Gesellschafterin zuweilen. Sie wusste zu schildern, wie Vittoria ihren Gatten in persönlichem Gespräch leicht würde umstimmen können. Was seinem Vater nicht gelungen sei, das werde den Tränen und Bitten seiner Frau gewiss gelingen.

Nur zu gern griff Vittoria dies auf, sie ahnte ja nicht, dass die Frau nur auf Befehl des Beichtvaters diesen Vorschlag gemacht hatte.

Vittoria machte ihrem Gatten brieflich den Vorschlag, sich irgendwo zu treffen. Wehmütig antwortete er, es sei unnütz und bedeute nur, die Wunde wieder aufzureißen. Sie solle lieber nach Genf kommen und für immer bei ihm bleiben.

Die Witwe riet ihr nun eines Tages, sie möge sich und ihre Kinder malen lassen und dem Gatten das Bild schicken.

„Ich habe einen Neffen", sagte sie, „ein Schüler der besten Malschule Roms, der könnte Euch so gut malen, dass das Bild das Herz Eures Gatten bezwingt."

„Lasst ihn kommen", bat Vittoria, die nach allem griff, was ihr Anlass zur Hoffnung zu geben schien.

Der Maler kam, und es zeigte sich wirklich, dass er seine Kunst vortrefflich verstand. Auf einer feinen Leinwand malte er das Bild von Vittoria mit ihren vier Töchtern, deren jüngste, Desiderata, war erst zwölf Jahre alt, und ihren beiden Söhnen, von denen der älteste schon ein junger Mann zu werden begann, während der jüngste noch ein Kind war.

Die zwölfjährige Tochter hatte Tränen in den Augen, als sie daran dachte, dass dieses Bild für ihren Vater bestimmt sei, den sie überaus liebte; sie war erst fünf Jahre alt gewesen, als Galeazzo die Seinigen verließ. Zwar hatte sie keine sehr deutliche Erinnerung mehr an ihn, aber sie sah ihn mit den Augen der Mutter, die den Kindern fast jeden Tag von ihm erzählte. Vittoria duldete nie, dass der Hauskaplan schlecht von ihm sprach.

„Wenn er auch unserer Kirche den Rücken gewandt hat, so gibt Euch das kein Recht, ihn zu verleumden. Ich bedaure, dass ich heute erst erfahren habe, wie Ihr Derartiges schon oft vor meinen Kinder getan habt."

Der Hauskaplan meldete diesen Vorfall dem Beichtvater, der ihm befohlen hatte, in solcher Weise von Galeazzo zu sprechen. Der Jesuit wiederum holte briefliche Weisung aus Rom ein und gebot dann dem Kaplan, fortan nur noch sehr anerkennend und liebevoll von dem edlen, von schlechten Menschen leider zur Zeit betörten Vater zu sprechen. Man müsse die Liebe der Kinder zu ihm anfachen, anstatt sie zu ersticken, denn man bedürfe ihrer.

Das Gemälde wurde fertig und durch einen Kurier nach Genf gesandt. Galeazzos Freude war unbeschreiblich. Er antwortete mit vielen Worten des Dankes und schickte bald darauf ein Bild von sich nach Neapel.

„Wann können wir uns wiedersehen?"

Diese Frage bewegte die getrennten Ehegatten von Tag zu Tag eindringlicher.

Colantonio wurde durch den Vatikan aufmerksam gemacht, er solle seiner Schwiegertochter zureden, eine Zusammenkunft herbeizuführen. Vorsichtig begann er diese Möglichkeit zu erwägen. Sie kamen überein, es müsse ein Ort unter venezianischer Herrschaft sein.

Durch die Witwe war der Beichtvater immer genau unterrichtet, welche Pläne Vittoria beschäftigten. Colantonio bat sie, Galeazzo zu bitten, mit einem venezianischen Pass nach Italien zu kommen. Dabei brachte er geschickt die Rede auf die Insel Lesina, welche der dalmatinischen Küste vorgelagert ist und damals zur Herrschaft der Venezianer gehörte. Sie liegt dem

Stammschloss der Markgrafen Caraccioli, dem Kastell Vico gegenüber am anderen östlichen Ufer des adriatischen Meeres. Von Vico ist sie nicht weiter entfernt, als dass eine gute Barke bei frischem Wind in einem Tag und einer Nacht hinüberfahren kann. Dorthin solle Vittoria Galeazzo zu einer Zusammenkunft bitten.

Sie war dankbar für die rege Anteilnahme der Witwe und ihres Schwiegervaters; sogar ihr eigener Vater ermunterte sie. Als auch der Beichtvater, den sie zu Rate zog, zuredete, glaubte sie nichts Besseres tun zu können, als Galeazzo in ihren Briefen flehend zu bestürmen, nach Lesina zu kommen; sie wolle ihn dort mit den Kindern treffen.

Wie froh war sie, als er endlich zusagte. Es wurde ein Tag im März des Jahres 1558 verabredet. Ebenso wie ihr Gatte musste Donna Vittoria für sich und die Kinder einen venezianischen Pass beschaffen, und in glücklicher Erwartung trat sie die Reise an.

Im Kastell in Vico wollte sie übernachten. Aber wie erstaunt war sie, als sie dort auch ihren Schwiegervater fand, der schon vor ihr angekommen war, und nicht nur ihn, sondern auch ihren Beichtvater.

„Was führt Euch her?" fragte sie voll Unruhe. „Ich hoffe, dass Ihr nichts gegen meine Reise einzuwenden habt. Ihr habt mir doch selbst dazu geraten."

„Ja, ja", sagte der Jesuit, „aber es scheint ein kleines Missverständnis Eurerseits vorzuliegen, denn es kann natürlich keine Rede davon sein, dass Ihr nach Lesina hinüber fahrt."

„Warum nicht?" fragte sie erstaunt.

„Ihr habt keinen Pass zum Betreten venezianischen Gebietes."

„Gewiss habe ich ihn!" Einer unheimlichen Ahnung folgend durchsuchte sie ihr Reisegepäck, und siehe, der Pass war verschwunden! Trotz aller Bemühungen ließ er sich nicht finden.

„Seht Ihr", sagte der Jesuit, „es sollte nicht sein."

„Ich fahre trotzdem hinüber!"

„Nein, nein, nein! Das ist ausgeschlossen. Kraft des heiligen Gehorsams, den Ihr mir als Eurem Beichtvater schuldet, gebiete ich Euch, hier zu bleiben!"

Drohend sah er sie an, so dass sie ganz erschrocken kein Widerwort gab. Aber sie versuchte, ihn mit Bitten umzustimmen. „Gönnt mir doch das Glück, meinen Mann wiederzusehen!"

„So lasst ihn hierher nach Vico kommen! Schickt ihm Botschaft, es sei Euch unmöglich, weil Ihr keinen Pass habt, venezianisches Gebiet zu betreten, aber Ihr würdet hier in Vico auf ihn warten."

Nur zu gern ging Vittoria auf diesen Vorschlag ein, die Tragweite in ihrer Angst und Freude nicht übersehend. Der Jesuit rief Vittorias ältesten Sohn, einen stattlichen Jüngling von siebzehn Jahren, und beauftragte ihn im Namen seiner Mutter nach Lesina zu fahren und den Vater zu bewegen, nach Vico zu kommen. Colantonio, der Großvater, der ihn besonders liebte, nicht nur, weil er anstelle des verlorenen Sohnes der künftige Erbe sein sollte, sondern vor allem, weil er Galeazzo so ähnlich sah, gebot ihm, dem Vater herzlich und dringend zuzureden, dass er komme. Denn auch er wolle ihn noch einmal wiedersehen, ehe er sterbe.

Der Jüngling, der wie sein Großvater Colantonio hieß, brach auf, und der alte Mann saß mit seiner Schwiegertochter lange Zeit auf dem windgeschützten, offenen Söller einer der Türme, die das Schloss an den vier Ecken überragten. Man hatte von da aus einen weiten Blick über das Meer, welches tief unten den Fuß des sanft abfallenden Gebirges umspülte. Der kleine Fischerhafen mochte etwa eine Wegstunde für einen Fußgänger entfernt sein. Sie verfolgten mit ihren Augen den jugendlichen Boten, der begleitet von einem Reitknecht, dahinritt.

„Meine Tage sind gezählt", sagte der alte Mann, „aber ich wollte mit Freuden sterben, wenn unser Jammer zu Ende wäre. Nichts hat mich in meinem langen Leben so verwundet wie die grausame Zerstörung meiner Pläne. Sie liefen darauf hinaus, meinen Sohn von Stufe zu Stufe emporsteigen zu sehen, bis er durch die Gnade des Kaisers Vizekönig von Neapel geworden wäre. Das ist nun für immer unmöglich geworden."

„Wenn er nur heimkehrt, so soll alles andere verschmerzt werden, meint Ihr das nicht auch, Vater?"

„Ja", entgegnete er, „man wird dann versuchen müssen, die Gunst seines Oheims, des Papstes, wieder zu gewinnen, was vielleicht nicht allzu schwer sein wird; denn der Papst liebt seine Familie, und mit seinen beiden Neffen, die er an seinen Hof nach Rom geholt hat, scheint er nicht allzuviel Freude zu erleben. Er wird froh sein, wenn er in Galeazzo einen sittenreinen, zuverlässigen Neffen bekommt. Aber natürlich muss dazu eine völlige Sinnesänderung und aufrichtige Bekehrung erfolgen. Ich zweifle nicht daran, dass dein Gatte, der ein edler Mensch ist, sich aus den Banden des Irrtums endlich losreißen wird. Mögen alle Heiligen uns und ihm gnädig sein!"

Mit einem Seufzer der Furcht und Hoffnung sah Donna Vittoria das Schiff aus dem Hafen abfahren.

Gegen Abend dieses Tages, als die Dunkelheit hereinbrach, fand in der Kapelle des Kastells ein Gottesdienst statt, dem Vittoria mit ihren Kindern beiwohnte. Man wollte für einen glücklichen Ausgang der Angelegenheit beten, so sagte der Beichtvater, als er sie hierzu einlud.

Zahlreiche Kerzen brannten auf dem Hochaltar, Chorknaben sangen und Vittoria kniete, in heiße Gebete versunken, im reichgeschnitzten Gestühl der Schlossherrschaft. Plötzlich fuhr sie erschreckt auf, denn eben kamen aus der Sakristei in feierlichem Zuge sechs Geistliche, Mönche und Weltpriester.

Wer waren sie, und woher kamen sie? In dem einsamen Kastell versah den Gottesdienst sonst ein alter, gebrechlicher Pater, der zugleich die Seelsorge in dem kleinen Städtchen zu Füßen des Kastells ausübte. Es waren dort noch einige andere alte Mönche, die fromm und friedlich waren. Die Geistlichen aber, die hier erschienen, waren kraftvolle, energische Gestalten, mit fremden, harten Gesichtern, vor denen Vittoria Angst bekam.

Sie fragte nachher den Beichtvater, wer die Fremden gewesen seien. Er antwortete leichthin: „Es sind einige Priester, die eben eine Wallfahrt zum heiligen Haus von Loretto machen und hier ihre Abendandacht verrichten, ehe sie ihr kärgliches Nachtlager aufsuchen. Morgen früh wandern sie weiter."

Wirklich sah man sie in den nächsten Tagen nicht mehr, obwohl Vittoria, von großer Unruhe getrieben, das weitläufige Kastell mehrfach durchwanderte.

Es war ein altes Bauwerk, das vermutlich noch aus der Zeit der römischen Kaiser stammte. In den Kämpfen der Guelfen und Ghibellinen hatte es oft eine Rolle gespielt, und in den letzten Jahrhunderten hatte es den Bewohnern der Gegend als Zufluchtsort gedient, wenn plündernde Scharen mohammedanischer Seeräuber die Küste des adriatischen Meeres brandschatzten. Daher war es in wehrhaftem Zustand, von breiten Gräben und festen Mauern umgeben. Der einzige Eingang führte über eine Zugbrücke durch einen Torturm in einen Vorhof, an dem die Ställe und Wohnungen des Gesindes lagen. Ein zweiter, noch mächtigerer Torturm, der von vorspringenden Bastionen flankiert war, versperrte unwillkommenen Besuchern den Zugang zum inneren Hof. Dieser war sehr eng und düster. Selbst im Hochsommer fiel kaum ein Sonnenstrahl hinein. Vier massive runde Türme bildeten die Ecken des Hofes. Zwischen ihnen waren feste Mauern und nur ein einziges enges Gebäude. Dieses enthielt die Wohnräume des Burgvogts, während die Gemächer des Schlossherrn sich in einem der Türme befanden. Sie wurden selten benutzt, da Colantonio mit den Seinigen meistens in Neapel lebte. Die Gemächer waren daher unwohnlich, es roch nach Moder und Staub. Die wenigen Möbel waren uralt und unbequem. Die Betten mochten einst sehr prächtig gewesen sein, jetzt aber waren die schweren Vorhänge von Motten zerfressen. Die Dielen krachten bei jedem Schritt. In den Balken der Decke bohrten Käfer, Fledermäuse flatterten durch die mit halbzerbrochenen Holzläden verschlossenen Fenster, und alles war feucht, kalt, düster und unheimlich.

Der einzige Platz des Kastells, an dem es hell und warm war, befand sich in halber Höhe des Wohnturms in einer Loggia, die in das gewaltige Mauerwerk hineingewölbt war und nach außen mit einem breiten Balkon vorsprang. Da hatte man Sonne, frische Luft und freien Blick über das Meer. Hier saß Donna Vittoria in den nächsten Tagen und suchte unablässig den Horizont ab, ob sich nicht ein Segel zeigte, welches von Lesina kam.

Innige Gebete bewegten ihr Herz, und sie wurde nicht müde, mit ihren Kindern vom Vater zu sprechen.

Die jüngste Tochter sagte immer wieder: „Er kommt gewiss! Ich habe darum gebetet, und ich habe die Zuversicht, dass er wirklich kommt!"

Vittoria wanderte wieder und wieder durch das Kastell. Ach, wie war hier alles so unwohnlich zum Empfang eines geliebten Gastes. Sie ließ durch einige Mägde aus dem Städtchen die Gemächer säubern, und der Burgvogt musste für Kerzen und Öllampen sorgen. In der Küche wurden Vorräte bereitgestellt zu einem fröhlichen Festmahl. Die Halle im Erdgeschoss des Wohnturmes ließ sie mit hellen Blumensträußen schmücken.

Eine der Mägde erzählte ihr, im Städtchen seien seit einigen Tagen mehrere fremde Geistliche, von denen niemand wisse, worauf sie warteten.

Vittoria erschrak. Waren es die Pilger, die zum heiligen Haus von Loretto ziehen wollten? Sie machten vermutlich längere Rast, als vorgesehen war. Sie wagte aber nicht, ihren Beichtvater zu fragen. Die Witwe, welche die Erzieherin der Töchter war, hatte sie eigentlich gegen Wunsch und Willen hierher begleitet. An sie wandte sich Vittoria mit der Frage nach jenen Geistlichen, und die Frau antwortete mit großer Zungenfertigkeit, die Magd müsse sich geirrt haben, es handle sich hier nur um einige sehr unbedeutende Landpriester, die wallfahren wollten.

Vittoria beruhigte sich und vergaß die Priester wieder, denn ihre Gedanken waren von anderem in Anspruch genommen. Zudem kam ein schwüler, herzbeklemmender Schirokko, der sich wie eine trübe Wolke auf Land und Meer senkte, und er verursachte ihr schlimme Kopfschmerzen. Auch Colantonio fühlte sich schlecht und klagte über Schlaflosigkeit. Am dritten Morgen, nachdem sein Enkel abgefahren war, fragte er, ob sie Nachrichten bekommen habe.

„Nein", sagte sie, „es ist kein Bote gekommen."

„Aber ich habe heute Nacht fremde Stimmen gehört."

„Es ist sicher jemand von den Reisigen gewesen, die im äußeren Hof ihr Quartier haben und nachts Wache halten", antwortete die Witwe, die neben Vittoria saß.

„O nein", entgegnete er, „ich kenne die Stimmen unserer Waffenknechte. Es war niemand von unseren Leuten, dessen bin ich sicher."

„Ach ja", beruhigte ihn die Witwe mit auffallender Beflissenheit, „einer der Reisigen wird Besuch aus dem Städtchen gehabt haben."

„Das soll er aber nicht. Bei Nacht darf kein Fremder ins Kastell eingelassen werden. Ich werde es dem Vogt einschärfen."

Auch Donna Vittoria glaubte Stimmen gehört zu haben, aber sie wagte nicht, es zu sagen. Eine unerklärliche Angst quälte sie und machte sie unruhig.

Morgens und abends kniete sie lange Zeit in der Kapelle und betete. Aber die unerklärliche Angst wuchs von Tag zu Tag.

* * *

Galeazzo brach mit großer, freudiger Erwartung von Genf auf. Die Warnungen seiner Freunde hatten ihn nicht zurückhalten können. Noch am Morgen der Abreise kam der Pfarrer der italienischen Gemeinde zu ihm, um ihn zu bitten, nicht zu reisen.

„Marchese", sagte, „Ihr vergesst, dass die Inquisition auf Euch wartet. Sie erfährt alles wie der Riese Argus aus der antiken Sage, der mehr als hundert Augen hatte und alles sah. Sie wird Euch auf Eurer Reise umlauern, und wenn sie kann, wird sie zugreifen."

„Ihr seid zu misstrauisch! Ich habe einen veneziani-schen Reisepass und bin im Gebiet der Republik des Heiligen Markus vor der Inquisition sicher! Macht mir doch das Herz nicht schwer, das sich danach sehnt, die Meinigen wiederzusehen!"

Ungefährdet erreichte er Venedig, wo er sich einige Tage aufhielt, bis es ihm gelang, ein Schiff zu finden, welches nach Lesina fuhr. Es ging ihm viel zu langsam. In der Ferne sah er die Berge der dalmatischen Küste, einzelne Inselgruppen tauchten auf, und endlich war Lesina erreicht. Es fehlte noch ein Tag an dem festge-setzten Termin, und er wunderte sich daher nicht, dass ihn niemand erwartete.

Ein ärmliches Fischerdorf lag am Strand, nicht fern davon befand sich eine kleine, halb verödete Stadt, in welcher ein Bischof residierte. Galeazzo verbrachte den Abend einsam am Meer und beschäftigte sich mit dem Spiel, welches er als Junge oft getrieben hatte, wenn er der Stadt Neapel entronnen, wochenlang mit seinem Freund Caserta im alten Kastell zu Vico gelebt hatte und auf Jagd und Fischfang ging: er sammelte Muscheln, an denen die Adria reicher ist als der Golf von Neapel.

Morgen Abend, so dachte er, spiele ich hier mit mei-nen Kindern und wandere mit Vittoria am Strand ent-lang. Er glaubte, vor Sehnsucht die letzten Stunden bis zum Wiedersehen nicht mehr ertragen zu können. Nachts stand er mehrmals von seinem Lager in einer Fischerherberge auf und ging hinaus, weil er hoffte, das Schiff aus Vico werde ankommen. Aber auch der nächste Tag verging ohne ein Schiff. Die Fischer, mit denen er sprach, trösteten ihn, es sei Schirokko, des-halb müsse man sich nicht wundern, wenn die Über-fahrt, die sonst nur einen Tag und eine Nacht bean-spruche, zwei oder gar drei Tage dauere.

In der zweiten Nacht quälten ihn beunruhigende Gedanken. Er litt unter dem schwülen, ungesunden Wetter, darum war er geneigt, sich Sorgen zu machen. Wenn Vittoria nicht kommen würde? Doch, doch, rief er sich immer wieder zu. Sie wird kommen!

Endlich tauchte ein Segelschiff auf, eine kleine Barke, wie sie Fischer am Monte Gargano haben. Irgend jemand stand auf dem Bordrand und winkte mit einem Tuch, schon lange ehe das Land erreicht war.

Galeazzo winkte zurück. Er musste sich bezwingen, nicht laut zu jubeln. Aber als das Schiff näher kam, sah er, dass außer den beiden Schiffern nur ein Knabe an Bord war, und er erschrak. Donna Vittoria war nicht gekommen!

Er drückte seinen Sohn ans Herz, dann fragte er atemlos: „Wo ist die Mutter?"

„Sie ist in Vico und lässt dich bitten, hinüberzufahren. Sie wartet dort mit den Geschwistern und dem Großvater."

„Also will sie nicht herkommen?"

„Sie kann nicht, denn sie hat keinen Pass."

„Ach, wer fragt hier nach einem Pass!"

„Sie darf nicht, denn der Beichtvater hat es ihr verboten."

„So, so! Und wer hat dich geschickt?"

„Die Mutter. Sie lässt dich, so herzlich sie nur kann, bitten, dass du kommst!"

Er stand ratlos vor dem Sohn, zaudernd, unentschlossen. „Komm, komm, Vater", bat Colantonio, „die Geschwister warten auch auf dich, besonders Desiderata sehnt sich nach dir!"

Als Galeazzo dies hörte, konnte er nicht länger widerstehen. Alle Bedenken, alle Warnungen der Freunde schlug er in diesem Augenblick in den Wind, die Sehnsucht nach den Seinen überwältigte ihn: „Ich komme mit zur Mutter und zu den Geschwistern!" Er legte dem Jungen den Arm um die Schulter und ging mit ihm zum Schiff.

Kaum war das wenige Gepäck an Bord geschafft und einige Lebensmittel dazu, da drängte er die Schiffer, die Rückkehr anzutreten. Als die Insel Lesina hinter ihnen versank und die gewaltige Weite des Meeres sie umfing, kam Ruhe und sogar ein wenig Freude über ihn. Jetzt erst konnte er sich Colantonio widmen. Der Sohn, den er bei seinem Abschied vor Jahren als Knaben zurückgelassen hatte, war stattlich herangewachsen. Er hatte lockige, kastanienbraune Haare, dunkle Augen, aus denen Verstand, aber auch eine gewisse Erwartung, ja sogar Wehmut sprachen. Er mochte wegen Galeazzo sicher schon manches erlitten haben.

„Nun wird alles wieder gut!" rief er glücklich und schmiegte sich an den Vater. Er hatte ihn sehr entbehrt. Beim Vater suchte er Führung und Vorbild, Schutz vor Gefahr und Ansporn zu allen männlichen Tugenden und Taten. Hatten die Priester auch oft im Beisein des Jungen schlecht von Galeazzo gesprochen, jetzt war das alles vergessen, denn er empfand, dass sein Vater ein edler, ehrenhafter, gottesfürchtiger Mann war, der durch ein tragisches Geschick den Seinigen entrissen, jetzt aber durch freundliche Fügung ihnen wiedergegeben wurde.

Die beiden unterhielten sich bis tief in die Nacht. Dann schlief der Knabe ein, und sein Vater hüllte ihn sorglich in Decken ein und hielt neben ihm Wache, bis auch er einschlief. –

Am folgenden Nachmittag tauchte der gipfelreiche Felsenberg Gargano aus der Flut auf, und gegen Abend konnte man schon einige der Ortschaften an seinen

Abhängen erkennen. Aber es dauerte noch bis zum nächsten Nachmittag, bis das Schiff anlegte. Nun gab es kein Halten mehr. Der Reitknecht hatte mit den beiden Pferden im Dorf am Ufer seit Tagen gewartet. Vater und Sohn bestiegen die Tiere und ritten in glücklicher Eile bergan.

Massiv, dunkel und trotzig stand das turmbewehrte Kastell oberhalb der armseligen Ortschaft. Als sie aus einem Hohlweg herauskamen und die Burg vor sich sahen, hörten sie, wie der Türmer schmetternd ins Horn stieß, und sie sahen, wie auf dem Hauptturm die seidene Fahne mit dem Wappen der Markgrafen von Vico in die Höhe stieg.

Die Fallbrücke wurde niedergelassen und mit Blumen bestreut; und unter dem dunklen Tor stand, umgeben von den Kindern, Donna Vittoria.

Unbeschreiblich war die Freude der Begrüßung. Galeazzo reichte mit Tränen in den Augen seiner Gattin den Arm. Die Kinder liefen vor ihnen her, und das uralte, sonst stille Schloss hallte wider von ihrem hellen Jubel.

Der alte Colantonio erwartete den Sohn in der großen Empfangshalle wie ein lebend gewordenes Ahnenbild. Auch diese Begrüßung war sehr herzlich; der Greis war milder geworden in den vergangenen Jahren. Er war glücklich, den Sohn wiederzusehen, und er hoffte von neuem, dass Galeazzo nun für immer bei ihnen bleiben werde.

Niemand sprach am ersten Tag von dem, was trennend zwischen ihnen stand. Sie freuten sich einfach des Wiedersehens und Zusammenseins.

Eine festliche Mahlzeit vereinte die Familie an diesem Abend. Weder der Beichtvater, der sonst bei Tisch zugegen war, noch die Erzieherin waren anwesend. Unter Tränen der Freude lachte Vittoria ihrem Gatten wieder und wieder zu, und Desiderata, die jüngste Tochter, wich nicht von des Vaters Seite. Sie war ja so glücklich!

Galeazzo fragte nach allem, was das Kastell betraf, nach den Gebäuden, nach den Knechten, selbst nach den Pferden im Stall. Plötzlich sagte einer der Knaben:

„Vorhin, als wir zu Tisch gerufen wurden, ist ein fremder Knecht mit einem fremden Pferd fortgeritten."

„Wer war das?" forschte Colantonio misstrauisch.

„Ich weiß es nicht. Aber ich habe den Knecht schon seit einigen Tagen bei unseren Leuten gesehen. Er muss es wohl sehr eilig gehabt haben, denn er hat gleich außerhalb des Tores sein Pferd zu größter Eile angetrieben."

„Wann war das?"

„Als der Vater gekommen war und wir ihn in die Halle führten. Ich sollte, so sagte die Mutter, dem Vogt noch Bescheid geben, dass er die Anrichtung des Essens veranlasse, deshalb ging ich über den Hof und schaute zufällig durch das offene Tor auf den Vorhof. Da sah ich ihn fortreiten, und ich hörte gleich darauf, wie einer unserer Knechte rief: ‚Dort galoppiert er.'"

Betroffen schauten sich Vater und Sohn an. Niemand sagte ein Wort, bis Colantonio dem eben eintretenden Vogt, der die Diener beaufsichtigte, befahl, heute Abend das Tor gut zu verschließen.

Ein glücklicher Abend folgte. Sie saßen alle zusammen auf dem Söller und plauderten. Als die Kinder schläfrig wurden und zu Bett gingen, musste Galeazzo ihnen immer wieder versichern, er werde morgen früh gewiss noch da sein. „Nicht wahr", flehte Desiderata beim Gutenachtkuss, „nun gehst du nie wieder fort, nie wieder!"

Ehe die Erwachsenen schlafen gingen, sagte Galeazzo zu seinem Sohn: „Komm, lass uns die Tore nachsehen, ob sie auch ordentlich verschlossen sind."

Sie ließen sich vom Vogt das Tor des inneren Hofes öffnen und traten hinaus. Dort war die Zugbrücke hochgezogen und das schwere Fallgitter niedergelassen. Zwei Reisige hielten Wacht, und in der Wachtstube neben dem Tor standen weitere Männer, die sie ablösen sollten. Colantonio fragte die Leute: „Wer war der Mann, der heute mit einem fremden Pferd fortgeritten ist?"

„Wir kennen ihn nicht. Er hat auf einen Brief des Jesuitenpaters gewartet, und als er diesen bekam, hat er sich sofort auf den Weg gemacht."

Sorgenvoll gingen Vater und Sohn wieder in den inneren Hof und überzeugten sich, dass alles in Ordnung war.

Friedlich verfloss die Nacht, und Galeazzo erhob sich morgens mit dem beglückenden Gefühl, wieder zu Hause zu sein. Hier kannte er jeden Winkel, jede Schießscharte des Kastells, jede der Kammern und Stuben mit Schränken, Truhen, Geschirr und Bildern. Es war fast nichts geändert worden seit seiner Knabenzeit, ja, seit hundert und mehr Jahren, und es würde vermutlich auch weiterhin alles so bleiben, denn die Familie verlebte nur selten einige Sommerwochen in dieser von Stürmen durchbrausten Gebirgseinsamkeit am Meer.

Am zweiten Tag kamen seine Verwandten nach Vico, die ihn wiedersehen wollten; unter diesen war sein Vetter, der ihn in Genf besucht hatte. Am meisten freute es ihn, dass auch sein Schwager Caserta gekommen war. Wie hatte er sich oft danach gesehnt, mit dem Freund zusammen zu sein, um den er sich große Sorgen machte.

Caserta sah müde aus. Die Ehe mit Donna Anna war nicht sehr glücklich. Sie war übertrieben katholisch, fast fanatisch, und sie zankte mit ihm, weil er nicht zur Messe und Beichte ging.

Er klagte Galeazzo seine Not; aber zugleich versicherte er, dass er nichts gegen seine Überzeugung tun wolle, auch wenn die Schwierigkeiten immer größer würden.

„Fürchtest du nicht, ein Opfer der Inquisition zu werden?"

„Ich stehe in Gottes Hand", entgegnete Caserta, „was soll ich tun? Jetzt kann ich das Land nicht mehr verlassen, denn ich werde ständig beobachtet, und jeder Fluchtversuch wäre vergeblich. Nein, ich kann nichts tun als still meinen Weg gehen und Gott treu bleiben. Aber du, Galeazzo! – weißt du nicht, dass du dich in große Gefahr begeben hast, indem du nach Vico gekommen bist? Wärest du doch in venezianischem Gebiet geblieben!"

Sie schwiegen ein Weilchen, und jeder hing seinen Gedanken nach.

„Warum bist du gekommen?" wollte Caserta schließlich wissen.

„Weil ich es nicht mehr aushalten konnte, dieses Heimweh nach meiner Familie! Ich kann nur wenige Tage hier bleiben, Gott weiß, wie gern ich für immer bliebe!"

Die beiden Freunde hatten nicht lange Zeit zu ungestörter Aussprache, denn auch die anderen Gäste und Familienglieder suchten den Heimgekehrten. Jeder wollte ihn sprechen. Galeazzo aber wünschte vor allem mit Donna Vittoria zu reden. Er nahm sie, als das Kommen und Gehen im Schloss nicht aufhörte, bei der Hand und wanderte mit ihr, so wie sie es in den glücklichen Tagen der Verlobungszeit oft getan hatten, aus dem Tor auf den Bergabhang hinaus in den schönen Frühling.

In der Nähe des Kastells rauschte ein immer fließender Brunnen, neben dem eine gewaltige Steineiche stand, die schon Jahrhunderte überdauert hatte. Dorthin gingen Galeazzo und Vittoria.

„Ich habe eine seltsame Unruhe in mir, wann immer ich im Kastell bin", sagte er.

„Ich auch", entgegnete sie. „Ich fühle mich durch den Schirokko beunruhigt. Früher spürte ich es nicht, wenn solche Tage waren, aber nun leide ich bei dieser Witterung sehr. Wie schade, dass wir gerade jetzt dieses schwüle Wetter haben. Ich habe mich so sehr auf dein Kommen gefreut!"

„Ich bin wirklich bei dir, es ist kein Traum!"

„Und nun bleibst du für immer bei uns."

„O nein! Das kann ich nicht, aber ich will dich nach Genf mitnehmen!"

Lange sprachen sie miteinander. Galeazzo beharrte dabei, protetsantisch zu sein, und Vittoria, katholisch zu sein. Es nützte nichts, dass er ihr versprach, sie könne in Genf ihrem Glauben gemäß leben. Sie weigerte sich trotzdem, ihm nach Genf zu folgen.

„Ich darf es nicht", sagte sie angstvoll, „mein Beichtvater hat mir strengstens verboten, die Gemeinschaft der Calvinisten aufzusuchen. Ich kann unmöglich in einem nichtkatholischen Land leben."

„Hörst du auf deinen Beichtvater mehr als auf deinen Mann?"

„Durch den Priester redet Gott, dem ich gehorchen muss! Du aber, Geliebter, kehre zurück in unsere Kirche! Ich flehe dich an, gib deinen Eigensinn auf!"

„Ich muss Gott gehorchen!"

Er begann, ihr die Grundzüge der evangelischen Lehre darzulegen. Schweigend hörte sie zu. Auf einmal erwachte ihre Aufmerksamkeit, und sah ihn erwartungsvoll an. „Sprich weiter! Ich bin dankbar zu erkennen, dass du kein Gottloser, kein Ungläubiger bist. Ich selbst habe ja an dir nie gezweifelt, aber die Priester haben oft gesagt, dass ihr allesamt verloren seid und ins ewige Verderben geht!"

„O nein! Wir wollen nichts anderes, als das festhalten, was Jesus Christus uns gelehrt hat. Du hast doch sicher bisher nichts anderes aus meinen Worten vernommen?"

„Ja, das ist's, was mich ein wenig tröstet. Aber du bist trotzdem im Irrtum. Vor etlichen Tagen waren wallfahrende Geistliche hier, wenn sie doch noch in Vico wären, sie sollten einmal eingehend mit dir reden, dann würdest du gewiss von deiner Meinung bekehrt werden! Komm mit zurück nach Neapel und lass dich dort vom Erzbischof und seinen Theologen beraten. Sie werden dich liebevoll und weise überzeugen, und dann ist alles wieder gut!"

Schmerzlich bewegt verließen sie den Platz unter der Steineiche. Die Freude, die Galeazzo empfunden hatte, wieder in der Heimat zu sein, war geschwunden durch das Leid, das sie beide erfüllte.

Colantonio begehrte mit seinem Sohn allein zu sprechen. Er saß am offenen Kamin in seinem Gemach. Mit der Hand wies er auf einen Sessel. „Nimm Platz! Ich habe mit dir zu reden! Ich hoffe, mich nicht zu täuschen, wenn ich annehme, dass du deinen Irrtum endlich einsiehst …"

„Vater, quäle mich nicht", rief Galeazzo, ihm ins Wort fallend, „ich habe meine Stellung und Meinung nicht geändert!"

Der alte Mann atmete schwer und blickte voll Sorge auf den Sohn.

„Ich hätte nicht gedacht, dass ein Caracciolo so verblendet sein könnte. Du trittst das Glück mit Füßen, wenn du jetzt nicht einlenkst. Dein Oheim, der Papst, ist bereit, alles zu vergeben und zu vergessen und dich als seinen Neffen sofort in eine glänzende Stellung zu befördern. Er hat Vittorias Beichtvater hierher gesandt, damit er mit allen theologischen Kenntnissen dich widerlegt. Morgen wird er deshalb mit dir ein Colloquium haben."

„Was geht mich dieser Priester an? Ich brauche kein Colloquium mit ihm."

„Fürchtest du, ihn nicht widerlegen zu können, und willst ihm deshalb aus dem Weg gehen?"

„Nein, da irrt Ihr! Ich fürchte mich nicht. Aber ich sehe die Nutzlosigkeit solch einer Disputation voraus!"

„Ich wünsche jedenfalls, dass du ihm Rede und Antwort stehst, und wenn es auch nur aus dem Grund wäre, dass man dich nicht für feige halten kann."

„Gut, ich werde vor dem Priester die Wahrheit unserer Lehre vertreten!"

Am andern Tag kam es zu der Auseinandersetzung. Sie verlief zunächst höflich. Der Jesuit begrüßte Galeazzo als den Sohn des Hausherrn, von dem er schon sehr viel gehört habe und dessen er jeden Morgen beim Lesen der Messe mit besonderer Fürbitte gedenke. Colantonio und Vittoria waren auch geladen und zugegen. Man wollte ja nur die Gedanken austauschen und etliche Missverständnisse aufklären.

Aber der Verlauf des Gesprächs hielt nicht, was sein Anfang verhieß. Der Jesuit griff nämlich einen Lehrsatz seiner Kirche auf, um zu beweisen, wie die Gegner in diesem Stück im Irrtum seien. Galeazzo ließ ihn reden und widerlegte ihn dann ruhig mit etlichen Bibelstellen.

„Wer sagt das?" fragte der Jesuit. Er tat so, als ob er die Stellen nicht kenne.

„Ich will Euch die Worte in der Bibel aufschlagen, und Ihr könnt sie dann selbst lesen."

Er nahm sein lateinisches Handexemplar der Heiligen Schrift, das er stets bei sich trug, und blätterte darin.

„Das ist E u r e Bibel", sagte der Jesuit verächtlich, „damit könnt Ihr nichts beweisen. Es ist allgemein bekannt, dass man in Genf eine gefälschte Ausgabe benutzt."

„Ihr irrt! Überzeugt Euch, dass ich die Ausgabe habe, die Ihr vermutlich auch habt. Hier steht auf der Rückseite des Titelblattes das Imprimatur, die Druckerlaubnis des Patriarchen von Venedig. Es handelt sich hier also um den von Eurer Behörde anerkannten Text!"

„Ja, ja, ja! Wenn man den Buchstaben der Bibel presst, kommt Blut heraus. Das heilige Buch gehört nur in die Hände derer, die berufen sind, es auszulegen. Und man muss, um es richtig auszulegen, immer fragen, was die Kirchenväter und Kirchenlehrer zu den einzelnen Stellen sagen."

„O nein! Man muss fragen, was die Bibel sagt, sie ist maßgebend und nicht die Kirchenväter."

Die Auseinandersetzung führte zu nichts. Der Jesuit wurde immer unsicherer und schließlich ausfallend. Er begann gegen Calvin und besonders gegen Luther Scheltworte zu sagen, die immer maßloser wurden. Galeazzo unterbrach ihn und sagte, dass sie das Gespräch abbrechen sollten; auf diese Weise könne man den Gegner nicht überzeugen. Auch der Beichtvater war der Meinung, von einem Überzeugen könne nicht mehr die Rede sein. Er bedaure, sagte er, diesen Versuch unternommen zu haben.

Blass und beunruhigt hatte Vittoria der Verhandlung zugehört. Ihre Hoffnung auf eine glückliche Lösung sah sie nicht erfüllt. Colantonio stand auf, sagte einige unverständliche Worte und verließ, auf seinen Stock gestützt, als erster das Gemach, die Tür hart hinter sich zuwerfend.

Die Freude des Zusammenseins war getrübt, es lag wie ein Druck auf der ganzen Familie. Selbst die Kinder verspürten ihn. Und doch, wie sehr hingen sie auch jetzt noch aneinander! Wäre Galeazzo den Seinigen gleichgültig geworden, so wäre es für sie ein Leichtes gewesen, die Entfremdung zu ertragen. Sollte es wirklich zu einer endgültigen Trennung kommen?

„Bleibe", bat Vittoria, „bleibe hier! Man beobachtet uns in Vico nicht so wie in Neapel. Lass uns mit den Kindern den Sommer hier zubringen. Wir wollen nicht mehr von Religion reden, wir wollen uns des Zusammenseins freuen und die Hoffnung festhalten, nicht wieder voneinander getrennt zu werden."

Galeazzo blieb. Er konnte sich nicht vorstellen, wie er das einsame Leben im fremden Genf je wieder ertragen werde, nachdem er jetzt das Zusammensein mit Frau und Kindern von neuem genossen hatte.

Niemand störte sie, denn nach jener unerfreulich verlaufenen Auseinandersetzung ließ der Jesuit sich nicht mehr sehen. Man sprach nicht von ihm, und selbst Colantonio schien seinen Verdruss überwunden zu haben. Er kam in den nächsten Tagen gern auf den Söller, wo Sohn und Schwiegertochter im Kreis der Kinder die Nachmittagsstunden zu verbringen pflegten. Vittoria hatte eine Laute, die sie früher oft benutzt, aber in den vergangenen Jahren nicht mehr angerührt hatte. Jetzt spielte sie wieder die fröhlichen Weisen, die man am Golf von Neapel liebte, ihre Kinder und Galeazzo sangen dazu. Zwischendurch scherzten und lachten sie und waren glücklich. –

Stundenlang streifte Galeazzo mit seinen beiden Söhnen in der Umgebung des Kastells umher. Jeder

hatte eine Armbrust, und sie machten Jagd auf mancherlei Getier. Oder sie ritten am Strand entlang und
ins Gebirge hinein.

So ging es etliche Tage. Aber Galeazzo wurde in diesen Tagen trotz des Glückes, das ihn umgab, nicht frei
von einer unerklärlichen Unruhe.

Er überzeugte sich jeden Abend, dass alle Tore und
Türen geschlossen waren und kein Fremder sich im
Kastell aufhielt. Zu seiner Beunruhigung hörte er, dass
der Beichtvater abgereist sei. Auch die Witwe, die Erzieherin der Töchter, war nach Neapel zurückgekehrt.
Die Kinder gehörten ihm jetzt uneingeschränkt. Und
trotzdem fühlten sie alle, dass irgend etwas Unfassba-
res in der Luft schwebte. Vittoria zitterte, wenn sie ihn
ansah, und oft hatte sie Tränen in den Augen, während
sie ein fröhliches neapolitanisches Lied spielte. Nur die
Kinder gaben sich uneingeschränkt der Freude hin,
den geliebten Vater in ihrer Mitte zu haben.

Freunde und Verwandte kamen und gingen, und alle
waren so herzlich zu dem Heimgekehrten, dass es ihm
immer wieder warm ums Herz wurde. Man vermied jede
Störung, und niemand fragte ihn, wann er wieder nach
Genf zurück gehe. Wenn die Kinder zuweilen sagten:
„Vater, nun bleibst du immer bei uns!" pflegte Vittoria
rasch zu antworten: „Zunächst verbringen wir alle zusammen den Sommer in Vico, hier ist es nicht so heiß
wie in Neapel."

Es war zwar nicht heiß, denn Vico liegt am Berges-
abhang hoch über dem Meer und erfreut sich einer frischen Luft, wenn nicht gerade der Schirokko bläst.
Aber jetzt brütete er schon seit Tagen über dem Land,
und alle litten unter ihm. Colantonio hatte sein Glieder-
reißen und war daher oft verdrießlich. Vittoria wurde
nicht frei von quälenden Kopfschmerzen, und Galeazzo

fand nachts wenig Schlaf und fühlte sich bei Tag müde und unruhig. –

Es mochte am dritten oder vierten Tag nach der Unterredung mit dem Jesuiten sein, als Galeazzo mit Vittoria zu der Steineiche am Brunnen ging. Sie sprachen von diesem und jenem, und unvermutet kamen sie schließlich auf Fragen der Religion zu sprechen, auf den Gehorsam gegen die Wahrheit, die Versöhnung mit Gott und den Frieden und Trost des Evangeliums.

Plötzlich wurde Galeazzo von einem Angstgefühl erfasst. Er unterbrach das Gespräch, stand auf und schaute weit hinaus ins Land.

„Lass uns gehen", drängte er, „wir müssen schnell ins Kastell zurück!"

„Was ist dir?" fragte Vittoria beunruhigt. Aber er antwortete nicht, sondern zog sie mit sich zum Burgtor. Seine Unruhe teilte sich auch ihr mit. Ohne ein Wort zu wechseln, durchschritten sie den äußeren und inneren Hof und traten in die düstere, gewölbte Empfangshalle ein.

„Setz dich hier", sagte sie, „hier ist es kühl, du wirst dich bald wieder besser fühlen."

„Nein", entgegnete er, „nein! Ich muss fort! Schnell, schnell! Halte mich nicht auf!"

– Später hat Galeazzo seinem Freund Balbani, der Galeazzos Lebensgeschichte geschrieben hat, oft erzählt, wie er während jener Tage in Vico von einer unheimlichen Unruhe nicht frei geworden sei, und wie ihn dann plötzlich eine heftige Angst überfallen habe und ihm gewesen sei, als ob jemand riefe: Eile und rette dich! –

Ganz erschrocken schaute Vittoria den Gatten an. Sie wagte nicht, ihm zu widersprechen, denn auch sie hatte Angst und war voll Unruhe. Rasch gingen sie in ihre Gemächer und packten ohne viel Besinnen das Notwendigste zusammen.

„Rufe die Kinder", sagte er atemlos, „und lass ein Pferd satteln. Ich will in der Zwischenzeit von meinem Vater Abschied nehmen!"

Vittoria weinte bei diesen Worten, fasste sich aber und eilte hinaus, um zu tun, was er befahl. Galeazzo ging zu seinem Vater. Diesen fand er in seinem Lehnstuhl in leichtem Schlummer. Er weckte ihn widerstrebend.

„Was willst du?" fragte der Greis.

„Ich will Abschied von Euch nehmen!"

„Was heißt das?"

„Ich will abreisen."

„Wohin?"

„Herr Vater, zürnt mir nicht! Ich will nach Genf zurück kehren."

Kaum hatte Galeazzo diese Worte ausgesprochen, als der alte Mann die Decke wegschleuderte, die auf seinen Knien lag, vom Lehnstuhl aufsprang und auf den Sohn eindrang. Er hätte ihn ergriffen, geschüttelt und vielleicht sogar geschlagen, wäre Galeazzo nicht erschrocken einige Schritte zurückgetreten.

Obwohl Colantonio ein alter Mann war, war er immer noch der heißblütige Süditaliener, am Fuß des Vesuv aufgewachsen und genauso vulkanisch.

„O du unglückseliger Tor, du Narr! Du Frevler, der du nicht nur das Herz deines Vaters zerreißt, sondern auch alle Überlieferungen deiner Familie mit Füßen trittst! Du schändest das edle Blut der Vorfahren, du verrätst den heiligen Erdboden, dem du entstammst, wenn du um religiöser Phantome willen dir andere Ideale suchst als die unseren. Geh hin, wohin es dich zieht, aber komme mir niemals mehr vor die Augen!"

Er erhob die Hand und wies nach der Tür: „Hinaus mit dir, du Abtrünniger, du Verräter!"

– Lange nachher hat Galeazzo einem Freund geschildert, wie ihn diese harten Worte seines Vaters in seinem Vorhaben bestärkten. Guten und milden Worten hätte er trotz seiner namenlosen Angst vielleicht nicht widerstehen können. –

Aber das Schwerste kam nun erst noch. Denn vor der Tür seines Vaters hatten sich die Kinder versammelt, welche alles mit angehört hatten. Sie empfingen ihn laut weinend. Vittoria war bei ihnen, Verwandte und Freunde eilten ebenfalls herbei, und alle versuchten, ihn zurückzuhalten.

„Lasst mich!" rief er gequält, „ich muss schnell aufbrechen, denn sonst ist es um mich geschehen!"

Vittoria umarmte ihn. Seine Kinder suchten ihn zurückzuhalten, ergriffen seine Hände und wollten ihn nicht loslassen. Weinend riefen sie einmal über das andere: „Geh nicht fort! Bleibe hier!"

Besonders Desiderata, die jüngste Tochter, war außer sich. Sie umklammerte seine Knie, als sie sah, dass er sie trotz aller Bitten verlassen wollte. Das Kind weinte so, dass es ihm in diesem Augenblick war, als müsse er vor Herzeleid sterben.

Mit Gewalt machte er sich los und eilte, ohne noch einmal zurückzublicken, auf den Hof hinunter. Dort stand schon ein Pferd bereit. Er warf sich in den Sattel und ließ sich von dem Knecht den Mantelsack reichen.

„Hole das Pferd nachher unten am Hafen ab", sagte er und drückte dem Tiere die Hacken in die Weichen, dass es durch das hallende Burgtor und über die dröhnende Zugbrücke davon sprengte. Wie gejagt hetzte er den Bergabhang hinunter und am Meerufer entlang, bis er zu dem kleinen Fischerhafen kam.

Dort fand er nur ein winziges Segelboot, und der Fischer, dem es gehörte, wollte nicht in See stechen, weil er fürchtete, dass eine heftige Bora auf den nun schon lange dauernden Schirokko folgen werde.

„Mann", sagte Galeazzo, „ich weiß es gewiss, dass uns der Sturm nichts tun wird, wenn wir sofort abfahren!" Er versprach ihm eine große Summe, wenn er ihn nach Lesina bringe, und der Fischer gab nach.

Erst als sich das Boot vom Land entfernte, wurde er ruhiger. Und merkwürdig! Es dauerte nicht lange, bis ein Windhauch aufkam, der allmählich stärker wurde und die Segel füllte, so dass das Boot rasch Fahrt machte. Es wurde Abend, die Sonne stand brennend hinter dem Gebirge, dessen Abhänge bald im tiefen Schatten lagen. Wäre es hell gewesen, er hätte das Kastell erkennen können, denn es liegt weithin sichtbar breit hingelagert mit seinen Mauern, Bastionen und ragenden Wehrtürmen. Aber die Schatten des Abends verhüllten es vor seinen Blicken. –

Galeazzo sah nicht, was sich nun in Vico ereignete. Als es eben dunkel geworden war und die Tore geschlossen wurden, begehrte ein fremder Reiter Einlass. Er kam im Namen des Vizekönigs und verlangte, sofort vor den Burgherrn geführt zu werden.

„Exzellenz" sagte er militärisch kurz und bestimmt, „Ihr sollt Don Galeazzo, Euren Sohn, sofort und ohne Widerrede ausliefern! Euer Schloss ist soeben von Truppen umstellt worden, so dass kein Entrinnen mehr möglich ist. Der Vizekönig erwartet, dass Ihr seinem Befehl gehorcht!"

„Cavaliere", entgegnete Colantonio, „Ihr kommt zu spät. Mein Sohn ist vor weniger als zwei Stunden abgereist!"

Der Reiter stieß den breiten Degen auf den Fußboden und fluchte grimmig. Aber er fasste sich rasch und fuhr in kaltem Ton fort: „Exzellenz, Euer Wort in Ehren, aber ich habe die strenge Anweisung, wenn man mir die sofortige Auslieferung des der Inquisition Verfallenen weigert, das ganze Kastell zu durchsuchen. Im Namen des Vizekönigs verlange ich daher, dass Ihr meinen Leuten freiwillig das Tor öffnen lasst."

„Kommt und sucht!" Colantonio winkte mit der Hand, dass einer der Diener seine Befehle in Empfang nehme; der Reiter verließ nach militärischem Gruß den Burgherrn, und die vizeköniglichen Soldaten drangen in den Hof.

Jeder noch so verborgene Winkel wurde durchsucht, mit Fackeln und Laternen drangen sie in jeden Raum, sie fragten das Gesinde und die Reisigen, aber alles war vergeblich.

„Gott hat ihn gerettet!" flüsterte Vittoria ihren Kindern zu. „Aber wir haben ihn verloren."

Galeazzo erreichte, begünstigt durch die aufkommende Bora, nach rascher Fahrt Lesina. Er hatte immer wieder den Horizont abgesucht, ob sich nicht doch ein Schiff zeige. Aber die Nacht entzog ihn etwaigen Verfolgern, und aus der Bora wurde allmählich ein Sturm, der das leichte Boot vor sich herjagte, so dass niemand es hätte einholen können.

Galeazzo blieb einige Tage in Lesina, ehe er die Weiterreise antrat. Zunächst musste er in der Stille und Einsamkeit seine Erlebnisse verarbeiten. Er sagte sich, dass es ein Abschied für immer gewesen sei. Mit Gebet und Bibellesen verbrachte er einsame Stunden am Meeresufer. Erst allmählich rang er sich dazu durch, das Wort Jesu zu fassen, welches sagt, dass der des Herrn nicht wert ist, der Sohn oder Tochter mehr liebt als Ihn. Trotz allen Leides kam schließlich eine tiefe Ruhe über ihn, die dem Schmerz die Bitterkeit nahm, denn er wusste, dass er den Weg Gottes ging.

Getröstet verließ er das armselige Fischerdorf, als eine venezianische Galeere dort anlegte, mit der er weiterreisen konnte.

In Venedig ging er an Land und begab sich zu mehreren Glaubensgenossen, die er schon früher dort besucht hatte. Sie nahmen ihn gastlich auf. Im Kreis dieser einfachen, gläubigen Menschen wurde es ihm leichter, die Vereinsamung zu vergessen, die ihn seit dem Abschied von seiner Familie umfing.

Durch Rhätien reiste er nach einiger Zeit weiter, und am 4. Oktober erreichte er Genf.

Bei seiner Rückkehr herrschte große Freude, denn man hatte ernstlich Sorgen um ihn gehabt. Man wusste in dieser Stadt der Flüchtlinge genau, wie gefährlich die Inquisition war und wie sie besonders den Vornehmen unter den Protestanten nachstellte. Man hatte kaum damit gerechnet, Galeazzo wiederzusehen. Fast täglich liefen Nachrichten aus Italien ein über neue Verhaftungen, Einkerkerungen, über Folterungen und Hinrichtungen.

Calvin, der Pfarrer der Gemeinde, begrüßte ihn mit übergroßer Freude. „Meine Gebete begleiteten Euch stets; ich habe einmal vor nicht sehr langer Zeit schwere Beängstigungen Euretwegen gehabt, so dass ich nicht anders konnte, als sofort hier an meinem Schreibtisch auf die Knie zu fallen und den Allmächtigen für Euch anzurufen. Aber nun seid Ihr uns wieder geschenkt, und Ihr werdet uns, hoffe ich, nie mehr entrissen werden."

„Ja", entgegnete Galeazzo. „Ich will für immer hier bleiben."

Galeazzo ahnte nicht, dass gerade in jenen Tagen der Großinquisitor Michele Ghisleri beim Papst eine Audienz hatte, bei der sein Entrinnen besprochen wurde.

„Ich versichere Eure Heiligkeit"; sagte der Großinquisitor, „dass wir alles getan haben. Der Beichtvater hat uns durch einen reitenden Boten sofort von seiner Ankunft benachrichtigt. Wir haben ihm dann zuerst Zeit gelassen, ein wenig bei seiner Familie zu sein, damit ihm der Gedanke an einen erneuten Abschied unerträglich werde. Und wir haben den Jesuiten Donna Vittorias mit ihm diskutieren lassen. Auch hatten wir noch mehrere andere, sehr gewandte Geistliche in die Nähe geschickt, die ebenfalls mit ihm diskutieren sollten. Und Donna Vittoria hatten wir bei Androhung der Exkommunikation verboten, ihm etwa nach Genf zu folgen."

„Und es hat alles nichts genützt?"

„Nichts! Deshalb entschlossen wir uns zu seiner Verhaftung, die ihn vor das Tribunal der Inquisition geliefert hätte. Und ich hätte dafür gesorgt, dass sein Scheiterhaufen bald aufgelodert wäre und wir seine Asche in alle Winde hätten zerstreuen können, wenn …"

„Was wenn?"

„Wenn er nicht in einer uns unbegreiflichen Weise im letzten Augenblick noch entronnen wäre. Er ist uns für immer entwischt."

Der Papst lächelte müde. „Ach", sagte er verächtlich, „was heißt für immer? Es ist nichts unmöglich. Es gibt Mittel genug. Wir müssen eben auf etwas anderes sinnen. Wenn einige Zeit vergangen ist, wird er nicht mehr so argwöhnisch sein, dann werden wir einen geschickteren Versuch machen. Denn das sage ich Euch, Eminenza, wir werden diesen Abtrünnigen nicht aus den Augen verlieren und ihn im richtigen Augenblick zurückgewinnen. Unter allen Umständen muss das Ärgernis beseitigt werden, dass ein Glied der vornehmsten Familie Neapels, der Sohn meiner Schwester, ein Neffe des Papstes, sich ins Lager der Ketzer verlor!"

Nun schien es, als solle Galeazzo fortan in Genf unbehelligt bleiben. Er widmete sich dem Aufbau der italienischen Flüchtlingsgemeinde, die ihm seine eigene Familie ersetzen musste. Mit großer Treue ging er jedem einzelnen nach und tröstete die vielen, die in Italien alles verloren hatten und hier in der Fremde lebten. Er widmete sich auch den mancherlei Aufgaben, die das städtische Gemeinwesen mit sich brachte. Man wählte ihn in den Großen und bald auch in den Kleinen Rat der Stadt Genf, man übertrug ihm mancherlei Ehrenämter, und alles versah er mit Zuverlässigkeit und großem Verständnis.

Seine wichtigste Tätigkeit war die Erziehung des Nachwuchses. Es studierten in Genf zahlreiche junge Italiener, die nicht nur unterrichtet, sondern auch innerlich festgegründet werden mussten. Sie scharten sich um ihn, und er wurde ihnen der ältere Freund, Berater und Führer.

Unter ihnen befand sich Giovanni Luigi Pascale, der ehemalige Offizier des Herzogs von Savoyen; das bedeutete Galeazzo eine besondere Freude, denn dieser hatte das Evangelium bis in seine Tiefen erfasst und war voll Eifer, es auch auszuleben. Er hatte zudem auch die Gabe der Rede; er konnte anfeuernd und mitreißend reden.

Mit großer Herzlichkeit begrüßte Pascale den nach Genf zurückgekehrten Galeazzo, denn er brauchte dessen Rat. Pascale wollte sich verloben und wollte gern von dem älteren, erfahrenen Freund wissen, wie er darüber denke.

„Wird es mich nicht dem Dienst am Evangelium entziehen, wenn ich einen Hausstand gründe? Bin ich nicht viel freier, wenn ich auf die Ehe verzichte?"

„Nein", entgegnete Galeazzo mit großer Bestimmtheit, „frei seid Ihr nicht durch Ehelosigkeit oder Ehe, sondern dadurch, dass Ihr Euch Gott unterordnet und Euch müht, Seinen Willen zu tun. Wenn Ihr heiratet, werdet Ihr viel Gnade und viel Segen erfahren, den ein Eheloser nicht empfängt. Es wird Euch allerdings auch nach den Worten des Apostels gehen, der von den Eheleuten sagt, dass sie viel Trübsal haben werden." Dabei seufzte er.

„Also redet Ihr mir zu, mich zu verloben?"

„Freund, habt Ihr denn eine passende unter den Töchtern des Landes gefunden?"

„Ja", antwortete Pascale freudig, „ich habe eine gefunden: Camilla Guarino aus Piemont, die Base meines Landsmannes Thomas Guarino. Sie lebt als Flüchtling hier in Genf."

„Und werdet Ihr imstande sein, das tägliche Brot für eine Familie zu schaffen?"

„Ich kann im Gebiet von Genf oder Lausanne ein Predigeramt übernehmen, denn man spricht hier französisch, was mir ja ebenso geläufig ist wie italienisch. Und ich zweifle nicht, dass mir durch Vermittlung Calvins, dessen Schüler ich bin, in absehbarer Zeit eine entsprechende Aufgabe übertragen wird."

Seine Augen leuchteten vor Freude. „Camilla", fuhr er fort, „hat von Jugend auf um des Glaubens willen das harte Los der Verfolgung tragen müssen. Sie hat einige ihrer Verwandten verloren, und sie selbst ist nur mit knapper Not gerettet worden. Sie ist heimatlos. Ich wäre sehr glücklich, ihr eine sichere Heimat geben zu können, wenn ich hier in diesem schönen Land ein Amt übernehme, wo wir nicht verfolgt werden. Hier könnten wir ungestört durch äußere Nöte im Weinberg unseres himmlischen Herrn zusammen wirken."

„Ich kann Euch gut verstehen und finde nichts Unrechtes darin, diesen Weg zu gehen. Die Hauptsache ist, ihr seid gewiss, dass Gott Euch ihn führt." –

Nicht lange nach dieser Unterredung gab Pascale im Kreis seiner Landsleute sein Verlöbnis mit Camilla bekannt. Fröhlich plaudernd saßen sie zusammen, diese Männer und Frauen, die um ihres Glaubens willen alles verloren hatten und sich nun in Genf ein neues Dasein zu schaffen suchten. Sie freuten sich über das Glück der Verlobten und priesen die freundliche Fügung, die es dem jungen Paar ermöglichte, bald ein eigenes Heim inmitten einer friedlichen Gemeinde zu haben.

Aber es sollte anders kommen.

Zwei Tage nach der Verlobungsfeier kam ein waldensischer Prediger nach Genf, begleitet von einem jungen Mann namens Marco Usceghi. Der Prediger hieß Giacomo Bonello. Er stammte aus den Alpentälern, aber er hatte seine Tätigkeit unter den Waldensern in Calabrien gefunden. Dort wohnten die Nachkommen früherer Einwanderer inmitten einer streng katholischen Bevölkerung; sie hatten die Überlieferung der Vorväter durch die Jahrhunderte festgehalten. Jetzt freilich wurden sie von den immer heftiger werdenden Stürmen der Gegenreformation so sehr bedroht, dass sie in Gefahr standen, von ihrem Bekenntnis abzufallen. Deshalb wandte sich Bonello, ihr Prediger, an die italienischen Flüchtlinge in Genf mit der Bitte um Prediger und Lehrer, welche die bedrohten Gemeinden fester in der Wahrheit gründen sollten.

Galeazzo hörte den beiden mit großer Anteilnahme zu. Er erkundigte sich genau über die schwierigen Verhältnisse, in denen die Glaubensgenossen in Calabrien lebten, und versprach, sich dafür einzusetzen, dass ihnen tüchtige Männer geschickt würden. In der Versammlung der Gemeindeältesten trug er selber die Bitte der Calabresen vor. Man beschloss einstimmig, ihnen Hilfe zu schicken.

Aber wen sollte man senden?

Man konnte zu diesem Dienst nur gesunde, kräftige Männer hinsenden, denn es war vorauszusehen, dass die Anforderungen sehr groß sein würden. Es war dies keine Tätigkeit für zaghafte Menschen. Im Gegenteil, man musste beherzte, unerschrockene Boten senden, die bis zum Letzten die Treue halten würden. Nach Calabrien zu gehen, hieß in jenen Jahren der Gegenreformation für einen protetantischen Prediger, in die Höhle des Löwen zu gehen. Vor allen Dingen mussten die Männer voll freudigen Glaubens und einer mitreißenden Predigt- und Lehrgabe sein. Sie sollten in der Wahrheit des Wortes Gottes festgegründet sein und die Fähigkeit haben, jene armen, eingeschüchterten und vielfach schlecht unterrichteten calabrischen Waldenser im Glauben zu festigen.

Dies setzte Galeazzo den Gemeindeältesten auseinander und er schloss mit den Worten: „Ich weiß keinen besseren Boten als Luigi Pascale."

Pascale wurde gerufen, und man trug ihm das Verhandelte vor und fragte ihn, ob er bereit sei, als Prediger nach Calabrien zu gehen.

Nach kurzer Besinnung sagte er zu, den Auftrag zu übernehmen.

„Und Eure Braut?" fragte Galeazzo, „Ihr werdet unter diesen Umständen noch lange nicht ans Heiraten denken können." –

„Sie wird mich ziehen lassen. Wir sind uns darin einig, dass der Dienst Gottes bei allem den Vorrang hat."

Camilla erbleichte, als ihr Bräutigam ihr diese Nachricht brachte. Aber sie sagte unter Tränen: „Ja, geh hin!" Als wenige Monate später, im Januar 1559, Luigi Pascale mit einigen Gefährten die Reise antrat, klagte sie beim Abschiednehmen: „O weh! Calabrien ist so nahe bei Rom und so fern von mir!"

Die Nachrichten, welche nun im Laufe des Frühjahrs aus Calabrien nach Genf kamen, waren zunächst nicht ungünstig. Galeazzo verfolgte den Gang der Ereignisse mit der größten Anteilnahme. Er erstattete der Gemeinde regelmäßig Bericht über alles, was er erfuhr, und ermahnte sie zu treuer Fürbitte. Diese war nötig, denn die Schwierigkeiten Pascales und seiner Gefährten wuchsen ständig. Es erhob sich nach den ersten Wochen inmitten der waldensischen Ortschaften mancherlei Widerspruch gegen sie. Viele wollten sich nach außen friedsam zeigen und ein offenes Bekenntnis zu ihrer protetantischen Gesinnung vermeiden, um nicht die immer argwöhnischer werdenden Priester zu reizen und so die Inquisition herauszufordern.

Es dauerte noch ein knappes Vierteljahr, da wurde der unerschrockene Pascale, dieser tapfere, draufgängerische Soldat, durch Hinterlist gefangen genommen.

Als Galeazzo den ersten Brief von ihm aus dem Kerker im festen Schloss Fuscaldo an der calabrischen Küste erhielt, wusste er sofort, dass dieser treue Zeuge nicht mehr gerettet werden konnte. Und so geschah es. Man schleppte Pascale und seine Gefährten nach Cosenza, wo man sie lange gefangen hielt und unter Anwendung der Folter mehrfach verhörte. Es gelang Pascale immer noch, heimlich Briefe an die Freunde zu senden.

Blass und traurig kam Camilla zuweilen zu Galeazzo und fragte nach neuen Nachrichten. Sie trug all das

Schwere mit großer Tapferkeit; sie wusste es von Jugend auf nicht anders, als dass man für seinen Glauben alle Opfer zu bringen hatte. Aber noch nie hatte sie bisher erfahren, wie teuer die Opfer sein konnten. Galeazzo tröstete sie, so gut er es vermochte. Sie klammerte sich immer noch an die Hoffnung, die er freilich nicht teilen konnte, dass ihr Verlobter die Freiheit doch wieder erhalten werde.

So verging das Jahr 1559. Gegen Ende dieses Jahres kam eine kurze Nachricht, dass die Gefangenen aus Cosenza nach Neapel gebracht werden sollten. Galeazzo wusste, was das bedeutete: sie würden nach Rom vor das Haupttribunal der Inquisition geschleppt werden. Als er dies erfuhr, drängte sich ihm der Gedanke auf, für den Freund einen Rettungsversuch zu unternehmen, indem er sich in einem persönlichen Brief an seinen Vetter wandte, den Kardinal Caraffa, den Neffen des Papstes. Dieser war inzwischen in Rom ein Mann von unbeschränkter Machtfülle. Wenn es gelang, ihn zu gewinnen, konnte sich der Kerker öffnen. Camilla fand eine Möglichkeit, diese Hoffnung ihrem Verlobten mitzuteilen. In den Briefen Pascales, die er aus dem Kerker in Neapel schrieb, klingt es ebenfalls an, allerdings nur wie ein schwaches Echo. Er wusste besser als Camilla, dass sein Schicksal besiegelt sei.

Es geschah nämlich, dass Paul IV. unerwartet seinem Neffen alle Gunst entzog, ohne dass die Öffentlichkeit etwas davon erfuhr. Er ließ eine Untersuchung gegen ihn einleiten, denn sein lasterhaftes Leben war zu einem solchen Ärgernis geworden, dass aus dem Kreis der Kardinäle Anklagen gegen ihn laut wurden und der Papst, endlich über das wilde Treiben seines sittenlosen Neffen in Kenntnis gesetzt, aufs höchste erzürnt wurde.

Als Galeazzo, ohne von diesen Vorgängen etwas zu wissen, seinem Vetter Pascales wegen schrieb, war dieser bereits in Ungnade gefallen und lag selbst gefangen in der Engelsburg.

Pascale wurde nach Rom gebracht. Im schrecklichsten aller Gefängnisse, der Torre di Nona, ließ man ihn noch monatelang schmachten. Es kam kein Brief und keine noch so geringe Nachricht über ihn mehr an die Freunde in Genf, seit sein leiblicher Bruder, der ihn in Rom aufgesucht und über ihn berichtet hatte, fluchtartig die Stadt hatte verlassen müssen.

Schließlich erhielt man im Spätsommer von heimlichen Freunden die Nachricht, dass er am 16. August 1560 den Märtyrertod auf dem Scheiterhaufen am Tiberufer vor der Engelsburg in Rom erlitten habe.

Einer von vielen.

In jenen Tagen kam auch die Nachricht, dass Caserta, Galeazzos Schwager und bester Freund, in Neapel auf dem Marktplatz öffentlich enthauptet worden sei, weil er seiner evangelischen Überzeugung nicht abschwören wollte.

Und dann trafen Flüchtlinge aus Calabrien in Genf ein, die nur das nackte Leben gerettet hatten und entsetzliche Dinge berichteten über das Blutbad, welches dort auf Veranlassung fanatischer Mönche unter jenen armen Bauern und Hirten angerichtet war, weil sie protestantisch und nicht katholisch sein und bleiben wollten. Nirgends hat die Inquisition so erbarmungslos gewütet wie in Calabrien, wo sie von den blühenden Waldensergemeinden nicht Mann noch Frau, nicht Greis noch Kind schonten. Nur wenige entrannen dem Schwert und dem Scheiterhaufen oder der Verschleppung in die Sklaverei. Die letzten Überlebenden zwang man, katholisch zu werden und siedelte sie unter strengster Bewachung und dauernder Beobachtung auf den Trümmern des zerstören Waldenserstädtchen Guardia Piemontese an, wo ihre Nachkommen heute noch leben und kaum noch etwas davon wissen, dass sie von Protestanten abstammen.

Es war die Zeit des Wehklagens, der Trauer, aber auch die Zeit des todesmutigen Bekennertums gekommen.

Galeazzo erlebte alles in größter Anteilnahme mit, obwohl er selbst unangefochten im friedlichen Genf weilte. Jede Nachricht, die aus den Verfolgungsgebieten zu ihm drang, erfüllte ihn mit neuem Leid und trieb ihn an, in Fürbitte und unermüdlicher Fürsorge zu helfen, wo er konnte.

* * *

Im Sommer 1559 starb Papst Paul IV. Bis zum letzten Augenblick war er eifrig tätig gewesen mit Befehlen und Dekreten über die Durchführung von Reformen in der Kirche und über die Verfolgung der Andersgläubigen, deren Einkerkerung und Hinrichtung.

Sein Nachfolger war Pius IV.

Dieser nahm schreckliche Rache am Neffen seines Vorgängers, welcher seinen Kardinalspurpur durch den Schmutz lasterhafter Zügellosigkeit besudelt hatte. Es wurde ein Prozess gegen ihn eingeleitet, der damit endete, dass man ihn zum Tod verurteilte. Bis zum letzten Augenblick hoffte er freilich, durch Vermittlung mächtiger Freunde gerettet zu werden; er blieb trotzig und ungebeugt bei allen Verhören. Aber niemand stand ihm bei. Und eines Morgens wurde er in seinem Gefängnis in der Engelsburg geweckt durch päpstliche

Beamte, die ihm das Todesurteil und seine sofortige Vollstreckung verkündeten. Man ließ ihm nicht einmal Zeit genug, einem Mönch ausführlich zu beichten.

So endete dieser Mann, der als Neffe des Papstes auf den Höhen irdischer Macht und Ehre gewandelt war. –

Mit Schaudern vernahm Galeazzo die Nachricht. Dies hätte auch sein Schicksal werden können, wenn er als naher Verwandter des Papstes dem Machtrausch und der Zügellosigkeit verfallen wäre, welche oft genug Menschen in solch glänzenden Stellungen erfasst haben. Durch manchen Besuch, den er erhielt, erfuhr er Einzelheiten über die Vorgänge in Rom. Der Fürst Ottavio von Salerno suchte ihn auf, als er nach Frankreich reiste. Der Herzog von Parma und die beiden Herzöge von Ferrara, Francesco und Alfonso, kehrten in dem bescheidenen Haus ein, in welchem er in Genf lebte. Alle ehrten ihn und behandelten ihn, als ob er noch am Hof des Kaisers einer der Vornehmsten und Größten wäre, denn sie empfanden, dass er trotz aller Verarmung ein vornehmer Edelmann geblieben war. Ihn freuten diese Besuche, bedeuteten sie doch eine lebendige Verbindung mit der unvergessenen Heimat, nach deren warmem, hellem Sonnenschein ihn je länger je mehr verlangte.

Durch seine Besucher erhielt er oft Nachrichten von den Seinigen in Neapel. Zwar blieb er in ständiger brieflicher Verbindung mit ihnen, aber ein mündlich überbrachter Gruß war ihm noch mehr wert als ein Brief. Die Briefe mussten so vorsichtig abgefasst sein, man durfte niemals alles offen mitteilen. Die Boten wurden oft abgefangen und alle Schriftstücke geöffnet und gelesen. Mit nimmermüdem Spürsinn lauerten die Männer der Inquisition darauf, Galeazzo fassen zu können.

Den Plan, ihn aus Genf fortzulocken, wurde in heimlichen Besprechungen immer wieder erörtert, und der Großinquisitor sagte und schrieb: „Geduldet Euch! Die Zeit arbeitet für uns! Einmal kehrt er doch zurück."

Galeazzos Vater starb im Jahr 1561. Sein Enkel Colantonio, der älteste Sohn Galeazzos, sollte die Erbschaft des großen Vermögens und des Titels als Markgraf von Vico übernehmen. So war es längst geordnet. Aber nun mischte sich die Inquisition hinein – nicht weil sie etwa Verdacht gegen die Rechtgläubigkeit des Erben hatte, sondern weil sie auf diese Weise Galeazzo kränken und ängstigen wollte.

Man klagte den jungen Colantonio wegen Ketzerei an. Die Anklage entbehrte jeder Grundlage, aber sie war trotzdem nicht ungefährlich, das wusste Galeazzo genau. Er erschrak bei dieser Nachricht, denn er hing mit besonderer Liebe an seinem ältesten Sohn, und er hatte oft genug von ähnlichen Fällen gehört, in denen es zur Verurteilung eines Angeklagten genügte, dass einer seiner näheren Angehörigen evangelisch war.

Nicht lange darauf traf ihn eine andere schmerzliche Nachricht. Sein zweiter Sohn war Priester geworden und sollte dadurch die Sünden seines abtrünnigen Vaters büßen. Man machte ihm begründete Hoffnung, dass er als Glied einer sehr vornehmen und reichen Familie, als Großneffe eines Papstes zum Bischof ernannt werde. Aber ehe es dazu kam, ließ man ihm und seinem Vater die Nachricht zugehen, es könne keine Rede davon sein, dass der Sohn eines Protestanten Bischof werde. Zunächst solle der Vater reumütig den Anschluss an die Kirche wieder suchen.

Zu diesen Sorgen kam mit der Zeit noch etwas anderes. Er litt an Asthma. Als er nun älter wurde, nahm das Übel zu, und die feuchte, nebelerfüllte Luft Genfs verschlimmerte es immer mehr.

Wenn ihn in schlaflosen Nächten Asthmaanfälle quälten, dachte er sehnsuchtsvoll an das wohltuende Klima seiner sonnigen Heimat, in der weder Kälte noch feuchter Nebel wohnten. Dort würde er Linderung für sein Leiden finden. Oft war er in Versuchung, nachzugeben, seine Unterwerfung unter die Papstkirche zu erklären und sich dadurch den Weg nach Italien zu öffnen. Wenn er dann aber betete, wurde ihm wieder erschreckend klar, wie sein Abfallen für zahllose andere der Anlass zum Verleugnen werden könne. Auf ihn besonders sahen die italienischen und auch die französischen Flüchtlinge, die um des Evangeliums willen die Heimat verlassen hatten.

Nein, er durfte nicht nachgeben, er musste die Treue halten!

Bald sah der Großinquisitor die Zeit für gekommen, einen neuen Angriff gegen ihn zu richten, der gründlicher vorbereitet war als die früheren. Auf seine Anordnung beauftragten Donna Vittoria und ihre Kinder einen Theatinermönch, nach Genf zu reisen und Briefe von ihnen zu überbringen. Diesen lag ein Handschreiben des Kardinal-Großinquisitors bei.

Galeazzo saß nach langen Stunden der Atemnot in seinem Lehnstuhl am offenen Kamin, als die Magd den Besuch eines Fremden meldete. Mit höflichem Gruß trat ein weltmännisch gekleideter Herr bei ihm ein, der ihn auf italienisch anredete und erklärte, von Donna Vittoria und ihren Kindern gesandt zu sein. Er nahm auf einem Sessel gegenüber Galeazzo Platz und gab liebenswürdig auf alle Fragen Bescheid. Er war noch vor kurzem bei Vittoria gewesen, die vereinsamt und in großen Sorgen im Palast zu Neapel lebte. Der Prozess gegen seinen ältesten Sohn war immer noch nicht niedergeschlagen. Im Gegenteil, man drohte Colantonio, ihn zu verhaften und mit noch größerer Schärfe gegen ihn vorzugehen. Und der andere Sohn habe keinerlei Aussicht, jemals etwas anderes zu werden als Kaplan in einem verlassenen Dorf auf den fieberverseuchten liparischen Inseln oder im Gebirge, denn es sei ja die unglückselige Tatsache nicht aus der Welt zu schaffen, dass …

„Genug, genug! Warum erzählt Ihr mir das alles?"

„O, signor marchese, weil ich Euch helfen möchte. Es lassen sich doch Mittel und Wege finden, die aus der Not herausführen. Ich bringe Euch hier Briefe von Eurer edlen Gemahlin und Euren Kindern." Er griff in die Tasche seines Mantels und reichte ihm das Päckchen Briefe, nach denen Galeazzo hastig griff, als würde der fremde Bote sie ihm wieder fortnehmen.

„Gestattet mir", sagte dieser, sich erhebend, „dass ich Euch verlasse. Ich weiß Euch jetzt in lieber Gesellschaft. Darf ich Euch morgen wieder meine Aufwartung machen?"

Verbindlich lächelnd verließ er das Gemach. Galeazzo rückte den Lehnstuhl näher an den Kamin, um in dessen hellem Schein die Briefe zu lesen. Es wurde ihm warm ums Herz, denn es sprach aus ihnen nicht nur Sorge und Leid, sondern so viel Liebe, wie er nur je bei den Seinigen gefunden hatte. Alle hatten sie geschrieben, und alle flehten, er solle heimkommen. Sie wollten ihn pflegen, sie wollten für ihn sorgen, dass er wieder gesund werde.

Vittorias Brief bereitete ihm viel Schmerz; sie klagte über den schrecklichen Tod ihres Bruders Caserta, durch welchen ihre gesamte Familie nicht nur mit tiefstem Leid, sondern auch mit Schande getroffen sei. Und sie klagte darüber, dass Galeazzo, ihr Gatte, sie imStich gelassen und sie zudem die großen Sorgen wegen ihrer Söhne habe. „Das alles", schrieb sie, „ist über mich unglückselige Frau hereingebrochen wegen der Religion, obwohl ich der Kirche mehr geopfert habe, als sie forderte, und obwohl ich gewissenhaft alle meine geistlichen Pflichten erfüllt und ein Recht auf Gottes Gnade erworben habe." Trotz dieser schmerzlichen Klagen klang ihm ihre unveränderte Liebe aus ihren Briefen entgegen.

Galeazzo wachte aus seinen Gedanken auf, als die Magd das Licht brachte, denn es war inzwischen Abend geworden. Er griff zur Feder und begann die Briefe zu beantworten. Zuerst schrieb er an Vittoria.

„Ein Recht auf die Gnade Gottes", so begann er den Brief, „haben wir nicht, denn wir können sie nicht verdienen, wären unsere Opfer auch noch so groß." Er wollte in diesem Gedankengang fortfahren, aber er unterließ es, denn sonst wäre der Brief eine lange dogmatische Auseinandersetzung geworden, und dafür, das fühlte er, war bei Vittoria der Boden nicht bereitet. Er schrieb ihr herzlich, erzählte von seinem Leben in Genf und pries Gott dafür, dass er hier eine stille Stätte habe, an der er ohne Gefahr seinen Glauben bekennen dürfe. Seinen beiden Söhnen jedoch schrieb er eingehend über die Fragen der christlichen Lehre und beschwor sie, die Irrtümer Roms einzusehen und sich dem Evangelium zu öffnen. In ähnlichem Sinn schrieb er auch an seine Töchter, deren jüngste, die besonders leidenschaftlich empfindende Desiderata, aus Gram um den verlorenen Vater in ein Kloster gehen wollte, damit sie dort in Buße und Gebet um seine Bekehrung ringe.

Es war spät geworden, als er den letzten Brief beendete. Müde suchte er sein Lager auf, aber er fühlte, dass er eine schlechte Nacht haben werde. Quälende Atemnot ließ ihn nicht zur Ruhe kommen. Er verließ das Bett und setzte sich um Atem ringend in den Lehnstuhl. Seine Pflegerin, eine ehrbare hugenottische Witwe aus Frankreich, zündete in einer Räucherpfanne stark duftende Kräuter an, die ihm Erleichterung verschafften.

Endlich ging der Anfall vorüber, und Galeazzo war wieder allein, aber Schlaf fand er nicht, so erschöpft er auch war. Die Sehnsucht nach den Seinigen peinigte ihn, vor allem die Sorge um seine Söhne und seine jüngste Tochter. Er wollte für jeden einzelnen beten, aber er war zu müde, um sein Gebet in Worte fassen zu können. Auch drohte der Erstickungsanfall wiederzukehren, denn die Luft wurde immer nebliger und schwerer, je mehr die Nacht vorrückte.

Seufzend dachte er an seine südländische Heimat, deren Luft Balsam für ihn sein würde. Er atmete mühsam, von Beklemmungen gepeinigt, und das Bild des Golfes von Neapel trat vor sein geistiges Auge so deutlich und schön, wie er es von Jugend auf vielhundert Mal gesehen hatte. Er erinnerte sich an jenen Tag auf Ischia, an dem er mit Caserta auf dem Felsenvorsprung nach der Jagd rastete und den Gebilden der Vesuvwolke mit den Augen folgte, um sie zu enträtseln. Damals war es gewesen, dass er zum ersten Mal in Berührung mit dem Evangelium gekommen war.

War es nicht vielleicht doch alles ein Irrtum? Hätte er nicht lieber einen Bruch mit der Kirche seiner Vorfahren vermeiden sollen?

Galeazzo erlebte eine Nacht der Anfechtung.

Der Gedanke an die Möglichkeit, im warmen Italien Heilung oder wenigstens Linderung für sein Asthma finden zu können, wurde immer verlockender. Und das Heimweh nach seiner Familie wurde riesengroß. Dazwischen klangen immer aufs neue Worte des gewinnenden freundlichen Zuredens, er möge doch endlich seinen Eigensinn aufgeben und dem Gebot der Liebe und der Vernunft folgen. Es bedeute ja gewiss keinen Verrat, keinen Abfall von Gott, wenn er zugebe, dass manche Lehren der katholischen Kirche richtiger seien, als die der Protestanten.

Gequält wanderte er schlaflos im Zimmer auf und ab, bis er sich zu einem Entschluss durchrang. Er wollte still, ohne Aufsehen zu erregen, Genf verlassen und nach Italien zurückkehren. Man hatte ihm ja längst versprochen, er werde dort das größte Entgegenkommen finden, niemand werde ihm Schwierigkeiten machen, und er könne friedlich irgendwo seinen Wohnsitz nehmen.

Tief seufzend setzte er sich wieder in den Lehnstuhl.

„Ja", sagte er zu sich selbst, „so will ich es tun. Dann wird alles wieder in Ordnung kommen."

Diese Vorstellung beglückte ihn, und er schlief endlich ruhig ein. Noch im Schlaf erfüllte ihn die frohe Gewissheit, nun werde alles gut.

Am anderen Vormittag erhob er sich mit der Empfindung, dass sein Lebensschifflein endlich die Richtung zum friedlichen Hafen gefunden habe. Alles erschien ihm so leicht, so schön, so einfach. Er nahm sich, wie jeden Tag die Zeit, still in der Bibel zu lesen, und er dankte Gott dafür, dass jetzt die Not ein Ende haben werde.

Seine Pflegerin, die ab und zu nach ihm schaute, wunderte sich über die günstige Wendung in seinem Befinden. Er war frischer als seit Tagen. Als die Magd in die Stube kam und meldete, der Fremde, der gestern hier gewesen sei, frage an, ob er den Herrn Marquis heute Mittag wieder besuchen dürfe, ließ er antworten, ja, er sei willkommen.

Aber es geschah an diesem Vormittag, dass noch vorher ein anderer Besuch zu ihm kam, nämlich zwei Hugenotten, welche dem Blutbad der Bartholomäusnacht in Paris entronnen waren; die Herzogin Renata von Ferrara hatte sie in ihrem Palast vor den Verfolgern versteckt gehalten; sie hatten dann monatelang heimlich in der Nähe von Orleans auf der Besitzung ihrer Beschützerin gelebt und waren jetzt aus Frankreich nach Genf geflüchtet. Sie kamen zu Galeazzo, weil sie es für ihre Pflicht hielten, die führenden Männer der Stadt zu besuchen.

Es waren ältere Leute, die in Frankreich blühende Familien gehabt hatten. „Meine drei Söhne", sagte einer der beiden, „sind in Paris vor meinen Augen niedergeschossen worden, meine Töchter wurden fortgeschleppt, und ich hoffe, dass der barmherzige Gott sie zu sich genommen hat. Meine Frau ist unter den Trümmern unseres in Brand gesetzten Hauses elend umgekommen, und ich allein bin übrig geblieben, weil mich Glaubensgenossen auf der Straße fanden, wo ich schwer verletzt lag. Sie brachten mich in den Palast der Herzogin Renata, die als Gast zur Hochzeit nach Paris gekommen war. An diese wagten sich die Verfolger nicht heran, weil sie eine nahe Verwandte des Königs ist. Sie hat getan was sie konnte – sowohl in jener schrecklichen Nacht, als auch in den Tagen danach."

Galeazzo wusste, dass sie nach dem Tod ihres Gatten aus Ferrara nach Frankreich zurückgekehrt war. „Wie geht es Ihr?" fragte er lebhaft, denn er erinnerte sich deutlich seines Besuchs bei ihr. Seit langem hatte er nichts mehr von ihr gehört.

„Wie es ihr geht?" antwortete der Hugenotte. „Sie opfert sich auf für die Sache Gottes. Sie tut, was sie kann, um die Unsrigen zur Treue und Standhaftigkeit in allen

Leiden zu bewegen. Und der Leiden sind freilich zahllose jetzt über uns in Frankreich gekommen."

Der andere der beiden schilderte die Bedrückungen, welche Staat und Kirchen gegen die Hugenotten im ganzen Land ausübten, aber er schilderte auch mit beredten Worten den Heldenmut zahlreicher Prediger und einfacher Gemeindeglieder, die lieber in den Tod gingen, als abtrünnig zu werden.

Galeazzo hörte ergriffen zu. Als ihn die Besucher nach langer Unterhaltung verließen, war es ihm zu Mute, als habe eine Hand einen Schleier vor seinen Augen weggezogen, und als habe ihm eine göttliche Stimme laut und gebieterisch „Halt!" zugerufen.

Mit tiefer Beschämung erkannte er, wie er sich in dieser Nacht zum Abfall entschlossen hatte, um seiner Angehörigen und seiner selbst willen. Sein Abfall aber würde den Abfall zahlloser anderer zur Folge gehabt haben, die in ihrer Bedrängnis auf ihn als den Führer der italienischen Flüchtlingsgemeinde blickten.

Er setzte sich in seinen Lehnstuhl und atmete schwer. Die Pflegerin kam herein und wollte kurz nach ihm sehen. Er winkte ab, er wollte allein sein mit Gott.

Es war eine Stunde des Gebets, ähnlich jener gesegneten Stunde am Abhang des tobenden Vesuvs.

Gegen Mittag kam der Theatinermönch wieder, der ihn gestern aufgesucht hatte. Galeazzo war körperlich so schwach, dass er sich zur Begrüßung nicht einmal vom Sessel erheben konnte. Er hatte der Magd Anweisung geben wollen, den Fremden nicht einzulassen, aber dieser war früher gekommen als Galeazzo erwartet hatte.

Der Besucher begrüßte den Kranken sehr höflich. Gewandt nahm er das gestern abgebrochene Gespräch wieder auf. „Ich habe", sagte er, „es versäumt, Euch noch einen Brief abzugeben, der mir anvertraut wurde. Hier ist er." Er reichte Galeazzo ein zusammengefaltetes und rot gesiegeltes Papier. „Bitte lest die Zeilen gleich, damit wir sie zur Grundlage unserer Besprechung machen können."

Galeazzo riss das Siegel auf und überflog das Schriftstück. Es war ein Handschreiben des Kardinal-Großinquisitors und enthielt die Aufforderung zur Rückkehr nach Italien. Man habe, so hieß es darin, für ihn die Erlaubnis erwirkt, dass er sich mit den Seinigen in Turin niederlassen könne. Dort werde er völlig unbelästigt bleiben. Er könne in der Stadt einen der Adelspaläste erwerben und auf dem dicht bei der Stadt sich hinziehenden herrlichen Höhenrücken ein Landhaus zum Sommeraufenthalt erbauen lassen. Und zum Zeichen dafür, dass dies Angebot ernst gemeint sei, habe man, so fügte der Großinquisitor hinzu, bei den Kaufleuten in Lyon eine große Geldsumme für ihn niedergelegt, die er jederzeit anfordern und zum Ankauf eines Palastes in Turin verwenden könne.

Der Theatiner schaute gespannt in Galeazzos Augen, als dieser den Brief las.

„Nun, signor marchese", sagte er schließlich, „wollt Ihr mir die Antwort in die Feder diktieren, oder soll ich sie Seiner Eminenz mündlich überbringen?"

Seine Stimme war freundlich und liebenswürdig. Galeazzos Stimme aber klang so hart und rau, wie sie noch nie gewesen war.

„Es genügt", entgegnete er, „dass Ihr es ihm mündlich mitteilt, was ich auf sein Angebot zu sagen habe. Da, seht!"

Er zerknitterte den Brief in seiner Hand und warf ihn ins Kaminfeuer, das hell aufloderte.

„Aber signore, signor marchese", rief der Theatinermönch außer sich, „was tut Ihr?"

„Ich beantworte den Brief des Versuchers. Und nun geht und bestellt es ihm!"

Der Mönch erhob sich und schritt erregt im Zimmer auf und ab. „Ihr habt es nicht recht überlegt", sagte er, „ich hätte Euch noch einmal alle Gründe auseinandersetzen sollen, welche für die Annahme dieses glänzenden Angebots sprechen. Ihr werdet in Italien Eure Gesundheit …"

„Geht, geht!" unterbrach Galeazzo seine Rede, „verlasst mich!"

„Aber bedenkt doch …"

„Verlasst mich augenblicklich! Hinaus!"

Er gab ein Zeichen mit einer kleinen Tischglocke, und seine Pflegerin kam eilends herein.

„Seid so gut, Madame, diesem Mann die Haustür aufzumachen."

Der Theatiner ging, und noch von der Treppe her hörte man seine enttäuschte Stimme. Erst als die Haustüre ins Schloss gefallen war, wurde es Galeazzo leichter ums Herz.

„Was ist geschehen?" fragte die Pflegerin erschrocken.

Er antwortete, und ein Leuchten glitt über seine Züge: „Gott hat mir geholfen, mit dem Versucher fertig zu werden." –

Am Abend dieses Tages kamen etliche junge Männer, italienische Flüchtlinge, welche in Genf Theologie studierten, zu Galeazzo. Er freute sich stets über solche Besuche. Ohne den Studenten zu erzählen, was er heute erlebt hatte, nahm er seine abgegriffene lateinische Bibel zur Hand und las ihnen auf italienisch die Stelle aus dem Jakobusbrief vor: „Selig ist der Mann, der die Anfechtung erduldet, denn nachdem er bewährt ist, wird er die Krone des Lebens empfangen, welche Gott denen verheißen hat, die Ihn lieben."

Diesen Spruch legte er den Studenten aus. Seine Worte hatten einen mitreißenden, begeisternden Schwung, so dass die Studenten sich nachher gestanden, eine Auslegung, die so in die Tiefe ging und so sehr die Herzen erfasste, noch nie gehört zu haben.

In der nun folgenden Nacht schlief Galeazzo zum ersten Mal seit langer Zeit wieder gut, ohne durch Atemnot und Sorgen gestört zu werden. Nur einmal wachte er tief in der Nacht auf. Da überkamen ihn Frieden und Freude und das Bewusstsein der Nähe Gottes.

An einem der nächsten Tage stand der Theatinermönch plötzlich unangemeldet in Galeazzos Zimmer. Er sagte, er habe zufällig die Haustüre offen gefunden und sei eingetreten in der Gewissheit, dass sein Besuch willkommen sei.

„Ihr irrt! Euer Besuch ist mir nicht willkommen. Ich muss Euch bitten, das Haus augenblicklich wieder zu verlassen."

Als der Mönch trotzdem seinen Besuch bald darauf aufs neue wiederholte, schickte Galeazzo der Polizeibehörde Nachricht mit der Bitte, ihn von diesem aufdringlichen Menschen zu befreien. Der Rat der Stadt ließ den Mann verhaften, auf dem Rathaus vorführen und ihm erklären, wenn er in drei Stunden noch im Gebiet der freien Stadt Genf angetroffen werde, solle er ins Gefängnis geworfen werden. Es sei strafbar, einen Genfer Bürger zum Abfall von der Lehre des Evangeliums zu verführen.

Daraufhin verließ der Mönch die Stadt, die er so siegesgewiss betreten hatte. Er verstand nicht, was der Grund zu seiner Niederlage war.

* * *

Die Zeit ging dahin. Friedlich, von weiteren Stürmen verschont, lebte Galeazzo in Genf. Wohl blieben die Sehnsucht nach den Seinigen und das Heimweh nach seiner schönen Heimat, wohl blieb das Übel der Atemnot wie eine schwere Last auf ihm, aber Versuchungen, wie sie mehrfach an ihn herangetreten waren, blieben nun aus. Der Sieg war endgültig erkämpft.

Der Gegner allerdings gab sich immer noch nicht besiegt. Von neuem wurde in der Ratsversammlung beim Großinquisitor in Rom die Angelegenheit Galeazzos besprochen. Man schob es der direkten Einwirkung des Teufels zu, dass dieser Protestant von einer derartigen unglaublichen Verstocktheit sei. Aber, so hieß es schließlich, man werde ihn trotz allem doch zurückgewinnen, nur dürfe nichts überstürzt werden. –

Galeazzos Sohn gelang es, sich gegen die Anklagen der Inquisition zu rechtfertigen. Er heiratete eine vornehme Dame aus Mittelitalien, und es wurden ihm Kinder geschenkt, so dass die Familie Caracciolo Nachkommen hatte. Sie blüht heute noch in der Gegend von Neapel. –

Mit großer Aufmerksamkeit verfolgte Galeazzo, was die Seinigen betraf, wenngleich es ihm nicht vergönnt war, die Enkelkinder jemals zu sehen. Seine Kinder blieben in brieflicher Verbindung mit ihm und bewahrten ihm trotz allem, was sie von ihm trennte, ihre Liebe.

Im Kreis seiner geflüchteten Landsleute fand er eine neue Familie. Je älter er wurde, um so mehr suchte man seinen Rat. In der Genfer italienischen Gemeinde geschah nichts, was man nicht mit ihm besprochen hätte. Alle liebten ihn und vertrauten ihm. Er war stets freundlich und verstand es wie kein anderer, zu trösten und zu ermutigen. Vor allem gegenüber Armen und Geringen war er milde und gütig. Wiewohl er selbst über wenig Geld verfügte, war er doch stets freigebig. Niemand wandte sich vergeblich mit der Bitte um Hilfe an ihn. Er half, wo und wie er konnte.

Nie versäumte er die Gottesdienste und Gemeindeversammlungen, wenn es ihm nur irgend möglich war, das Haus zu verlassen. Vorbildlich war er als Gemeindeältester. Er konnte wie kein anderer Missverständnisse aufklären und Zänkereien schlichten. Er war ein treuer Bibelleser, der gern die Stille seines Hauses nutzte, um unter Gebet in der Heiligen Schrift zu forschen. Oft legte er einem kleinen Kreis, der sich um ihn sammelte, Abschnitte der Bibel aus. Wenn sich daran Fragen anschlossen, nahm er lebhaften Anteil am Meinungsaustausch.

Zuweilen erzählte er auch aus seinem Leben. Wie überliefert wird, konnte er sehr anschaulich von den inhaltsreichen Jahren plaudern, die er am Hof des Kaisers verbracht hatte. Er sprach gern von den vielen bedeutenden Leuten, die er dort getroffen und von denen er vieles gehört und gelernt hatte.

Schließlich verschlimmerte sich seine Krankheit immer mehr. Sein Trost war in den qualvollen Nächten die Gewissheit der Liebe Gottes. Kamen Freunde, die ihn besuchten, dann sprach er, anstatt ihren Trost zu erwarten, von den vielen Wohltaten und freundlichen Führungen Gottes, die er erlebt hatte. Auch von den Versuchungen und Kämpfen sprach er, die ihm in großem Maß beschieden gewesen waren.

Wenn man ihn wegen seiner körperlichen Schmerzen bedauerte, wies er wohl mit der Hand nach oben und sagte: „Wie freue ich mich darauf, bald dort zu sein, wo keine Schmerzen mehr sind und wo ich im Anschauen meines Heilands für immer glücklich sein werde."

Mehrere Ärzte bemühten sich um ihn, und die Hugenottin, die ihm das Haus führte, pflegte ihn treu. Aber helfen konnte ihm niemand mehr, er musste die Not der Krankheit bis zum Ende ertragen. –

Die Seinigen in Neapel waren über seinen Zustand unterrichtet, aber sie ahnten nicht, dass sein unversöhnlicher Gegner, der Großinquisitor, nunmehr die Zeit für gekommen hielt, noch einmal einen Angriff gegen ihn zu unternehmen.

Mit neuen, sehr weitgehenden Vollmachten wurde ein verkleideter Mönch aus Rom nach Genf geschickt, der alle Mittel der Beredsamkeit und alle nur denkbaren Versprechungen aufbieten sollte, um den Kranken endlich von seiner Meinung abwendig zu machen. Die Inquisition wollte den Triumph feiern, dass gerade dieser Mann reumütig in den Schoß der Kirche zurückkehre, dessen Glaube an das Evangelium einstmals ungeheures Aufsehen erregt hatte. Der Mönch kam unerkannt nach Genf, aber er kam einige Tage zu spät. Galeazzo war bereits dorthin abgerufen worden, wo keine Versuchung die erlösten Überwinder mehr anzufechten vermochte.

Am 7. Mai 1586 entschlief er, während seine Freunde sein Bett umgaben, ihm Trostworte aus der Bibel vorlasen und mit ihm beteten.

Sein Tod erweckte große Trauer nicht nur in der italienischen Flüchtlingsgemeinde, sondern in ganz Genf und weit darüber hinaus. Eine große Anzahl Glaubensgenossen gaben ihm das letzte Geleit auf den schlichten Genfer Friedhof.

Ein einfacher Grabstein mit kurzer Inschrift schmückte sein Grab, das nun schon längst verfallen und vergessen ist. Aber ein schönes Denkmal ist ihm geblieben, nämlich die Worte, mit denen ihm Calvin seine Auslegung des zweiten Korintherbriefes in der Vorrede widmete. Er sagte von ihm in dieser Schrift:

„Ein Mann von vornehmer und alter Familie, die an Geld und Gut und Ehren überreich ist. Er hatte eine sehr vornehme und tugendhafte Gattin, die schöne Nachkommenschaft vieler Kinder, und er lebte mit den Seinigen in einer vollkommenen Harmonie, in einem langen und ununterbrochenen Wohlstande vornehmer und ehrenvoller Verhältnisse. Und dieser Mann verließ freiwillig, um sich unter der Fahne Christi anwerben zu lassen, ein liebenswertes Vaterland. Er achtete gering ein fruchtbares und schönes Land, ein weites und reiches väterliches Erbe, einen Wohnsitz, der ebenso schön wie bequem war. Er beraubte sich des Glanzes, den ihm vornehme Geburt verlieh, er beraubte sich der lieben Gesellschaft des Vaters, seiner Frau, der Kinder, der Verwandten, der Freunde. Er verzichtete auf alle Lockungen der Welt. Er war es zufrieden, sich in diese unsere niedrigen Verhältnisse zu schicken und mit dem einfachen Volk zusammenzuleben, als wenn ihn nichts ausgezeichnet hätte."

Das war Gian Galeazzo Caracciolo, Markgraf von Vico.

Wenn Er der Führer ist

Im Gutshaus zu Garnsee herrschte große Unruhe, vom Hausherrn bis zum Küchenmädchen. Die drei kleinen Mädchen mit blauen Augen und blonden Haaren waren nach oben ins Kinderzimmer geschickt worden, was sie als ungerecht empfanden, denn draußen lachte die Sonne und blühten die Blumen, und Mariechen, das Kindermädchen, musste gleich wieder fort, weil sie unten gebraucht wurde. Da blieb nur der eine Trost, dass diese Haft nicht allzu lange dauern würde. In den unteren Räumen ging es geschäftig, aber geräuschlos zu; in der Küche wurde die Unterhaltung sogar im Flüsterton geführt. Minna, die Köchin, die Kartoffeln schälte, seufzte nun schon zum achten Male: „Ach, wenn's doch nur diesmal ein Junge wäre!"

Da kam Mariechen in die Küche, um heißes Wasser zu holen, und verkündete: „Es ist wieder ein Mädchen!"

„Ist das wirklich wahr?" riefen Minna und Lisette. „Es ist ja kaum zu glauben", sagte Minna, „vier Mädels! Ach, und wie hätte sich unser Herr gefreut, wenn es diesmal ein Junge gewesen wäre! Er ist gewiss arg enttäuscht!"

Lisette aber meinte: „Unser Herr überwindet das; aber die Frau, die wird es schwer nehmen."

Ilse Holler lag bleich, mit geschlossenen Augen in den weißen Kissen. Auf ihrem feinen Gesicht zeigte sich ein trotziger Ausdruck. Neben dem Bett saß ihr Mann und hielt ihre Hand. Auch er war enttäuscht, und er sorgte sich um seine Frau. Wie würde sie damit fertig werden? Während seine Augen an ihrem Gesicht hingen, weilten die Gedanken in früheren Tagen.

Wie schön war es doch damals gewesen, als ihnen das erste Kind geboren wurde! Er hatte abwechselnd das kleine Mädchen und seine junge Frau betrachtet. Dann hatte er sie umarmt voll Freude und Vaterstolz. – Als ein Jahr darauf das zweite Mädchen kam, hatte Ilse geweint. Er hatte sie getröstet und gesagt: „Jedes Kind, das du mir schenkst, ist für mich ein Glück, und ein Junge kann ja immer noch kommen!" – Doch als das dritte Kind wieder ein Mädchen war, hatte sie es nicht einmal sehen wollen. „Ich bin zu nichts nütze", hatte sie gesagt und bitterlich geweint. Wie viel Mühe hatte er sich dann gegeben, sie zu trösten. „Weine nicht, Ilse, wir haben ja einander und sind gesund und noch jung. Und sieh nur unsere Mädels an, da haben wir eben wieder einen Sonnenstrahl mehr!" – Langsam hatte sich Ilse damit abgefunden; aber seitdem lag es zuweilen wie Schwermut auf ihr.

Nun aber schwieg sie. Als sie erfuhr, dass es wieder ein Mädchen war, presste sie trotzig die Lippen aufeinander. Sie äußerte sich in keiner Weise und weinte auch nicht. Das bedrückte Heinrich sehr. Er ahnte, was in ihr vorging, und doch konnte er ihr nicht helfen. Wenn sie doch nur wieder lachen würde!

Schließlich hielt er es nicht mehr aus, er erhob sich und trat an den kleinen Korb, in dem sein viertes Kind den ersten Schlaf schlief. Es war auch blond wie die anderen drei. Gerührt betrachtete Heinrich das kleine Wesen. Ja, auch dieses Kind würde er herzlich lieb haben, trotz der Enttäuschung, dass es auch jetzt kein Junge geworden war. Es deswegen geringschätzig oder lieblos zu behandeln, wäre ungerecht. Er war von einem alten ostpreußischen Bauernschlag, ehrlich und treu. Ein Versprechen, einmal gegeben, wurde eingelöst, es koste, was es wolle. Und was er einmal überwunden hatte, das war für ihn fertig. So war Heinrich Holler. Ilse würde sich auch darein finden, sie würde einsehen, dass es nutzlos war, mit dem Schicksal zu hadern.

Doch es kam nicht, wie er es erhoffte. Ilse gab wohl dieses hartnäckige Schweigen auf, aber so wie früher war sie nicht mehr. Sie lachte selten und nur gezwungen. Um die Kinder kümmerte sie sich kaum, und wenn, dann war sie oft verdrießlich und mürrisch.

Das Baby hatte sie ganz dem Kindermädchen überlassen. Als Heinrich sie fragte, wie es heißen sollte, hatte sie nur mit den Achseln gezuckt und sich abgewandt. Da hatte er ihm den Namen Johanna gegeben.

Ilses Gemütszustand wirkte sich auch auf ihre Gesundheit aus. Sie erholte sich nur ganz langsam. Der zu Rate gezogene Arzt meinte, sie sollte viel Zerstreuung haben und Bewegung in frischer Luft; mit der Zeit würde alles wieder ins rechte Lot kommen.

Aber es wurde nicht besser. Heinrich hielt es zuletzt nicht mehr aus. Eines Tages sah er sie ernst an und sagte:

„Ilse, komm doch endlich zur Besinnung! Du bist mir keine Frau und den Kindern keine Mutter mehr. Bedenkst du denn gar nicht, dass wir alle unter deinem Starrsinn leiden?"

Da schluchzte sie heftig. „Ich weiß es ja selbst, es ist dumm und kindisch von mir. Ich will auch wieder anders werden; habe nur noch ein wenig Geduld, Heinrich, ich habe dich doch lieb, und – und – es könnte ja doch noch einmal ein Junge kommen", setzte sie hinzu und lehnte sich an ihn.

„Wie Aprilwetter", meinte die naseweise Lisette zu Minna, bekam von dieser aber gleich einen Verweis, dass es sie nichts angehe. Und doch ging es alle an, wenn die Hausfrau bald überschwänglich zärtlich zu den Kindern und freundlich zu den Angestellten war und bald wieder verdrießlich und übellaunig; niemand konnte ihr dann etwas Recht machen. Heinrich gegenüber beherrschte sie sich.

Eines Tages sagte sie ihm freudestrahlend, dass sie wieder in Hoffnung sei. Nun aber war Heinrich nervös, Ilse ruhig und ausgeglichen.

Er sorgte sich, dass es wieder ein Mädchen sein könnte. Oft, wenn er allein war, stöhnte er: „O Gott, habe Erbarmen!"

Ilse war fest davon überzeugt, dass es ein Junge würde. Sie betete auch; doch es war ein trotziges Fordern, ein eigensinniges Begehren.

Und wirklich, es war ein Junge! Heinrich lag auf den Knien wie beim ersten Mal, und Tränen liefen ihm über die Wangen. Er fand keine Worte, doch seine Seele floss über von Dank und Freude.

Ilse und er sahen einander glücklich in die Augen. Sie strahlte beinahe triumphierend, sie hatte ihren Willen bekommen! Diesmal durften die kleinen Mädchen alle hereinkommen, das Brüderchen anzuschauen. Staunend betrachteten sie das winzige Kerlchen, und Hannchen tippte vorsichtig mit dem Finger an seine Fäustchen; ob er die auch aufmachen könne?

Freude herrschte im ganzen Haus. Auch den Dienstboten war ein Stein vom Herzen gefallen.

Heinrich Holler war das Haus zu eng, er musste hinaus, hinaus in den Wald. Mit leuchtenden Augen blickte er über seine wogenden Felder, seinen schönen stattlichen Hof. Es schien ihm, als ob er sich erst jetzt recht freuen könne, da nun endlich der Erbe da war.

* * *

Das Brüderchen wurde Heinrich genannt wie sein Vater und dessen Voreltern, sollte aber Heinz gerufen werden. Um das Brüderchen drehte sich sofort das ganze Haus. Die kleinen Mädchen begriffen schnell, dass ein Junge etwas besonderes war, etwas sehr Wichtiges. Sie fanden sich darein, dass sie immer und überall zurückstehen mussten.

Ilse versorgte den Kleinen allein. Für ihn tat sie alles selbst, freudig und aufopfernd. Sie murrte nie, wenn er sie in der Nacht aufweckte. Sein Bettchen stand neben ihrem Bett. Sie liebte den Jungen über alles und vernachlässigte ihren Mann und ihre Töchter. Ihr kam dies gar nicht recht zu Bewusstsein. Heinrich bemühte sich, sie zu verstehen.

Es kam ihm so widersinnig vor, dass sie den Jungen so abgöttisch liebte und so sehr verzärtelte. Wie kränkte es ihn, dass er so zurückstehen musste! Trotzdem bemühte er sich, den Kleinen zu gewinnen.

Aber es wollte ihm nicht gelingen. Der kleine Heinz war ihm gegenüber scheu und verschlossen. Er lief davon, wenn er ihn nur kommen sah, und barg sich in die Rockfalten seiner Mutter. Für all die Spiele und Späße, die er mit den Mädchen getrieben hatte, ließ Heinz sich nicht begeistern.

Heinz gedieh trotz der guten Pflege nur langsam. Er schrie viel und lachte wenig. Gegen seine Schwestern war er zänkisch und trotzig beim Spiel und ärgerte sie oft. Zuletzt wurden er und sein Spielplatz gemieden. Es war den Mädchen nicht möglich, mit ihm auszukommen, obwohl sie sich die größte Mühe gaben. Er schlug und kratzte sie und warf ihnen Sand ins Gesicht. Dafür mussten sie sich noch von der Mutter schelten lassen.

Einmal wagte Dora, die Älteste, zu sagen: „Die kleinen Schwestern waren aber auch ganz anders!"

„Ihr seid eben nur Mädchen, und Heinz ist ein Junge", erwiderte die Mutter. „Ihr versteht es nicht, mit ihm umzugehen. Seid immer lieb und gut zu ihm, dann wird es keinen Streit geben."

Immer wenn Heinrich sah, wie der Junge sich von ihm abwandte und zu Ilse lief, stieg ein bitteres Gefühl in ihm auf. War er denn wohl eifersüchtig? Hatte seine Frau ihm nicht das Kind entfremdet und sich selbst dazu?

Wie hatten sie früher alles geteilt! Ilse hatte Interesse gehabt an seiner Arbeit, seinen Plänen und Gedanken, und immer hatte sie sich Rat geholt, wenn sie ihn brauchte. Ihr natürliches Wesen und ihre körperliche Anmut umgaben und erfreuten ihn. Wenn er vom Feld oder von einer Fahrt oder einer Reise nach Hause kam, erwartete sie ihn schon sehnsüchtig. Oft hatte sie ihn auch in den Wald begleitet.

Jetzt aber hatte sie keine Zeit für ihn. Wenn er jetzt nach Hause kam, musste er sie erst suchen, und natürlich war sie bei ihrem Heinz.

Und auch sonst war sie anders. Früher war sie liebevoll und zärtlich, jetzt kühl und zurückhaltend. Mit Gewalt wollte er nichts verderben, und so warb er zum zweiten Mal um sie. Als er einmal von einem zweiten Söhnchen sprach, schüttelte sie heftig den Kopf.

„Nein, nein", sagte sie lächelnd und doch sehr bestimmt, „ich will keinen mehr, dieser ist der Erste und Einzige, ihn habe ich mir erkämpft und ihm meine Kraft und Liebe gegeben."

Da schwieg er. Ihre Ehe wurde jetzt ein kühles Nebeneinander. Oft grübelte er darüber, wie das möglich sein konnte. Ganz unmerklich teilte sich das Haus, die Ehe, das Leben: Ilse und der Junge, Heinrich und die Töchter.

Der Vater widmete den kleinen Mädchen viel freie Zeit. Er nahm sie mit aufs Feld, zeigte ihnen die Vögel, Blumen und Kräuter und pflanzte ihnen den Blick für Gottes herrliche Schöpfung ins Herz. Wenn er ihnen eine Geschichte erzählte, hingen ihre Augen gespannt an seinen Lippen. Wenn sie mit den Jagdhunden herumtollten und er ihr fröhliches Lachen und Jauchzen hörte, wurde ihm ganz warm ums Herz.

* * *

Es war ein schöner Sommerabend. Die untergehende Sonne tauchte die blühende Landschaft in bunte Farben, und die Wasserfläche des Sees war so glatt wie ein Spiegel. Welche Ruhe ringsum!

Sein Reitpferd am Zügel ziehend, ging Heinrich langsam über die Lindenallee seinem Haus zu. Da schimmerte etwas Helles durch die Sträucher und Bäume, und gleich darauf kam Hannchen, die Jüngste, fröhlich angesprungen.

„Na, du kleiner Wildfang", scherzte er, indem er ihr über die blonden Haare strich, „hast du mir aufgelauert?"

Die Kleine nickte. „Nicht wahr, Vater, du lässt mich noch ein wenig reiten?"

Bittend schauten die blauen Kinderaugen zu ihm auf. Da hob er sie mit einem Schwung in den Sattel. Hannchen strahlte vor Glück; reiten war so etwas Herrliches, dem kam nichts gleich, höchstens noch das Klettern auf die Bäume. Aber das durfte sie ja nicht.

Auf dem Hof stand der vierjährige Heinz und sah den beiden mit großen Augen entgegen. Er hätte auch gern einmal auf dem Pferd gesessen, aber den Vater zu bitten, traute er sich nicht. So stand er stumm, ohne sich zu regen, aber seine Augen sprachen eine deutliche Sprache. Heinrich bemerkte es und rief ihn:

„Komm doch einmal her, Heinzelmann." Der Junge rührte sich nicht. Der Vater rief noch einmal. Aber Heinz blieb stehen. „Er fürchtet sich vor mir", dachte Heinrich und ging auf den Jungen zu. „Komm, Heinz, du darfst auch reiten!" lockte er noch einmal.

Aber Heinz sah ihn nur scheu von unten herauf an und regte sich nicht.

Der Vater ging auf ihn zu und fasste nach der Hand des Jungen. Da lief er laut schreiend zu seiner Mutter, die eben aus dem Garten kam. Ilse fing ihn auf und küsste und streichelte ihn zärtlich. Noch im Haus hörte man sein trotziges Schreien.

Heinrich schüttelte den Kopf. Beim Abendessen herrschte gedrückte Stimmung. Ilse machte ein gekränktes Gesicht. Sie vermied es, Heinrich anzusehen. Den Jungen hatte sie zuvor ins Bett gebracht. An den Töchtern fand sie bei Tisch viel zu tadeln, besonders an Hannchen. Das Kind sah erschrocken und hilflos den Vater an. Annelies und Hilde wussten auch nicht, warum die Mutter so böse war; nur Dora kannte die Ursache. Sie hatte die kleine Szene auf dem Hof bemerkt und gesehen, wie der Vater sich um Heinz bemühte.

Als die anderen dem Vater „Gute Nacht!" sagten, beugte sie sich über ihn und küsste ihn. Heinrich hob erstaunt ihren Kopf, um zu sehen, was sein Töchterchen bewegte. Da sah er das Verstehen in ihren Augen und nahm sie dankbar in die Arme.

Etwas später stand er am Fenster seines Arbeitszimmers und sah gedankenvoll hinaus in die Dunkelheit. Da kam Ilse herein und zog die Tür ziemlich laut hinter sich zu. Heinrich wandte sich langsam um.

„Wie kannst du nur den Jungen so hart und lieblos behandeln", begann sie gereizt, „er war ja fast krank vor Aufregung!"

„Du willst gewiss sagen, vor Trotz", entgegnete er und sah sie ruhig an.

Ihr war dieser stille Blick sehr unangenehm, und deshalb sagte sie schnell: „Ich weiß es längst, dass du die Mädchen dem kleinen Heinz vorziehst und ihn immer übersiehst."

„Wenn ich mich nicht um die Mädchen sorgte, längst wären sie seelisch verkümmert." Er konnte sich nicht mehr beherrschen, und es brach aus ihm heraus, was sich aufgehäuft hatte an Bitterkeit und Leid. Eine Flut von gerechten Vorwürfen und Anklagen hagelte auf sie herab.

Ilse stand wie erstarrt. War das ihr Mann, der immer so schweigsam und geduldig war? Sie fühlte, dass sie ihn immer noch von ganzem Herzen liebte, aber sie war zu stolz, um zu bitten: „Vergib mir!"

Da trat er dicht an sie heran und beugte sich über sie, um ihr in die Augen sehen zu können. „Ilse, was bist du mir noch, was habe ich noch von dir?" Er sagte es so traurig und mit solch tiefem Schmerz, dass sie aufschluchzend in seine Arme sank.

„Ach, Heinrich, zürne mir nicht, hilf mir lieber", stammelte sie unter Tränen. Es kam ihr jetzt zum Bewusstsein, dass sie wirklich viel an ihm versäumt hatte. Sie hielten sich lange umschlungen.

Ilse löste sich aus seinen Armen und sagte, ihm lächelnd zunickend: „Nun will ich nur noch schnell sehen, ob Heinz eingeschlafen ist", und damit verschwand sie. Wie mit einem Schlag wich der Zauber, der Heinrichs Seele gefangen hielt. Eine dunkle Ahnung sagte ihm, dass er nie mehr den ersten Platz im Herzen seiner Frau einnehmen würde.

Derartige Auftritte wiederholten sind mit der Zeit immer wieder.

Später ereignete sich dann etwas, das den Riss in ihrer Ehe noch vergrößerte. Heinrich hatte schon mehrmals Mauz, die kleine weiße Katze, schreien hören. Er forschte nach der Ursache dieser Klagelaute. Die Töchter sagten ganz verlegen, dass Heinz mit ihr spiele. Ein schlimmer Verdacht stieg in ihm auf, und er warnte den Jungen ernstlich. Nach einigen Tagen kam er früher nach Hause und hörte schon wieder das klägliche Miauen. Er ging dem nach und fand Heinz im Kinderzimmer, wo er die Katze quälte. Da verlor Heinrich die Ruhe. Mit der Gerte, die er in der Hand hielt, züchtigte er den kleinen Tierquäler. Es war das erste Mal, dass er seinen Jungen schlug.

Auf sein lautes Brüllen kam Ilse hereingestürzt, blass vor Schreck. Mit einem Aufschrei riss sie ihm den Jungen weg. „Du Wüterich!"

Er aber richtete sich zu voller Größe auf und sah sie ruhig an. „Ich hoffe, dass du nicht weißt, was du soeben gesagt hast! Übrigens überlasse ich von nun an die Erziehung des Jungen dir allein. Du magst dann zusehen, wohin deine Affenliebe euch bringen wird!"

Ilse zuckte zusammen, doch schnell raffte sie sich auf und ging stolz hinaus, den Jungen hinter sich herziehend.

Er sah ihr nach, dann griff er sich an die heiße Stirn. Er hatte sie nicht verletzten und kränken wollen und nur die Wahrheit gesagt. Die Mutterliebe war in seinen Augen etwas Großes und Heiliges. Doch dies war keine Mutterliebe mehr, dies war eine Liebe, die unvernünftig war, eine Liebe, die die Mutter zur Närrin an ihrem eigenen Kind werden ließ.

Nun ließ er alles laufen. Er kümmerte sich nicht mehr um den Jungen, kaum dass er ihn bei den Mahlzeiten sah, und selbst dann nicht immer, denn Heinz war unpünktlich und trieb sich gerade zur Essenszeit mit Vorliebe irgendwo herum. Er tyrannisierte das ganze Haus, ärgerte die Dienstboten und seine Schwestern, richtete überall Schaden und Unfug an und konnte auch, wenn es galt, seine Mutter ganz frech anlügen.

Als er sechs Jahre alt war, sollte er auf Wunsch seiner Mutter Unterricht bei der Lehrerin haben, die auch die Töchter unterrichtete. Aber Heinrich war entschieden dagegen. Der Junge müsse einen Lehrer haben, sonst werde überhaupt nichts aus ihm.

Also wurde ein Hauslehrer genommen. Der ging schon nach einigen Monaten wieder, und ein anderer folgte. Mit Heinz war eben nicht auszukommen. Er war nicht dumm, aber faul und ungemein eigensinnig. In dem Lehrer sah er nur einen Eindringling, der ihn quälen wollte; daher war er doppelt trotzig.

Der sechste war eben gegangen. Er hatte Heinrich Holler erklärt, dass es unmöglich sei, den Jungen zu erziehen oder ihm etwas beizubringen, denn die Mutter stehe immer dahinter, und gegen ihren Einfluss ließ sich nicht ankämpfen.

Heinrich wusste dies nur zu gut. Er hatte endlich die Sache satt und sagte zu Ilse: „Der Junge muss aus dem Haus!" Sie war sehr erschrocken und konnte es gar nicht fassen, dass sie ihn fortgeben sollte. Dann erging sie sich in Anklagen gegen die Lehrer, die alle nicht verstünden, mit Heinz umzugehen. Schließlich legte sie sich aufs Bitten. Als es nichts half, zürnte sie und sprach einige Tage kein Wort mit ihrem Mann; es nützte ihr aber nichts.

Heinrich setzte es durch, dass der Junge in die Stadt in Pension gegeben wurde.

* * *

So vergingen zwei Jahre. Heinz hatte sich in der Stadt eingelebt und fühlte sich wohl dort. Das Lernen fiel ihm nicht schwer; er konnte, wenn er nur wollte, einer der Besten sein, aber er wollte nicht. Er war gleichgültig und träge. Daher brachte er auch keine guten Noten nach Hause, und er wunderte sich, wenn seine Mutter ihn weinend bat, er möge doch fleißiger sein. Er fand, dass die Mutter jetzt immer weinerlich war; bei der geringsten Kleinigkeit brach sie schon in Tränen aus. Überhaupt schien sie sehr nervös zu sein, aber immer noch überschüttete sie ihn mit Zärtlichkeiten.

Die wurden ihm allmählich sogar lästig; er war doch kein Wickelkind mehr! In der Stadt war alles ganz anders, da sah ihm niemand auf die Finger. Die Pensionseltern hatten sich zwar im Anfang über ihn beklagt, und es hatte einen unangenehmen Auftritt gegeben. Dann aber verlief alles wieder im Sand, denn Ilse hatte ihnen erklärt, dass sie allein für die Erziehung ihres Sohnes verantwortlich sei und der Junge von anderer Seite keine Bevormundung brauche.

Bei seinen Mitschülern und den Lehrern war er nicht beliebt. Er galt als hinterlistig und unehrlich. Im Grunde blieb er einsam; aber er litt nicht darunter, und es war ihm gerade recht so.

In zwei Tagen fingen die großen Ferien an, da wurde er in Garnsee erwartet. Ilse war schon in freudiger Aufregung. Es war für sie immer die schönste Zeit, wenn Heinz zu Hause war.

Die Familie saß beim Mittagstisch, der auf der Veranda gedeckt war. Das Gespräch während der Mahlzeit verlief einsilbig wie immer.

Plötzlich fragte Hannchen: „Ist es wahr, Vater, dass wir in Langenberg Nachbarn bekommen haben?"

Heinrich nickte ihr zu. „Von wem weißt du das denn schon?"

„Minna erzählte es mir. Sie sagte, dass Frau Riffen eine Tochter hat, vielleicht so alt wie ich oder etwas jünger, die sei so schön; darf ich sie bald einmal sehen?"

„Zügle deine Neugier ein wenig, Hanna", sagte Frau Holler mit einem missbilligenden Blick auf die Jüngste. „Wir wissen ja gar nicht, ob Frau Riffen Verkehr mit uns wünscht, und wir werden daher warten, bis sie sich bei uns vorstellt."

Hanna blickte kleinlaut auf ihren Teller nieder; das Warten war doch wirklich schrecklich.

„Wie ich hörte, hat Frau Riffen die Stadtwohnung aufgelöst mit der Absicht, hier auf dem Gut zu leben", nahm nun Heinrich das Gespräch wieder auf.

„Heinz schrieb mir neulich", begann Ilse etwas zögernd, „dass er einen neuen Freund hat, der auch in der selben Pension mit ihm wohnt. Er heißt Arno und ist der Sohn unserer Nachbarin."

Heinrich blickte interessiert auf. „Was hat er denn sonst über den Jungen geschrieben?"

„Nicht viel, nur, dass er ein Musterknabe ist und im Sturm die Herzen der Lehrer und Mitschüler gewonnen hat."

Man sah ihr an, dass sie es sehr ungern aussprach und keine Lust hatte, weitere Erklärungen abzugeben. Sie erhob sich und ging hinaus. Dora, Annelies und Hilde folgten ihr und stellten Körbe und Kannen zurecht und besorgten Vesperbrote; sie wollten in den Wald gehen zum Beerenpflücken.

Aber Hannchen hängte sich an den Arm des Vaters und begleitete ihn in das Gartenhaus, wo er stets nach dem Essen etwas zu ruhen pflegte.

„Gelt Vater, du sorgst schon, dass ich sie bald zu sehen kriege", schmeichelte sie.

„Nur Geduld, kleiner Wildfang." Ihre Fröhlichkeit wirkte auf sein oft verdüstertes Gemüt wie heller Sonnenschein.

Dann brachen sie zum Wald auf. Heinrich begleitete sie und wollte sie gegen Abend abholen. Auch Ilse hatte sich entschlossen, mitzugehen. Sie war jetzt auch etwas freundlicher und herzlicher zu den Töchtern, da sie sich auf das Heimkommen ihres Sohnes freute. Mit Hilde und Annelies ging sie auf dem Wiesenpfad voraus. Heinrich folgte mit Dora und Hannchen, die unausgesetzt plauderte und sang.

Dora war stiller. Sie war liebevoll und freundlich, immer bereit, zu helfen und zu schlichten. Heinrich betrachtete sie. Wie viel Anmut lag über der ganzen Erscheinung der Achtzehnjährigen! Wie leuchteten ihre blauen Augen, wenn sie ihn anblickte! Er wusste, wie sie ihn liebte, und er war dankbar dafür. Wenn auch die Liebe seines Kindes die Leere in seinem Herzen nicht ausfüllen konnte, so erwärmte sie es doch, und das tat ihm so wohl.

So ging er heute elastisch und fröhlich neben seinen Töchtern her. Es war auch ein wunderschöner Tag. Die Sonne schien vom blauen Himmel, die Vögel zwitscherten und sangen, die Blumen dufteten, die Bienen summten.

Im Wald gab es eine reiche Ernte. Die mitgebrachten Gefäße füllten sich sehr schnell, und dann lagerte man sich fröhlich am Ufer des blauen Sees im hohen Gras. Die Mädchen stellten fest, dass das Vesperbrot hier draußen doppelt so gut schmecke wie daheim. Heinrich war von seinem Gang schon zurückgekehrt und saß nun auch bei ihnen.

Plötzlich zeigte Hannchen auf das Wasser. „Seht dort, ein Boot!"

„Das ist gewiss Frau Riffen, die uns besuchen will", sagte Hilde, und Annelies schlug vor, man solle rufen, es wäre doch schade, wenn sie wieder umkehrten.

Ilse wandte verlegen ein: „Wir können doch Frau Riffen nicht hier empfangen!"

Heinrich sah sie erstaunt an. „Einen schöneren Empfangsort als diesen kann ich mir gar nicht denken", entgegnete er.

Da schwieg sie.

Hanna war schon auf einen Sandhügel geklettert und stieß einen hellen Jodler aus, dabei schwenkte sie ihr Taschentuch. Der Ruf wurde von den Bootsinsassen gehört, das Boot wendete und kam auf sie zu. Hanna war glücklich. So schnell sollte ihr Wunsch in Erfüllung gehen, das Nachbarmädchen kennenzulernen!

Heinrich Holler half das Boot an Land ziehen und bot Frau Riffen die Hand beim Aussteigen. Dann stand sie ihnen gegenüber, groß und schlank, mit einem freundlichen, gewinnenden Lächeln in den dunklen Augen. Heinrichs Blicke ruhten prüfend auf ihrem etwas blassen Gesicht. Welcher Geist und welcher Einfluss mochte wohl von ihr ausgehen? Er fand, dass sie nicht so schön war wie Ilse mit ihrem Blondhaar, aber sie hatte etwas Anziehendes, Vornehmes in ihrem ganzen Wesen.

Nach der Vorstellung lagerten sie sich wieder im Gras. Heinrich sah sich nach Hannchen um; die aber hatte schon Frau Riffens kleines Töchterchen ganz in Beschlag genommen. Unermüdlich redete sie auf das Kind ein und bot ihr süße Beeren an. Das kastanienbraune Haar und die Augen hatte sie von der Mutter, aber ihre ganze Gestalt war so zart und feingliedrig und der Ausdruck ihres Gesichtchens so lieblich, dass man sich sofort zu ihr hingezogen fühlte. Minna hatte also nicht übertrieben mit ihrer Behauptung, das Kind sei so schön.

Heinrich fing einen triumphierenden Blick von seiner Jüngsten auf, der soviel bedeutete wie: „Siehst du nun, dass es stimmt?" Er nickte ihr lächelnd zu und beteiligte sich dann an der Unterhaltung, die Frau Riffen in Gang gebracht hatte. Sie bat Ilse, doch am nächsten Sonntag mit ihrer Familie bei ihr zu Gast zu sein, dann seien auch die Jungen da, und sie würden sich alle sehr freuen. Die Einladung wurde freudig angenommen. Ilse meinte zwar, man sei ja so an die ländliche Einsamkeit gewöhnt.

„Um so lieber ist uns eine Unterbrechung", sagte Heinrich bestimmt.

Besonders die Kinder waren begeistert, und es wurden sogleich Pläne geschmiedet.

Man konnte sich oft sehen, denn die Güter lagen nicht weit auseinander, nur durch den See getrennt, der an dieser Stelle nicht sehr breit, also schnell mit dem Kahn zu überqueren war.

Das achtjährige Klärchen hatte sich schon mit den Mädchen angefreundet und fand sie alle nett. Am besten aber gefiel ihr Dora, die war so ähnlich wie ihre Mutti, so fein und sanft.

Die Zeit verging nur zu schnell, und mit Bedauern brach man auf. Frau Riffen stieg mit ihrem Töchterchen ins Boot und setzte sich ans Ruder. Die Zurückbleibenden traten den Heimweg an. Hannchen schwärmte von der neuen Spielgefährtin. Sie hatte zwar einige Bedenken, ob die ihr auch überall hin folgen würde. Nun erwartete sie voller Ungeduld den Sonntag.

Am Freitag kam Heinz. Heinrich fand, dass er gewachsen und auch sonst freier und sicherer im Wesen war. Er hatte ihm ohne Scheu in die Augen gesehen und die Hand hingestreckt. Vielleicht würden sie sich doch noch ein wenig näher kommen!

Ilse war glücklich, nun sie ihren Sohn wieder hatte. „Hast du dich sehr nach Hause gesehnt?" fragte sie, als sie ihn endlich allein hatte, und umarmte ihn zärtlich.

Er sah verlegen aus. „Eigentlich nicht zu sehr", meinte er zögernd.

„Warum nicht?" Fassungslos sah sie ihn an.

„Ach, Mutter, nimm doch nicht alles so tragisch! Weißt du, es ist eben zu Hause oft so langweilig – weil ich nur Schwestern habe."

Da verstand sie ihn! Der arme Junge! Er hatte ja recht!

Der Sonntag war warm und sonnig, aber ziemlich windig. Ilse meinte, es sei gewagt, im Kahn nach Langenberg zu fahren. Sie war sehr ängstlich und liebte es nicht, auf dem Wasser zu sein, wenn es unruhig war wie heute. So entschloss man sich, mit dem Wagen zu fahren. Es war zwar ein Umweg, da man um den See herumfahren musste, es ging aber auch so.

Hannchen saß verstimmt neben dem Kutscher auf dem Bock. Sie ärgerte sich doppelt; doch als wohlerzogenes Kind hütete sie sich, es jemanden merken zu lassen. Zuerst ärgerte sie sich über den Bruder, dem sie von Klärchen erzählt hatte und der geringschätzig gemeint hatte: „Sie wird gewiss nicht anders sein als solch ein Gör wie du." Dann ärgerte sie sich, dass sie die Kahnfahrt nicht machten. Wie herrlich es heute schaukeln würde auf dem See! Aber die Hauptsache war ja, dass sie Klärchen wiedersehen sollte.

Ilse betrachtete die Töchter mit kritischen Blicken; sie hatten ihre besten Sommerkleider an, und sie sah nach Heinz, ob sein dunkelblauer Matrosenkragen auf dem weißen Anzug etwa nicht schief saß. Dann hielt der Wagen vor dem Haus von Magda Riffen.

An der breiten Treppe stand sie, neben einem kräftigen Jungen. So erwartete sie ihre Gäste

Heinrich begrüßte den Jungen an ihrer Seite. Das also war Arno! Jetzt machte er eine tadellose Verbeugung vor ihm und ergriff die Hand, die Heinrich ihm entgegenstreckte.

„Das ist mein Sohn", sagte Frau Riffen.

Ein seltsames Gefühl beschlich Heinrich Holler, als er dem fremden Jungen in die Augen sah. Wenn dieser sein Freund war, so konnte das für Heinz nur von Vorteil sein. Er atmete befreit auf.

Nun ging man zum Kaffeetisch unter der großen Linde im Garten. Jeder Platz war mit Rosen eingefasst, und Rosen zierten auch die Mitte des Tisches. Man ließ es sich schmecken.

„Was haben Sie doch für reizende Töchter!" sagte Frau Riffen zu Ilse, als sich das junge Volk entfernt hatte. „Sie sehen aus wie ein Kranz von Rosen, besonders die Älteste muss Ihnen viel Freude machen und gewiss eine tüchtige Hilfe sein."

Ilse biss sich auf die Lippen; die Mädchen fanden Anerkennung, und ihr Heinz nicht. Das ärgerte sie. So meinte sie gereizt: „Ach, bei uns ist es nicht so, dass die Mutter die Töchter hat, sondern der Vater hat sie."

„Bitte, Ilse, unterlass doch solche Anspielungen", sagte Heinrich kühl.

Magda verstand, dass es in dieser Ehe nicht stimmte. Sie sah, dass da ein Riss war.

Ilse begann nun die Vorzüge ihres Sohnes zu schildern. Heinrich wunderte sich, was sie alles Gutes an ihm entdeckte, und es empörte ihn, dass sie ihn so übertrieben schilderte. Frau Riffen schwieg und hörte zu. Von Arno erzählte sie nichts.

Heinrich wurde es heiß. Er stand auf und wollte nach den Kindern sehen. Um das Haus herumgehend, sah er sie vor einer Hecke stehen, die einen kleinen Weiher einfasste. Plötzlich hörte er Klärchens Stimme:

„Das darfst du nicht tun, Heinz, das ist böse, und böse Menschen hat der Heiland nicht lieb!"

„Wer?" fragte Heinz.

„Der Heiland. Kennst du Ihn denn nicht?" Klärchens Stimme klang mitleidig.

„Nein, den kenne ich nicht."

„Aber gehört hast du sicher von Ihm."

Heinz dachte nach. „Das kann sein, in der Religionsstunde; aber das ist immer so langweilig, und deshalb habe ich nichts behalten."

„Dann werde ich dir von Ihm erzählen", sagte Klärchen eifrig.

„Ach, lass nur, ich will das gar nicht hören. Gewiss ist es nur etwas für solch kleine Mädchen wie du."

„Aber nein, Heinz, der ist auch für große Menschen da. Meine Mutti und Arno haben Ihn auch lieb und glauben an Ihn."

Da wurde Heinz unsicher. „Komm, wir wollen zu den andern gehen!"

Heinrich Holler entfernte sich ungesehen. Das war es also, was ihm an Frau Riffen aufgefallen war. Sollte das der Grund ihres Glückes sein, das aus ihren Augen sprach? Schon beim Kaffeetisch war ihm ihr Tischgebet aufgefallen. Bei ihm war es Sitte, dass die Kinder abwechselnd das Tischgebet sprachen. Sie aber betete frei aus dem Herzen; für die Gäste und das schöne Wetter hatte sie gedankt und gebeten, der Herr möge mit Seinem Segen bei ihnen sein.

Er blieb die übrige Zeit gedankenvoll und einsilbig. Es klang ihm noch bei der Heimfahrt in den Ohren: „Meine Mutti und Arno haben Ihn auch lieb und glauben an Ihn."

Ilse saß ebenfalls still in der Wagenecke, mit ihren Gedanken beschäftigt. Sie wollte sich einreden, es habe ihr nicht gefallen; aber das gelang ihr nicht. Frau Riffen war wirklich nett und sehr herzlich zu ihr gewesen. Dass sie Heinz übersehen hatte, kam wohl daher, weil sie ihn noch nicht kannte. Frau Riffen hatte auch ihren Besuch auf Garnsee zugesagt.

Die wirklich Begeisterte war wieder einmal Hanna. Diesmal schwärmte sie nicht von Klärchen, sondern von deren Bruder. Das war aber auch ein Junge! Er war ein Jahr älter als sie, aber so ritterlich und fein im Benehmen und Umgang!

Auf der Veranda saß Klärchen nachdenklich in einem Sessel. „Mutti, das ist doch wirklich traurig!"

„Was meinst du mit traurig, Kind?"

„Denk nur, der Heinz wollte dem Zaunkönig das Nestchen aus der Hecke wegnehmen. Da habe ich gesagt, dass es böse sei, und der Heiland ihn nicht lieb haben kann. Da sagte er, dass er den Heiland gar nicht kennt. Ist das nicht traurig?"

„Ja, mein Kind! Wir wollen für ihn beten, dass er auch den Heiland kennen lernt. Denn weißt du, der Gute Hirte geht jedem verlorenen Schäflein nach, bis Er es findet und nach Hause bringt; aber es muss auch selbst wollen und auf seine Stimme hören. Er zwingt niemanden."

* * *

Die Ferien waren zu Ende. Ilse packte Heinz den Koffer und begleitete ihn im Wagen zur Bahnstation. Als er davonfuhr, atmete Heinrich erleichtert auf. Es war ihm, als weiche ein Alp von seiner Brust. Die letzten Wochen waren schrecklich gewesen. Immer hatte er Vergleiche ziehen müssen zwischen Heinz und Arno Riffen. Heinz log, und er hatte auch keine Gewissensbisse, ein begangenes Unrecht auf einen Unschuldigen abzuwälzen.

Heinrich litt schwer darunter. Sein einziger Sohn und Erbe war so unaufrichtig!

Das Haus war ihm plötzlich zu eng; er griff hastig nach Hut und Flinte und ging in den Garten. Es dunkelte bereits, da kam Ilse zurück. Er sah, dass sie geweint hatte. Sie bemerkte ihn nicht, und das war ihm ganz lieb. –

Für Ilse fing nun wieder eine trostlose Zeit an. Kurz nach den Ferien war das immer am schlimmsten, später gewöhnte sie sich daran. Heinrich hätte es gern gesehen, wenn sie sich mit Frau Riffen angefreundet hätte; doch auf einmal hatte Ilse große Abneigung gegen diese. Das verstand er nicht. Sie hütete sich aber, ihm den Grund zu nennen. Und als sie sah und auch von Heinz erfuhr, dass Heinrich den fremden Jungen gern hatte und sich freute, wenn er ihn sah, wurde sie sehr kühl und zurückhaltend gegen Frau Riffen. Sie fand den Verkehr mit dem Nachbargut sehr umständlich und zeitraubend. Bei Magda Riffen entschuldigte sie sich, dass sie leider wenig Zeit habe, denn Hilde und Annelies sollten zum Winter in die Stadt, und da gebe es vorher noch Wäsche und Garderobe zu besorgen. Das falle natürlich wieder nur ihr zu; Frau Riffen müsse eben mit den Töchtern vorliebnehmen, wenn diese einmal hinüber kämen.

Aber sie sorgte eifrig dafür, dass dies nicht oft geschah. Magda Riffen ließ sie gewähren. Sie ahnte den Grund, auch wenn Ilse es nicht aussprach, und es tat ihr leid, dass ihr Sohn die Veranlassung war.

Im Herbst kam der Verkehr ganz zum Erliegen. Der oft herrschenden Stürme wegen war der Seeweg nicht zu benutzen, und der Landweg war durchnässt und aufgeweicht. Im Wagen wäre es zwar möglich gewesen, aber Ilse wollte nicht.

Heinrich schwieg zu alledem. Er wäre gern öfter nach Langenberg gefahren. Was war es nur, das ihn dort hinzog? War es die Ruhe von Frau Riffen, die gleichbleibende Harmonie ihres Wesens? Immer deutlicher fühlte er seine eigene Unruhe und den Unfrieden seiner zerrissenen Seele. Was machte dieses Haus zu solch einer Insel des Glücks? Ach, er wusste es ja, sie hatten alle, wie Klärchen gesagt hatte, den Heiland lieb. Aber macht denn die Liebe zu Jesus Christus einen Menschen so glücklich? Füllt sie seine Seele so voll Frieden und Freude, dass es sogar auf die Umgebung ausstrahlt?

Glücklich sein! Ach, er war überaus glücklich gewesen, einst, als er seine junge schöne Frau auf den stattlichen Hof und in das geräumige Haus geführt hatte – damals war er reich, war König und sie seine Königin gewesen. Dann waren sorglose, glückliche Jahre gefolgt, nur dadurch getrübt, dass sie keinen Sohn hatten – bis dieser heiße Wunsch in Erfüllung ging und – er ein einsamer Mann wurde.

Konnte ihm der Glaube an Jesus Christus jemals ersetzen, was er verloren hatte? Doch er ahnte, dass da noch ein Glück war, das unvergänglich und unverwelklich ist, das alles Hungern und Sehnen stillt und das Menschenherz reich und glücklich macht. –

Dem nassen Herbst folgte ein früher, strenger Winter. Der See lag unter einem festen spiegelglatten Eispanzer, zum großen Entzücken der Jugend. Schon seit Jahren war es nicht mehr so gewesen! Die Kinder tummelten sich lustig auf dem Eis. Oft, wenn Heinrich am Fenster stand und auf den See hinabschaute, hörte er ihr fröhliches Lachen. Dann freute er sich mit der Jugend. Es fiel ihm auf, dass Heinz sich stets abseits hielt, während die anderen paarweise liefen. Auch die Kinder bemerkten dies, besonders Arno. Er hatte sich eben mit Hanna etwas von den anderen entfernt und sagte im Weiterlaufen: „Wenn ich nur wüsste, was ich dem Heinz getan habe! Er macht jetzt immer einen großen Bogen um mich, ich weiß nicht warum."

Hanna lachte. „Da brauchst du dir nicht unnötig den Kopf zu zerbrechen. Ich weiß, weshalb er so ist. Er ärgert sich, dass Papa und wir alle dich gern haben."

„Was sagst du da?"

Hanna sah ihn erstaunt an. „Ist es denn etwas so Schlimmes, wenn Papa dir zugetan ist? Wir mögen dich ja alle sehr gern; man muss ja einfach, weil du so gut bist."

Arno sah sie ernst an. „Hanna, so darfst du nicht sprechen, ich bin nicht gut."

Darauf entgegnete sie bestimmt. „Du tust doch nie etwas Schlechtes, nicht einmal etwas Dummes, wie ich es so oft mache."

„Ich will dir sagen, Hanna, warum das so ist. Sieh mal, wenn ich den Heiland jeden Morgen bitte, Er möchte mich bewahren, dass ich nichts Böse tue, dann bewahrt Er mich auch. Wenn Er einmal seine Hand nicht über mich hielte, dann könntest du gleich sehen, wie viel Böses in mir steckt. Ich weiß das ganz genau, und deshalb mag ich es nicht, wenn jemand sagt, ich wäre gut." Als sie schwieg, fuhr er fort: „Und in der Bibel steht es ja deutlich, dass niemand gut ist als nur Gott, und auch, dass wir alle oft Fehler machen. Nicht wahr, wenn man weiß, dass nichts Gutes in einem wohnt, kann man sich auch nichts einbilden und einreden lassen." – Diese sehr kurze biblische Unterweisung blieb Hanna für immer im Gedächtnis. –

Frau Riffen hatte die Hollerschen Kinder zu einem Teeabend eingeladen; es sollte ein gemütliches Zusammensein und zugleich eine Abschiedsfeier sein, denn nach Neujahr fing die Schule wieder an. Dora teilte es Heinz mit, als er vom Rodeln nach Hause kam.

„Geht ihr nur ruhig hin", sagte er gleichgültig.

„Soll das heißen, dass du nicht mitkommst?"

„Ich habe keine Lust, mich in seinem Glanz zu sonnen, das Vergnügen überlasse ich euch."

„Was willst du damit sagen?" fragte Dora, ihn scharf ansehend.

„Dumme Frage! Den Arno meine ich; der versteht es, sich interessant zu machen und euch allen den Kopf zu verdrehen."

„Heinz!" Es waren weniger die Worte als der verächtliche Ton und der boshafte Blick, die Dora das Blut ins Gesicht trieben. Hochaufgerichtet stand sie ihm gegenüber und sah ihn mit blitzenden Augen an. „Du solltest dich schämen, so etwas zu denken und auszusprechen! Das ist gemein! Über andere Schlechtes zu reden, dazu braucht man nicht viel Mut!" Damit wandte sie sich um und ließ ihn stehen.

Heinz biss sich auf die Lippen; aber sein Hass gegen Arno loderte heller auf denn je. Von nun an schmiedete er Pläne, wie er ihm einmal schaden könnte. –

Es war kurz vor den Osterferien. Die Jungen lachten und lärmten auf dem Schulhof. Sie waren ausgelassener und lauter als sonst, ging es doch bald nach Hause.

Heinz war allein in der Klasse. Er hatte sich unbemerkt hineingeschlichen und ging nun geradewegs auf Arnos Platz zu. Dort zog er hastig ein kleines Skizzenbuch unter den anderen Büchern hervor und schlug es auf. Sofort fand er, was er suchte. Arno war ein guter Zeichner. Mit wenigen Federstrichen warf er Karikaturen von Menschen und Tieren aufs Papier. Viele seiner Mitschüler und auch einige Lehrer hatten ihm schon als Modell gedient. Unter letzteren befand sich einer, der in der ganzen Klasse den Spitznamen „Dr. Langohr" trug. Er war bei den Schülern nicht sehr beliebt, weil er viel nörgelte und oft strafte. Auch war er aufbrausend und ungeduldig. Den Spitznamen hatten ihm seine unnatürlich weit abstehenden Ohren eingetragen. Weil er kurzsichtig war, brauchte er zum Lesen eine Brille, die immer auf seinem Schreibpult lag.

In Arnos Skizzenbuch war eine Zeichnung von ihm besonders gut gelungen. Schnell trennte Heinz das Blatt heraus und schrieb mit Bleistift „Dr. Langohr" in Druckschrift darunter. Dann lief er zum Podium, nahm des Lehrers Brillenetui und schob das Blatt hinein. Unbemerkt ging er hinaus und mischte sich harmlos unter die anderen.

Am Schluss der Stunde nahm Herr Ehlert die Brille ab und öffnete das Etui. Da sah er den weißen Zettel. Er zog ihn heraus, setzte die Brille wieder auf und betrachtete ihn. Eine Federzeichnung von ihm selbst! Sah er wirklich so komisch aus? Das passte ja beinahe als

Karikatur in ein Witzblatt! Dann las er die Unterschrift und sprang wie von einer Tarantel gestochen vom Stuhl. Wer von den Jungen besaß diese Frechheit, ihn so zu beleidigen?

„Arno Riffen!"

Der trat ahnungslos vor.

„Ist diese Zeichnung von dir?"

Arno erschrak; aber fest antwortete er: „Ja."

„Die Unterschrift auch?" Er hielt dem Jungen das Blatt hin.

„Nein." Ruhig sah Arno dem aufgebrachten Lehrer ins Gesicht.

„Wie kommt das Blatt auf meinen Tisch?"

Arno wurde blass. „Das weiß ich nicht."

„So – ?", sagte Herr Ehlert gedehnt und musterte ihn scharf. „Wirklich nicht? Weiß jemand von euch etwas davon?" wandte er sich nun an die übrigen Schüler.

Keine Antwort. Staunen und Schrecken lag auf allen Gesichtern. Heinz Holler blickte mit Entrüstung auf Arno.

Der Lehrer wiederholte die Frage, aber keiner meldete sich. Dann wandte er sich wieder an Arno: „Wann machst du derartige Zeichnungen?"

„In den Freistunden zu Hause oder in den Pausen."

„Nicht während der Unterrichtszeit?"

„Nein." Arno hielt dem Blick des Lehrer stand.

„Warum leugnest du nun die Tat?"

„Ich kann nicht etwas bekennen, was ich nicht getan habe", antwortete der Junge bestimmt.

Herr Ehlert wurde unsicher. „Hast du Beweise deiner Unschuld?"

„Nein, die habe ich leider nicht."

„Also steht es fest, dass du es warst", schloss Herr Ehlert ungeduldig das Verhör. „Nur in Anbetracht deiner guten Führung will ich noch mildernde Umstände gelten lassen und keine harte Strafe über dich verhängen. Aus demselben Grund will ich auch davon absehen, an höherer Stelle Meldung zu machen."

Auf dem Nachhauseweg bildeten sich sofort Parteien für und gegen ihn. Heinz hatte sonst keine Freunde, aber nun fanden sich doch einige, die mit ihm ihrer Schadenfreude Ausdruck gaben. „Das ist Künstlerpech", meinte einer. „Dass er leugnen würde, hätte ich von ihm nicht gedacht", sagte ein anderer.

„Ja, so sieht der Musterknabe in Wirklichkeit aus." Heinz sagte es mit höhnischem Grinsen. Der Hieb saß. Die Wunde, die er ihm heute beigebracht hatte, würde noch lange schmerzen. Aber er würde noch mehr tun. Er wollte die Geschichte zu Hause erzählen und Arno bei seinem Vater verächtlich machen. Heinz war mit sich selbst sehr zufrieden.

Schnell ging Arno in sein Quartier und atmete wie erlöst auf, als er die Tür seines Zimmers hinter sich schloss. Er setzte sich auf einen Stuhl und legte die heiße Stirn auf die kühle Tischplatte. Ach, wenn doch seine Mutter hier wäre! Sie würde ihm glauben, sie wusste, dass er kein Lügner und Heuchler war. Dass er auch so allein, so ganz allein war! Da fiel ihm plötzlich ein Lied ein:

Durch die Wolken funkelt der Verheißung Licht:
„Siehe, ich bin bei dir, und ich verlasse dich nicht!"

Er kniete nieder und betete lange und inbrünstig. Als er wieder aufstand, lag ein Ausdruck des Friedens auf seinem Gesicht, und seine Augen blickten wieder hell. Er fühlte sich getröstet und gestärkt in dem Bewusstsein, dass der Heiland ihn erhörte, Er wusste ja, dass er kein Lügner war. –

Am nächsten Morgen, dem letzten Schultag vor den Ferien, konnte er fröhlich wie sonst zur Schule gehen. Und dann saß er im Zug, der ihn zu seiner Mutter bringen sollte. –

Heinz hatte nicht den Mut, am Familientisch über den Vorfall in der Schule zu sprechen. Er fürchtete den durchdringenden Blick des Vaters, und das Gewissen schlug ihm doch ein wenig. Aber der Mutter konnte er es sagen, die glaubte ihm ja alles.

Ilse schüttelte verwundert den Kopf. Dieser Arno! Das musste ihr Mann auch erfahren, denn sie wusste, dass er von dem fremden Jungen viel hielt. Wie würde er es aufnehmen?

Beim Abendbrot erzählte sie es. Sie versuchte ihre Stimme gleichgültig erscheinen zu lassen, sie zitterte aber doch ein wenig.

Dora und Hannchen sahen einander ungläubig an, Heinrich hörte zu und sagte ruhig: „Das glaube ich nicht."

Heinz blickte hartnäckig auf seinen Teller.

„Warum du nur immer alles, was Heinz erzählt, bezweifelst?" sagte Ilse gekränkt.

„Ein einmal erschüttertes Vertrauen erweckt stets Misstrauen", erwiderte er und sah finster auf den Jungen, der noch immer vor sich hinstarrte.

„Hat sich das alles wirklich so zugetragen, wie du es Mutter erzählt hast, Heinz?" Endlich blickte der Junge hoch.

„Ja", sagte er mit heiserer Stimme, aber seine Hände zitterten, und es schien, als ob er heulen wollte.

„Quäle doch den armen Jungen nicht so!", nahm Ilse Heinz in Schutz.

In Dora erwachte ein schwerer Verdacht gegen den Bruder. Sie erinnerte sich noch genau an das Gespräch mit ihm im Winter, sah noch das boshafte Grinsen und hörte den verächtlichen Ton seiner Stimme. Sollte er vielleicht selbst das Blatt in das Brillenetui gesteckt haben? Sie erschrak bei dem Gedanken. Vielleicht tat sie ihm auch unrecht. Aber wer sollte es sonst wohl gewesen sein? Sie wurde den Verdacht nicht mehr los.

* * *

Im Mai verlobte sich Hilde und kurze Zeit darauf auch Annelies. Sie hatten in der Stadt ihre künftigen Lebensgefährten gefunden und strahlten in bräutlichem Glück. Dem Vater kam es etwas überraschend, die Mutter fand alles ganz natürlich. Die Mädchen waren hübsch und gut erzogen und bekamen eine schöne Mitgift.

Im Spätherbst sollte die Doppelhochzeit stattfinden. Ilse fing schon früh an, die Vorbereitungen dafür zu treffen. Dora und Hannchen halfen tüchtig mit. Sie freuten sich über das Glück ihrer Schwestern.

Dora war nun zwanzig Jahre alt, des Hauses guter Geist und des Vaters treue Gehilfin. Was sie als Kind nur geahnt und gefühlt hatte, das sah sie jetzt klar und deutlich: dass über ihrem Elternhaus, über ihrer Familie ein großer, tiefer Schatten lag. Sie litt schwer unter dem Zwiespalt der Eltern. Sie grübelte oft, wie hier geholfen werden könnte.

Endlich wandte sie sich in ihrer Ratlosigkeit an Frau Riffen. Zu dieser Frau hatte sie großes Vertrauen. Sie war so feinfühlend und verständnisvoll zu ihr.

„Ist es ein Unrecht, ist es Sünde, wenn man jemand, den man lieben sollte, nicht lieben kann?" fragte Dora.

„Wir sind von Natur alle lieblos und selbstsüchtig. Wir wollen geliebt, geachtet, geehrt werden – nur wir, und den Nächsten lassen wir oft leer ausgehen. Es ist ein Gebot unseres Herrn Jesus Christus, dass wir einander lieben sollen. Aber Er sieht auch unsere Schwächen und unser Unvermögen, unser liebearmes Herz, und Er möchte es so gern mit seiner Liebe füllen. Sehen Sie, Dora, wir können ohne Ihn nichts tun, wir können aus uns selbst nicht lieben, sondern wir müssen uns die Liebe schenken lassen." Sie sprach wie jemand, der dies selbst erfahren hat.

„Ja, aber kann man denn so – alles dem Heiland sagen?" fragte Dora ganz erstaunt.

Frau Riffen nickte. „Ja, Dora, wir dürfen Ihm alles sagen. Er ist unser Freund und Fürsprecher. Wenn wir aufrichtig sind, hört Er auf alle unsere Nöte, Er tröstet uns und gibt uns Kraft und Freudigkeit, Er ist ein wunderbarer Heiland. Wie glücklich können wir sein, dass wir Ihn kennen und lieben dürfen!"

Dora hatte sich schon eine ganze Zeitlang mit Fragen des ewigen Heils beschäftigt. Es lag in ihrer Natur, alles zunächst still in sich aufzunehmen und im Herzen zu bewegen. Nun erfüllte sie plötzlich der große Wunsch, sich ganz dem Herrn zu übergeben und auf Ihn zu trauen. Als sie nach Hause kam, schloss sie sich in ihr Zimmer ein, kniete nieder und übergab sich dem Herrn Jesus. Und beten wollte sie, beten, dass Er den Schaden im Hause heile. Sie war fest davon überzeugt, dass Er es konnte. Sie erkannte aber auch, wo sie zu wenig geliebt hatte, und es fiel ihr schwer aufs Herz, dass sie sich so kalt von ihrem Bruder abgewandt und die Mutter so oft nicht verstanden hatte. Aber sie wusste, dass sie Vergebung erlangt hatte, und dass der Herr Jesus, der das Wollen in ihr wirkte, auch zu dem Vollbringen Kraft geben würde. –

An einem stillen Sonntagabend sagte sie es Frau Riffen, dass sie sich zum Herrn Jesus bekehrt und Ihm ihr

Herz geschenkt habe. Diese schloss sie voll Freude in ihre Arme.

„Der treue Herr segne Sie und setze Sie zum Segen", sagte sie innig. Ihre Seele war voll Lob und Dank gegen Gott, der sich in ihrer Einsamkeit so gnädig zu ihr bekannte und ihr diese Freude zuteil werden ließ, an der sich auch die Engel im Himmel erfreuten. Wie wunderbar waren Gottes Wege! Gewiss würde Dora die Aufgabe haben, an ihren Eltern und Geschwistern zu wirken. Sie sprach diesen Gedanken aus.

Dora nickte. „Ach, helfen Sie beten, dass bei uns noch alles gut wird! Und denken Sie besonders an mich, wenn Heinz jetzt bald in den Ferien kommt. Ich möchte ihn so gern mit Liebe überwinden und fühle mich zu ungeschickt und schwach dazu."

Frau Riffen drückte ihr die Hand. „Seine Kraft ist in den Schwachen mächtig. Sie hebt und trägt uns. Ich habe dies schon oft in meinem Leben erfahren dürfen. Wenn ich besonders schwach war, wurde mir stets die nötige Kraft zuteil."

Frau Riffen und Dora gingen durch den Garten zum See. Drüben stand Doras Elternhaus auf einer Anhöhe, halb versteckt hinter Bäumen. Es schien wie geschaffen, glückliche Menschen zu beherbergen.

Der Abend war so still. Die Sonne sank eben am Waldrand unter, und dünne weiße Nebel stiegen aus den Wiesen empor wie zarte, durchsichtige Wolken. Heinrich Holler stieg in den Kahn, um nach Langenberg hinüber zu fahren und Dora und Hannchen abzuholen. Er hatte Ilse gebeten, ihn zu begleiten, aber sie hatte abgelehnt und gesagt, sie hätte Briefe zu schreiben. Er kannte das schon und wusste, dass die Briefe noch eine Woche warten würden. – Es war ihm aber so auch recht. Sie hatten eben jede innere Fühlung verloren und lebten nur noch gleichgültig nebeneinander her.

Die Hochzeit seiner Töchter und die damit verbundene Unruhe lenkten Heinrich für einige Zeit auf andere Gedanken. Dann aber wurde es wieder still im Hause. Die beiden jungen Ehemänner waren beruflich an die Stadt gefesselt, der eine als Arzt, der andere als Ingenieur. Ilse freute sich im Stillen darüber, dass ihre Töchter da sein konnten, wo auch ihre Heimat gewesen war. Sie wunderte sich heute noch, dass sie damals so leichten Herzens Heinrich in diese weltfremde Einsamkeit hatte folgen können.

Heinrich Holler war froh, dass seine Töchter so glücklich waren. Nun blieben ihm noch zwei, die Älteste und die Jüngste. Aber wie lange noch? Er konnte sich gar nicht vorstellen, dass auch Dora ihn eines Tages verlassen würde.

Kurz vor Weihnachten bat er sie, ihn auf seinem Gang durch den Wald zu begleiten. Freudig sagte sie zu, denn in letzter Zeit war sie kaum hinausgekommen.

Lange gingen sie schweigend Seite an Seite, kein Laut durchbrach die Stille. In der Nacht war frischer Schnee gefallen, und auf den Ästen der Fichten lag es schwer und lastend. Der Wald war wie verzaubert.

Die beiden ließen das Schweigen auf sich einwirken. Dora dachte daran, dass in der Bibel der reine, weiße Schnee ein Sinnbild der Herzensreinheit genannt wird, die wir durch Christi Blut empfangen dürfen. So rein gewaschen, so weiß wie Schnee! Welch ein Glanz wird das sein, wenn die Erlösten vor seinem Throne stehen in weißen Kleidern der Gerechtigkeit! O, welche Gnade, dass auch sie diese Seligkeit kosten sollte!

Heinrich Holler suchte nach Worten, die sie nicht verletzen sollten. Es war ihm zuwider, sich auf Umwegen oder heimlich Gewissheit über etwas zu verschaffen, das er gerne wissen wollte. Da brach ein Reh durch das Dickicht. Nun war der Bann gebrochen.

„Mein liebes Kind", begann er und fasste ihre Hand, „deine Schwestern sind jetzt schon glückliche Hausfrauen. Du bist die Älteste; willst du ihnen nicht auch folgen?"

Dora sah ihn erschrocken an.

„Willst du mich denn forthaben, Vater?" fragte sie.

Er lächelte und schüttelte den Kopf. „Nein, Dora, ich denke nicht daran. Aber es wird wohl bald einer kommen, der dich mir fortnehmen will. Vielleicht hast du dein Herz schon verschenkt?" Es sollte wie ein Scherz klingen, aber es glückte nicht ganz.

In Doras Gesicht trat ein entschlossener Zug. "Ja, Vater, so ist es, ich habe mein Herz verschenkt."

Heinrich blieb stehen und sah sie erstaunt an. Also doch?

„Ich habe mein Herz dem Heiland geschenkt. Ich wollte es dir schon lange sagen."

Wie Schuppen fiel es von seinen Augen. Das war es also, warum Dora so sanft und liebevoll gegen Heinz und die Mutter war!

„Ja, mein Kind, aber als Ehefrau kannst du doch auch fromm sein und dem Heiland dienen", nahm er das Gespräch wieder auf.

„Doch nicht so völlig und ungehindert. Sei nicht böse über das, was ich dir jetzt sagen will. Aber wenn du mich einmal nicht mehr brauchst, möchte ich gern Diakonisse werden. Den Schwachen und Kranken helfen zu dürfen, wäre ein großes Glück für mich."

Heinrich sah sie verständnislos an. Wie, dieses blühende Kind wollte allem irdischen Glück entsagen und dafür ein Leben der Mühe und Arbeit eintauschen?

„Dora", sagte er ernst, „überlege dir erst noch gründlich diesen Schritt. Bedenke, dass es ein schwerer, entsagungsvoller und aufopfernder Beruf ist, den du dir wählst. Du bist wie geschaffen, glücklich zu machen und geliebt zu werden. Ist es nicht ein zu großes Opfer, mein Kind?" Liebevoll sah er ihr in die Augen.

„Nein, es ist kein unüberlegter Schritt und auch kein Opfer", versicherte sie; „ich habe es reiflich durchdacht und darüber gebetet. Es wurde mir zur Gewissheit, dass ich in diesem Beruf dem Herrn dienen soll. Es ist doch ein Vorrecht, den Kranken und unglücklichen Schwachen zu helfen, Menschen den Weg zum Guten Hirten zu weisen, ihnen sagen zu dürfen, wie Er sie liebt und sucht. Diese Arbeit würde mich wirklich ganz befriedigen und ausfüllen." Sie hatte sich dabei ganz warm geredet. „Und weißt du denn, ob ich in einer Ehe wirklich glücklich würde?", fügte sie hinzu.

Er vermied es, ihrem Blick zu begegnen. Nein, nein, schrie es in ihm auf, wenn sie so unglücklich würde, wie ich! Dann sagte er: „Mein Kind, ich will dir keine Hindernisse in den Weg legen, du kannst frei entscheiden. Nur gehe jetzt noch nicht, weißt du, es ist mir so tröstlich, dass du da bist."

Dora schmiegte sich enger an seinen Arm. „Ich bleibe bei dir, so lange du mich brauchst." Es klang wie ein Gelübde.

Nach einer Weile fragte er: "Weiß Mutter auch davon?" Sie schüttelte den Kopf.

„Nun, das hat ja noch Zeit!" meinte er. "Ich werde es ihr gelegentlich sagen und hoffe, dass sie sich damit abfinden wird. Aber ich fürchte, sie wird wenig Verständnis aufbringen."

Leise und sachte rieselten wieder die weißen Flocken nieder und bedeckten alles mit leuchtendem Weiß.

„Es wird eine schöne Schlittenbahn geben", gab Heinrich dem Gespräch nun eine Wendung. „Frau Riffen hat uns alle zu einer kleinen Weihnachtsfeier eingeladen. Sie hat schon einen weiteren Gast, einen Prediger – "

„Ach, Vater, dann fahren wir hin, nicht wahr? In Langenberg ist es immer so schön", freute sich Dora.

„Ja, dort ist es schön", sagte er versonnen.

Die Weihnachtsfeier bei Frau Riffen war schön. Der Prediger wählte die Textworte: „Also hat Gott die Welt geliebt, dass Er seinen eingeborenen Sohn gab, auf dass jeder, der an Ihn glaubt, nicht verloren gehe, sondern ewiges Leben habe." Er wies auf die wunderbare Liebe Gottes hin, der seinen eigenen Sohn nicht geschont, sondern Ihn in die Welt gesandt hat zum Heil und zur Rettung der Verlorenen. Er sprach davon, wie der Herr in die Welt kam, in einem Stall geboren und in eine Krippe gelegt wurde – weil sich kein Raum für Ihn in der Herberge fand. Und dann sprach er über das Erlösungswerk auf Golgatha und bat die Zuhörer, doch dieses Gnaden- und Gottesgeschenk in ihr Herz und Leben aufzunehmen und den Herrn Jesus darin wohnen zu lassen.

Nachdem er gebetet hatte, wurden noch die alten, vertrauten Weihnachtslieder gesungen. Frau Riffen verteilte kleine Geschenke, die sie sich für jeden ausgedacht hatte. Heinrich erhielt ein wertvolles Buch, Ilse einen hübschen Teewärmer. Dora und Hannchen bekamen Wandsprüche in Lackmalerei, die Arno angefertigt hatte. Doras Spruch hieß: „Er ist unser Friede!" und Hannas Spruch lautete: „Folge mir nach!" Das schönste Geschenk war für Heinz: ein glänzendes Waldhorn! Er stand vor dem blinkenden Instrument und sah völlig verdutzt darauf nieder. Wie kam denn Frau Riffen dazu, ihm ein solches Geschenk zu machen?

„Puh, Heinz, was machst du denn für ein Gesicht?" Klärchen stand neben ihm und lachte ihn an. „Freust du dich denn gar nicht darüber?"

„O doch, ich weiß nur nicht, weshalb ich das Horn geschenkt bekomme", sagte er kleinlaut.

„Nun, weil Mutter dir eine Freue machen wollte. Es ist doch Weihnachten, da sollen sich alle Menschen freuen."

Heinz blickte hinüber zu Frau Riffen, die mit seiner Mutter und dem Prediger sprach. Da sah er in der Nähe seinen Vater mir Arno stehen und sich freundschaftlich unterhalten. In seinem Herzen stieg der alte Neid wieder empor.

Als er sich beim Abschied bei Frau Riffen bedankte, wagte er nicht, ihr in die Augen zu blicken.

Heinrich runzelte die Stirn. Was hatte der Junge für ein scheues, verschlagenes Wesen!

Auf der Heimfahrt war Ilse sehr lebhaft und gesprächig. Es hatte ihr sehr gefallen, und sie freute sich, mitgefahren zu sein. Sie wunderte sich über Frau Riffens Art, Gäste zu bewirten, und wie genau sie wusste, was jedem Freude machte! In Wirklichkeit freute Ilse sich aber am meisten darüber, dass ihr Sohn solch ein schönes Geschenk bekommen hatte. Dadurch war ihr Frau Riffen sympathischer geworden.

* * *

Heinz war Ostern nicht versetzt worden. So kam es, dass er nicht mehr in der selben Klasse war wie Arno. Sie sahen sich nur in den Pausen oder außerhalb der Schulzeit. Heinz machte sich nichts daraus, dass er die Klasse wiederholen musste. Ihm war das Lernen sowieso verhasst. Und was nützte es auch, er vergaß ja doch alles wieder. Es war ein lästiger Zwang, den er gern abgeschüttelt hätte. Er war wütend über Arnos Fleiß und Begabung; wenn er ihm doch nur ein einziges Mal eine empfindliche Blöße geben könnte! Er zerbrach sich den Kopf, wie er das anstellen sollte. Von nun an wurde er vertraulicher, fragte ihn manches und übte mit ihm auf dem Waldhorn. Er schien es aufrichtig zu meinen, und Arno ließ sich täuschen.

Die Zeit verstrich. Wieder war es Sommer, und die beiden Jungen waren in den großen Ferien daheim.

Es war ein glühend heißer Tag. Drückende Schwüle lastete auf Wald und Feld, auf Menschen und Tieren. Kaum ein Windhauch war zu spüren. Überall Schweigen. Über dem Waldsaum stand eine dunkle Wolkenwand, drohend und unheilverkündend; schon vernahm man in der Ferne dumpfes Donnergrollen.

Heinrich Holler wischte sich den Schweiß von der heißen Stirn. Er war auf den Feldern gewesen und hatte einen Umweg durch seinen Wald gemacht, in dem er etwas Kühlung erhoffte. Es würde Sturm geben, und schon fuhr ein heftiger Windstoß durch die Wipfel der Bäume. Er atmete auf. Endlich ein Laut, dass nicht alles erstarrt war in dieser Hitze.

Heinrich lehnte sich an den Stamm einer Kiefer und sah auf den See. Der Sturm peitschte die Wellen, und es begann tüchtig zu regnen, so dass er schnell nass wurde bis auf die Haut. Kam da nicht ein Kahn um die Biegung? Jetzt erkannte er deutlich Arno und Heinz, die waren zum Angeln hinausgefahren und nun vom Gewittersturm überrascht worden. Es war nur ein leichtes Boot. Heinrich erkannte die Gefahr, in der sie schwebten. Aber die Jungen waren geübte Schwimmer, die sich, selbst wenn das Boot umschlug, zu retten wussten. Er wollte sie am Ufer erwarten.

Heinz stand am Steuer und sah mit heimlicher Freude in die aufgeregte, brausende Flut. Er fürchtete sich nicht im Geringsten, er wünschte sogar, sie würden kentern! Es war, als hätte der Sturm etwas in ihm entfesselt, das er schon lange verdrängte. Ein wenig hatte auch sein Gespräch mit Arno dazu beigetragen. Heinz hatte Arno erzählt, sein Vater habe ein wunderschönes junges Pferd im Stall stehen, das dieser selbst aufgezogen habe, ein feuriger, prächtiger Goldfuchs. Wenn er ihn nur einmal reiten könnte!

„Aber das erlaubt dir dein Vater doch, wenn du ihn darum bittest!" sagte Arno.

Heinz lachte höhnisch auf.

„Erstens bitte ich meinen Vater um nichts, und zweitens erlaubt er es mir sowieso nicht, wenn ich es auch täte."

„Ich verstehe einfach nicht, warum du immer in diesem Ton von deinem Vater sprichst", entgegnete Arno. „Er ist so ein freundlicher Mann!"

„Dir gegenüber wohl." Heinz maß den Freund mit einem hasserfüllten Blick. „In dich ist er ja total vernarrt. Glaubt ihr denn, ich sehe und fühle das nicht? Es ist nur schade, dass wir nicht tauschen können, dann hättest du meinen Vater, und ich hätte keinen Ärger."

„Heinz!" Arno starrte ihn erschrocken an.

Heinz empfand plötzlich Freude, den so lange Beneideten zu quälen:

„Ich wüsste etwas, wobei dieser Tausch sogar überflüssig wäre", begann er von neuem, frech und unverschämt in Arnos Gesicht blickend, „wenn nämlich mein Vater deine Mutter heiraten würde."

Da ließ Arno die Ruder sinken. „Kein Wort mehr, Heinz, du versündigst dich schrecklich!"

Heinz grinste ihn an und schwieg, aber in seinem Innern kochte es. Warum tanzte das Boot immer noch auf den Wellen? – warum lagen sie nicht schon längst im See?

Sie kamen dem Ufer näher, es war steil und abschüssig. Lange Weidenäste hingen ins Wasser, vom Wind hin und her gepeitscht.

Heinz verließ seinen Platz am Steuer und ging in die Mitte des Bootes. Sie wurden von den Wellen gegen die Böschung getrieben. Heinz passte den Moment ab, wo das Boot anlief; dann fasste er blitzschnell die überhängenden Weiden, gab dem Boot einen kräftigen Stoß, dass es im Nu umschlug, und schwang sich gewandt ans Ufer. Von dort sah er zurück und lachte laut auf. Das Boot tanzte mit dem Kiel nach oben auf den Wellen. Von Arno war nichts zu sehen!

„Du Schuft!" Heinrich erschrak über seine eigene Stimme. In seinen Händen zuckte es, doch er ließ das Bürschchen laufen, denn dort war ein Menschenleben in Gefahr! Er warf Jacke und Schuhe ab, und schon schwamm er zu dem gekenterten Boot und hob den Bootsrand hoch. Da tauchte Arnos Kopf auf; an seiner Stirn war eine Wunde, die er sich beim Sturz zugezogen haben musste. Vielleicht war sein Kopf auf die Dollen aufgeschlagen.

Heinrich fasste ihn mit seinem starken Arm, und endlich gelang es ihm, den Jungen ans Ufer zu ziehen. Arno war besinnungslos. Er legte ihn ins Gras, öffnete seine Jacke und horchte an der Brust: das Herz arbeitete, es schien nur eine Ohnmacht zu sein.

Nach einer Weile schlug Arno die Augen auf und sah sich verständnislos um. Da kam ihm langsam die Erinnerung.

„Gott sei Dank, dass du lebst, Junge!"

„Wo ist Heinz?" fragte nun Arno sich umblickend. Er ahnte nicht, welch einen Sturm seine Frage in dem Herzen des Mannes entfesselte. Heinrich war so mit Arno beschäftigt gewesen, dass er seinen Sohn ganz vergessen hatte. Nun hörte er plötzlich wieder dessen höhnisches Auflachen. Er war fest davon überzeugt, dass Heinz die gefährliche Situation bewusst herbeigeführt hatte, um seine rachgierigen Gedanken in die Tat umzusetzen. Heinrich Holler erinnerte sich an jenen Vorfall in der Schule und hatte nun auch die Gewissheit, wer damals der Täter gewesen war. Sein Sohn! Er stöhnte.

In der Zwischenzeit war es völlig dunkel um sie geworden, und die Gewitterwolken begannen sich zu entladen. Langenberg wäre etwa in zehn Minuten zu erreichen, aber das war im Moment nicht möglich. Da kam ihm ein rettender Gedanke. Nicht weit von ihnen stand eine Badehütte, die notdürftigen Schutz vor Regen und Sturm bot. Dort wollte er mit dem Jungen das Unwetter abwarten, und dann würde er selbst Arno im Boot hinüberfahren.

Aber wie sollte er Magda Riffen unter die Augen treten als Vater eines solchen Sohnes! –

Eine ganze Weile saßen er und Arno still nebeneinander. Er hatte den Arm um Arno gelegt, der seinen schmerzenden Kopf gegen seine Schulter lehnte.

Heinrichs Gedanken eilten voraus nach Langenberg. Was würde die nächste Stunde ihm bringen? Fast wünschte er, der Sturm möge noch anhalten, der Regen nicht aufhören; er wollte Zeit gewinnen, mit sich fertig zu werden.

Er würde Magda Riffen die volle Wahrheit sagen, ihr nichts verschweigen oder beschönigen.

Als der Sturm sich legte, fuhren sie hinüber. Frau Riffen war schon unruhig und schaute immer wieder den Weg hinunter, der zum See führte.

Da sah sie die beiden kommen. Wortlos schloss sie ihren Sohn in die Arme und führte ihn ins Haus.

Heinrich bat sie um eine Unterredung; doch sie meinte, das eile nicht, zuerst müsse Arno ins Bett. Er möge doch warten. Dann saß er allein im Wohnzimmer. Wie wird sie es aufnehmen, wie ertragen?

Endlich kam sie herein. Mit ausgestreckten Händen ging sie auf ihn zu, in ihren Augen schimmerten Tränen.

„Sie haben meinen Sohn gerettet! Wie soll ich Ihnen danken?" sagte sie sehr bewegt.

Der Mann schüttelte abwehrend den Kopf. Abgerissen, stockend erzählte er ihr, was er gesehen hatte. Er wagte es nicht, sie anzusehen.

Im Zimmer war es eine Weile ganz still. Magda Riffen hatte krampfhaft die Hände ineinander geschlungen und schaute durch das Fenster in den Garten. Als er schwieg, blickte sie ihn an, verstehend und voll Mitleid.

„Ja, dazu sind wir fähig!" Wie ein Bekenntnis, langsam und schwer klangen diese Worte durch den Raum.

Auf dem Heimweg hörte er sie immer noch in seinen Ohren. Hätte sie geweint, geklagt, und sich empört von ihm abgewandt, er hätte sie verstanden. Aber ihre Ruhe, ihr Mitleid ging fast über seinen Verstand. War das nicht übermenschlich? War es Überwindung, war es der Ausdruck einer verborgenen Kraft?

Dazu sind wir fähig! Wir? Ja, wir! klang es wie ein Echo in seinem Herzen. Er bemühte sich, den Stachel, den Frau Riffens einfache Worte in seine Seele gedrückt hatten, zu entfernen. –

In Langenberg brachte Magda Riffen ein Gebet vor den Thron des Höchsten: „Herr, zeige Du ihm sein Herz!"

* * *

Heinz lief wie von Furien gejagt nach Hause. Es war nur ein Gedanke in ihm: „Fort, so schnell wie möglich fort!" So konnte er dem Vater nicht wieder unter die Augen treten. Dass er ihn auch am Ufer nicht bemerkt hatte! Ganz atemlos stürzte er ins Wohnzimmer, wo die Mutter war.

„Schnell, Mutter, gib mir Geld, ich muss gleich fort!" keuchte er.

Ilse hatte sich schon Sorgen um ihn gemacht und sah ihn erschrocken an. „Warum denn nur, was ist geschehen?"

Da erzählte er hastig und stockend, das Boot wäre gekentert, als er hinaussprang, und Arno sei ins Wasser gestürzt. Zum Glück konnte der ja gut schwimmen. Nur der Vater hätte es gesehen und ihn so furchtbar angeschrieen; er müsse jetzt vor ihm fliehen.

Ilse war ratlos; sie konnte einfach nicht begreifen, dass Heinz deshalb fort musste. „Ja, aber du bist doch nicht schuld an dem Unglück!"

Heinz blieb hartnäckig dabei: „Wenn du mich nicht rettest, bin ich verloren!"

Es sprach eine solche Angst aus seinen Augen, dass sie schließlich nicht weiter fragte. Er tat ihr leid.

„Und wohin willst du jetzt?"

„Ganz gleich, nur fort!", stieß er hervor.

Sie ging, um seinen Koffer zu packen und den Wagen zu bestellen, der ihn zur Bahn bringen sollte. Ilse zitterten die Hände, so war der Schreck ihr in die Glieder gefahren. Wie war Heinrich immer so hart! Es war leider wahr, er hatte keinen Funken Liebe für seinen Sohn! Und dass sie ihn jetzt so plötzlich weglassen musste, wo doch die Ferien erst zur Hälfte um waren! Der Abschied war kurz und hastig. Sie sagte ihm noch, er möchte in seine Pension nach Königsberg fahren; dort könne er den Rest der Ferien verleben. Mit Geld hatte sie ihn reichlich versehen. Dann rollte der Wagen davon.

Seufzend sah sie ihm nach und trocknete sich die Augen. Dann versuchte sie zu arbeiten, um auf andere Gedanken zu kommen; doch es gelang ihr nicht. Draußen schien bereits wieder die Sonne auf die regennasse Erde, von den Bäumen und Sträuchern tropfte es leise, die Luft war klar und frisch.

Ilse wartete voller Unruhe auf Heinrich. Zuletzt hielt sie es allein nicht mehr aus, sie rief die Töchter, die oben in ihrem Zimmer waren. Doch auch bei den Mädchen fand sie keine Zerstreuung, sie schienen ebenfalls unruhig zu sein. „Warum nur Heinrich nicht kommt?" dachte sie immer wieder.

Endlich kam er. Als er ins Zimmer trat, blieben die drei wie erstarrt sitzen. Wie sah er aus? Er schien völlig gebeugt, um Jahre gealtert. Er ließ sich schwer auf einen Stuhl sinken und sah still vor sich hin.

Da hielt es Ilse nicht länger aus. „Nun sag doch endlich, was eigentlich geschehen ist!", sagte sie ungeduldig.

Er fuhr sich mit der Hand über Stirn und Augen, als wollte er böse Bilder fortscheuchen. Dann begann er mit kurzen Worten alles zu schildern. Seine Stimme klang ruhig, ohne Erregung und Leidenschaft; es war, als spreche er von irgend einem fremden Menschen und nicht von seinem Sohn.

Ilse starrte ihn an voller Schreck und Unglauben, als ob sie an seinem Verstand zweifle. „Das – das ist doch wohl nicht möglich!"

Heinrich maß sie mit einem Blick, in dem all der Schmerz und die Qual seines Herzens vereinigt schienen. Da sah sie beschämt nieder und sank in sich zusammen. Nun verstand sie alles. Da war es ja ganz gut, dass der Junge fort war. Aber was sollte nun werden? Es türmten sich plötzlich Berge vor ihr auf, deren Last sie zu erdrücken drohte. Aber das Menschenherz ist unberechenbar in seinem Trotz. Sie sah, dass da eine große Schuld lag. Und schon wälzte sie erneut die ganze Last auf ihren Mann. Er hatte den Jungen nie leiden mögen, er war eifersüchtig, dass Heinz so an ihr hing. Dann, als er größer wurde, hatte er sich nicht viel um ihn gekümmert, sie hatte ihn ja ganz allein erziehen müssen. Dann kam Arno, der ihm mehr galt als sein eigener Sohn. Der arme Junge! Wie musste er darunter gelitten haben! Und da war es doch verständlich, dass er den Nachbarsohn hasste. Und ob es denn wirklich eine vorsätzliche Tat war oder nur ein dummer Streich? Vielleicht schilderte Heinrich viel zu übertrieben …

Sie wagte kaum, ihn anzublicken, und als sie endlich hochschaute, war sein Stuhl leer. Voller Mitleid hatte er sie betrachtet. Wie gern hätte er sie getröstet! Aber er konnte es nicht, und heucheln wollte er nicht. So war er leise hinausgegangen, ohne die Töchter im Hintergrund des Zimmers bemerkt zu haben. Es dämmerte bereits; drinnen herrschte Totenstille. Dora und Hannchen wagten sich kaum zu rühren. Beide waren ganz erschüttert durch die Erzählung des Vaters. Dora litt mit ihm, denn sie wusste, was das für ihn bedeutete. Sie ahnte seinen Kampf und bat im Stillen den Heiland um Kraft und Beistand für seine Seele.

Ilse erhob sich. Sie grollte Heinrich, dass er so gegangen war, ohne auch nur mit einem Wort nach Heinz zu fragen. Desto mehr würde sie sich seiner annehmen; sie wollte es nicht dulden, dass er so verachtet und verstoßen würde.

Heinrich Holler hatte sich in seinem Zimmer eingeschlossen und ging ruhelos umher. Er durchlebte noch
einmal die Aufregung und Furchtbarkeit des Abends. –
Der Morgen dämmerte schon. Heinrich hatte nicht an
Schlaf gedacht. Hastig trank er einen Schluck Wasser
und trat dann zum Fenster, das er weit öffnete. Als die
frische, kühle Morgenluft ihm um die Stirn wehte, wurde
er ruhiger.

Beim Frühstück herrschte gedrückte Stimmung. Ilse
hatte verweinte Augen, die Mädchen sahen still vor sich
nieder und wagten nicht zu sprechen. Heinrich trank
gleichmütig seinen Kaffee und las zwischendurch die
Zeitung.

Ilse wartete unruhig, ob er nach Heinz fragen würde.
Sie wurde enttäuscht. Es schien ihm gar nicht aufzu-
fallen, dass der Junge fehlte. Seine Ruhe machte sie
nervös. Wäre er heftig geworden, hätte er gewettert, das
wäre wenigstens noch ein Zeichen von Interesse für
Heinz gewesen; aber diese unerschütterliche Ruhe,
diese völlige Nichtachtung beängstigte sie. Sie wollte
zwar die böse Tat nicht gutheißen, aber sie schwächte
sie ab. Es war doch nur ein dummer Jungenstreich, wie
eben Jungen in diesem Alter sie machen. Heinz hatte
ihr doch gesagt, dass er wusste, welch guter Schwimmer Arno war.

Wenn doch Heinrich nicht alles so übertreiben würde!
Aber so war es immer, wenn es um Heinz ging. Seine
Härte und Rücksichtslosigkeit, seine Kälte hatten ihm
den Sohn entfremdet, dass er sogar vor ihm floh.

Den ganzen Tag über quälte sie sich mit diesen trüben Gedanken. Unbewusst sehnte sie sich nach einer
Aussprache mit Heinrich.

„Heinz ist gestern vor dir geflohen", sagte sie nach
dem Abendessen und erschrak vor der eigenen

Stimme: Aber ihr Blick war trotzig und herausfordernd, als sie ihn ansah.

„Mutig finde ich das nicht", meinte er trocken.

„Aber zum mindesten vorsichtig", gab sie gereizt zurück. „Er musste sich doch in Sicherheit bringen!"

„Das war gar nicht nötig; ich hätte ihn nie auch nur angetastet, das ist er nicht mehr wert", erwiderte er ernst.

Sie zuckte die Achseln und sah an ihm vorbei.

„Wie soll denn in Zukunft das Verhältnis zwischen euch sein?" forschte sie dann.

„Wie es sein soll? Er ist von jetzt ab nicht mehr mein Sohn, er war es ja nie", setzte er dann noch bitter hinzu. Er hatte langsam und mit so ernstem Nachdruck gesprochen, dass Ilse vor Schreck erblasste. Sie öffnete die Lippen, als ob sie etwas sagen wollte; aber dann schwieg sie und ging still hinaus. –

Arno Riffen hatte ebenso wie Heinrich Holler in Gedanken alles noch einmal durchlebt und war zu der Überzeugung gekommen, dass es ein Anschlag auf sein Leben gewesen war. Die Gemeinheit, die in dieser Tat lag, hätte er Heinz noch vergeben können; aber ihm klangen beständig seine hässlichen Worte in den Ohren, und die hatten sich gegen seine Mutter gerichtet. Das konnte er ihm nicht vergessen.

Warum hatte Heinz so etwas gesagt? War es Misstrauen, war es Neid? Es kam ihm schäbig vor, zu denken, dass ein Mann wie Heinrich Holler seiner Mutter mit unlauteren Gedanken oder gar Absichten nahen könnte.

Am folgenden Morgen sagte er seiner Mutter, dass er mit Heinz fertig sei.

„Kannst du ihm denn nicht vergeben, Arno?" fragte sie traurig.

Arno zuckte mit den Schultern. „Das ist nicht leicht, Mutter. Die gemeinen Worte die er sagt über andere, und überhaupt ist er so heimtückisch und bodenlos falsch und feige. Ein Freund kann er mir nie mehr sein!"

Arno wollte der Mutter das Gespräch im Kahn lieber nicht erzählen, es würde sie vielleicht sehr kränken.

Frau Riffen nahm seine Hand. „Wir müssen Mitleid mit Heinz haben, Arno. Sieh, so tief kann der Mensch sinken, wenn er den Heiland nicht kennt! Wir würden ebenso für das Böse offen und empfänglich sein, wenn Gott nicht über uns wachte und wir seine bewahrende Gnade nicht hätten. Das soll uns nicht kalt und hochmütig machen, sondern wir wollen den Verirrten und Verlorenen voll Liebe nachgehen und auch unsere Feinde lieben. Wollen wir das tun, mein Junge?"

„Ja, Mutter, mit Gottes Hilfe." Er wollte sich vom Herrn Jesus sein Herz füllen lassen mit erbarmender, vergebender Liebe.

* * *

Ilse wartete täglich voller Unruhe und Ungeduld auf einen Brief von Heinz. Die Ferien gingen bereits zu Ende, Arno reiste wieder ab. Von Heinz kam keine Nachricht. Dafür kam von der Schulbehörde eine Anfrage, warum Heinz nicht zum Unterricht erschienen sei. Telegramme wurden gewechselt. Das Ergebnis war, dass niemand wusste, wo Heinz sich aufhielt.

Ilse war außer sich. Sie sah in ihrer Angst die schrecklichsten Bilder vor sich. Dann ging sie zu Heinrich. Mit Tränen in den Augen bat sie ihn, ihr zu helfen, den Jungen zu suchen. „Heinrich, es ist doch auch dein Sohn!" Aus ihrer Stimme sprach ein gequältes Mutterherz.

„Nein", sagte er heftig, „er ist nicht mein Sohn! Du hast ihn mir genommen, du hast ihn erzogen zu dem, was er heute ist. Glaube nur nicht, dass ihm etwas zugestoßen ist", fuhr er nach einer Pause fort. „Er ist schlau und gerissen, ein sechzehnjähriger Bursche wie er kommt heute nicht um, zumal wenn er Geld in den Fingern hat, womit du ihn sicher reichlich versehen hast."

Sie nickte nur, sprechen konnte sie nicht. Sie fühlte sich ganz und gar verlassen. Ach, dass sie auch niemanden hatte, der ihr helfen, bei dem sie sich ausweinen konnte! Die Töchter dachten gewiss wie der Vater, niemand wollte die Angst ihres Herzens verstehen. Sie wagte nicht mehr, Heinrich zu bitten. Sein Gesicht war so streng und verschlossen; er würde sich nicht erweichen lassen, Heinz zu suchen.

Sie erhob sich und ging in ihr Zimmer, wo sie lange saß und verzweifelt vor sich hinbrütete.

Dora sah die Not. Schließlich fasste sie einen Entschluss: Sie wollte nach Königsberg fahren und dort Nachforschungen anstellen. Sie sagte es der Mutter, dass sie fahren würde.

Diese fiel ihr schluchzend um den Hals. „Das werde ich dir nie vergessen, Dora!"

Dora bekam nur kärgliche Auskunft. Die Pensionseltern hatten auf ausdrücklichen Wunsch von Frau Holler Heinz in allem völlige Freiheit gelassen, was nicht gegen die Hausordnung verstieß. Dieser hatte er sich fügen müssen; aber sonst tat er, was ihm beliebte. Er hatte eine große Vorliebe für die Kunstreiter gezeigt und war oft zu den Vorstellungen in den Zirkus gegangen.

Unter den Mitschülern wussten einige, dass er in letzter Zeit gedroht habe, er würde sich in der Schule nicht mehr länger so abquälen, er würde schon Mittel und Wege finden, um den verhassten Zwang von sich abzuschütteln und einmal als freier Mensch leben zu können. In der vergangenen Woche hatte sich ein Zirkus von hier nach Amerika eingeschifft.

Dora fuhr zum Hafen und erkundigte sich nach den Schiffen, die in den letzten Tagen mit Passagieren ihre Anker gelichtet hatten. Sie ließ sich die Listen mit den Namen vorlegen, die an Bord gegangen waren. Ihre Hände zitterten vor Aufregung, als sie die Namen der Schauspielertruppe überflog. Und richtig, da stand: „Heinrich Holler, sechzehn Jahre alt, gebürtig aus Garnsee; Stallbursche."

Dora ließ das Blatt sinken. Nun hatte sie Gewissheit. Um Heinrich war ihr nicht bange; er würde sich in der Welt durchsetzen. Aber wie würde die Mutter diese Nachricht aufnehmen?

Je näher sie der Heimat kam, desto unruhiger wurde sie. Sie überlegte angestrengt, wie sie es der Mutter am schonendsten mitteilen konnte. Ein Wagen holte sie an der Bahn ab.

Im Zimmer des Vaters war noch Licht. Leise ging sie hin und öffnete die Tür, dann stand sie vor ihm. Ihre Augen sahen ihn hilflos und flehend an.

„Was ist dir, Kind, wie siehst du aus?" fragte er erschrocken und griff nach ihrer Hand. Da sank sie auf einen Stuhl und sagte ihm alles. Heinrich hörte schweigend zu. Er schien ganz ruhig, aber in seinem Gesicht zuckte es. „Dass der Bengel es nicht einmal für nötig hielt, einen falschen Namen anzugeben!" dachte er grimmig.

„Vater, hilf mir, sage mir, wie ich es der Mutter mitteilen soll. Ich habe große Angst, dass sie sich darüber ganz furchtbar aufregt."

„Armes Kind, diese Aufregung kannst du ihr nicht ersparen. Du musst ihr die volle Wahrheit sagen, sie wird sie ertragen müssen." Er wandte sich um, Dora sollte sein Gesicht nicht sehen.

„Ach, bitte, komm doch mit", bat sie von neuem, „es ist mir dann nicht so bange um sie."

Da folgte er ihr wortlos. Ilse lag auf dem Sofa und starrte verzweifelt vor sich hin. Als die Tür aufging, hob sie nicht einmal den Kopf.

„Mutter", sagte Dora leise.

Da sprang sie mit einem Schrei auf: „Wo ist er?"

Dora drückte sie sanft auf das Polster zurück. Dann berichtete sie.

Ilse saß wie versteinert da. Ihr Blick ging ins Leere, ihre Gedanken schienen dem entlaufenen Sohn nachzueilen. Es stieg eine wehe Erkenntnis in ihr auf, dass ihr Sohn ihr noch viel Schmerz und Not bereiten würde. Da fasste sie plötzlich Doras Arm mit hartem Griff. „Du musst ihm nachfahren, ihn zurückholen!" Es klang wie ein Befehl.

Heinrich hatte bis jetzt still im Hintergrund gestanden, nun trat er an den Tisch. „Sei doch nicht so töricht, Ilse. Was würde Dora denn ausrichten? Der Junge hat seinen Eltern nie gehorcht – er hat es ja nicht gelernt –, glaubst du, er würde seiner Schwester folgen? Und zwingen kann sie ihn nicht. Sie wird nichts erreichen, gar nichts."

„Und was erreichst denn du mit deiner gemachten Ruhe, deiner vornehmen Gelassenheit?" brach es heftig aus Ilse heraus. „Ich will dir sagen, was du bist: ein rücksichtsloser, herzloser Tyrann! Du hast den Jungen zur Flucht veranlasst, und dann strafst du ihn noch für das, was du gesündigt hast. Ich wundere mich, dass er nicht schon längst vor dir geflohen ist. Du bist an all dem Unglück schuld! Warum hast du ihn so kalt und lieblos behandelt? Meinst du, er fühlte das nicht? Nie hattest du ein gutes Wort für ihn. Ja, wenn es der Arno wäre, den würdest du suchen gehen, für den würdest du dich aufopfern. Du bist ja ganz vernarrt in diesen, deshalb willst du von dem eigenen nichts wissen."

Ilse vergaß, dass Dora neben ihr saß. Der Blick in den tiefen Riss dieser Ehe ließ die Tochter das Leid des Vaters erst jetzt voll und ganz erkennen.

Heinrich stand aufrecht da und ließ ihre ungerechten Anklagen über sich ergehen. Er wunderte sich, dass er alles so ruhig anhören konnte von diesen Lippen, die ihm einst heiße, leidenschaftliche Worte der Liebe und Zärtlichkeit sagten. Aber das war lange her. Er fühlte, wie unter ihren ungerechten, bitteren Worten auch der letzte Rest des Vertrauens schwand. Nur noch Mitleid hatte er mit ihr.

„Arme Ilse!" sagte er aus wehen Gedanken heraus.

Sie hörte nicht den schmerzlichen Klang seiner Stimme. „Spare dir dein Mitleid", fuhr sie gekränkt auf, „ich brauche dein Bedauern nicht. Aber du hast gewiss nichts anderes mehr für mich übrig. Ja, so hältst du dein Versprechen, mich zeitlebens auf Händen zu tragen. Es ist eben alles Lüge gewesen und –"

„Ilse! Unterlass diese sinnlosen Reden, du schadest dir nur selbst damit, weil sie dich erniedrigen, und davor wenigstens möchte ich dich bewahren."

Damit verließ er sie. Als er gegangen war, besann sie sich. „Was machen wir nur?"

„Wenn du selbst ihn holen würdest – auf dich würde er doch am meisten hören –", begann Dora unsicher.

„Ich?" Ilse schüttelte sich vor Grauen. Sie auf dem Ozean, das konnte sie sich gar nicht vorstellen. Nein, das konnte sie wirklich nicht!

Da kam Dora ein tröstender Gedanke. „So warten wir eben, bis Heinz schreibt; denn schreiben wird er gewiss. Dann wissen wir, wie es ihm geht."

Es war nur ein hingeworfener Strohhalm, aber Ilse griff danach. „Ja, er wird schreiben! So leichtfertig ist er nicht, dass er seine Mutter vergisst." Nun war es ihr doch peinlich, dass sie sich vorhin so hatte gehen lassen. Sie wollte sich gern in Doras Augen rechtfertigen. „Du bist ein gutes, verständiges Mädchen", sagte sie. „Vater hatte mich vorher sehr gereizt, da war ich etwas ungehalten; er kann mich durchaus nicht verstehen."

Dora schwieg. Dass es traurig aussah in ihrem Haus, wusste sie längst. Als sie endlich in ihrem Zimmer war, weinte sie. „Ach, lieber Heiland", flehte sie, „Du machst ja allen Schaden gut, o, heile auch hier, hilf auch hier, wo sonst niemand helfen kann! Erbarme dich über das Elend unseres Hauses, erfülle die Herzen mit Deiner Liebe, mit Deinem Frieden!"

* * *

Eine bleierne Schwere lag auf allen Hausbewohnern. Ilse ging Heinrich aus dem Weg und sprach bei Tisch kein Wort mit ihm. Ihre Augen waren geschwollen vom vielen Weinen. Sie vernachlässigte sich, nur flüchtig ordnete sie ihre Haare. Um die Wirtschaft kümmerte sie sich überhaupt nicht, ihre Tage verbrachte sie in stumpfem Dahinbrüten.

Heinrich hielt sich so wenig wie möglich im Haus auf, aber er sah alles. Er fürchtete, dass Ilse krank werden könnte, und nahm sich vor, einen Arzt zu Rate zu ziehen. Er empfand es als großen Segen, dass er Dora hatte. Sie nahm still und ohne ein Wort darüber zu verlieren die Pflichten der Mutter auf sich und hielt so den gewohnten Gang der Wirtschaft aufrecht. Ihre freie Zeit widmete sie oft der Mutter. Sie erwies ihr Aufmerksamkeiten und umgab sie mit liebender Fürsorge. Aber alles schien vergeblich. Das einzige, worauf die Mutter täglich wartete, war ein Brief von Heinz.

Es war ein warmer, sonniger Tag. Die Heide stand in voller Blüte. Überall leuchtete es rot zwischen den Wacholderbüschen und auf den Lichtungen, wo nur vereinzelte Kiefern standen. Weit und breit war keine Stimme zu vernehmen, nur der Wind raunte in den Kronen der Kiefern.

Heinrich Holler liebte dieses Raunen, er nannte es seine ‚Waldmusik'. Er ging langsamen Schrittes den sandigen Weg entlang.

Da kam ein Wagen um die Wegbiegung, und er erkannte Magda Riffen darin. Wie freute er sich, ihr zu begegnen! Als sie ihn erreicht hatte, stieg sie aus und ließ den Kutscher langsam vorausfahren. Sie gingen Seite an Seite auf dem schmalen Waldweg. Magda Riffen fragte, wie es Ilse gehe.

„Wissen Sie, was geschehen ist?" fragte er zurück.

„Ja, ich habe alles erfahren", nickte sie. „Ich hätte Ihre Gattin gern einmal besucht, aber ich weiß nicht, ob es ihr recht ist."

„Kommen Sie nur mit!" sagte er lebhaft, „Ihr Besuch wird ihr gut tun." Dann schilderte er ihr die Zustände in seinem Haus. Sie nahm herzlich Anteil an allem und hörte teilnahmsvoll zu. „Sie glauben gar nicht, welch ein Geschenk meine älteste Tochter für mich ist! Ohne sie würde es jetzt böse bei uns aussehen. Sie ist uns wirklich unentbehrlich geworden!"

„Das freut mich sehr, gerade weil es Dora ist", erwiderte Frau Riffen. „Ich habe das stille, sanfte Mädchen schon vom ersten Tag an lieb gewonnen. Und Hanna, wie geht es ihr?"

„Sie ist, glaube ich, die einzige, die alles nicht so tragisch nimmt. Sie ist und bleibt ein Wildfang; ihr natürlicher Frohsinn hilft ihr. Aber zeitweise fühlt wohl auch sie den Druck. Ich habe mir schon überlegt, sie in ein Pensionat zu schicken, damit sie unter junge Menschen und in eine andere Umgebung kommt."

Frau Riffen fand dies auch gut. „Es tut mir so leid, dass alles so kam, es hätte so ganz anders sein können."

Heinrich schüttelte den Kopf. „Auf Dornen wachsen niemals Feigen. Heinz musste wohl so werden. Ilse hat ihn sich von Gott ertrotzt. Sie war wie im Fieber, ehe er kam, und als er da war, wurde das Kind ihr Abgott. Nie ist er zurechtgewiesen worden, keiner durfte ihn schimpfen. Ilse liebte nur noch ihn, und – ja, und da wurde er das, was er heute ist. Und ich bin bei seiner Geburt Witwer geworden."

Es war das erste Mal, dass Heinrich zu Magda Riffen von seinem Leid sprach. Er empfand es als eine Erleichterung, dass er sich einmal aussprechen konnte. Bei Dora, die ihn sehr liebte und verstand, konnte er dies nicht – er konnte bei der Tochter doch nicht die Mutter anklagen!

Frau Riffens verständnisvolles Zuhören tat ihm wohl. Längst hatte sie alles geahnt, nun aber erschütterte es sie zutiefst, alles so aus dem Mund dieses Mannes zu hören.

„Es war aber auch Ihr Junge!" sagte sie nun.

„Er hätte es sein sollen – leider war er es nie. Damals hätte ich ihn mir erkämpfen und von meinem Vaterrecht Gebrauch machen können, ich tat es nicht aus Furcht, Ilse zu verlieren. Ich wollte mein Glück um jeden Preis erhalten und ahnte nicht, dass ich es gerade damit verlieren würde."

„Ja", sagte Frau Riffen, „es konnte auch nicht anders sein, denn es erfüllen sich die Worte Jesu: ‚Ohne mich könnt ihr nichts tun'. Ich weiß es aus meinem eigenen Leben, dass wir wirklich nichts ohne Ihn tun können, weder arbeiten noch erziehen, weder lieben noch beglücken; auch nicht vergessen und vergeben können wir ohne Ihn. Wo wir es tun sollten, versagen wir völlig. Wir sind so schwach und ohnmächtig und lassen uns von Gefühlen irre leiten. Erst als ich es lernte, mit meinem himmlischen Vater alles zu tun, wurde es licht auf meinem Weg."

„So wurden Sie erst das, was Sie sind?" fragte er gespannt.

Magda nickte. „Aber ehe Er mich in diese Tiefen führte, hatte ich im Glauben schon seine Hand erfasst. Ich war geborgen und fühlte wie der Psalmist: ‚Denn du bist bei mir!' Sehen Sie, dieses blinde Sich-an-Gott-halten ist ein verborgener Kraftquell, ist das Geheimnis aller Überwindung und allen Segens."

Heinrich hatte bisher in Magda Riffens ganzem Wesen nur eine gute Art, eine glückliche Veranlagung gesehen, die, mit ihrem lauteren Charakter gepaart, harmonisch zusammen wirkte. Nun sagte sie selbst, dass sie erst lernen musste, so zu werden.

Sie verabschiedeten sich bald darauf, und er ging gedankenvoll nach Hause. Dort ging er gleich in sein Zimmer. Er wollte ganz ungestört sein, um diese Gedanken zu verarbeiten. ‚Ohne mich könnt ihr nichts tun!' Diese Worte ließen ihn nicht mehr los. Nichts – wirklich nichts – nicht lieben und erziehen, nicht glücklich machen und glücklich sein? – Ja, aber durfte man denn Gottes Wort so für sich persönlich nehmen, so auf sich beziehen und es im Alltagsleben anwenden? Seine Bibel lag vergessen im Bücherschrank, es war ihm nie eingefallen, sie zu lesen. In der Kirche hörte man ja auch Gottes Wort – das genügte doch.

Nun kam diese Frau und lehrte ihn, dass man sein ganzes Denken und Handeln, sein ganzes Leben nach der Bibel einrichten muss, weil man ohne Gott nichts anfangen, nichts tun kann. Wenn das Wahrheit war, dann war ja sein bisheriges Leben gleich Null, weil er alles ohne Jesus Christus getan hatte! Umgekehrt müsste es also heißen: ‚Mit mir könnt ihr alles tun!' Alles? Dann müsste er auch dem ungeratenen Sohn verzeihen können, ihn lieben! Ja, war denn das möglich?

In seiner Unruhe wusste er sich keinen Rat. Da fiel ihm die Bibel ein. Er wollte die Stelle suchen und sie im Zusammenhang lesen. Eifrig blätterte er, aber er konnte sie nicht finden. Da las er die Worte Jesu in Matthäus 5: „Ich aber sage euch: Wer mit seinem Bruder zürnt, der ist des Gerichts schuldig." Er las weiter bis zum 28. Vers: „Ich aber sage euch: Wer eine Frau ansieht, ihrer zu begehren, der hat schon die Ehe mit ihr gebrochen in seinem Herzen."

Erschrocken hielt er ein. Wie, so genau nahm es Jesus? Der Gedanke gilt bei ihm schon so viel wie die Tat? Er dachte darüber nach: Ja, es war so, denn zuerst ist der Gedanke, er ist der Ursprung jeder Tat, und für Jesus, der die Herzen erforscht und kennt, gilt der sündige Gedanke so viel wie die sündige Tat. Er schüttelte sich. „Vielleicht urteilt Gottes Wort doch etwas zu hart!" wehrte sich sein Stolz.

„Nein, es ist Wahrheit, du fällst unter dieses Wort", sagte ihm das eigene Gewissen. Er vergrub den Kopf in seine Hände und saß lange so. Was sollte er tun? Wie sollte er heraus aus dieser Seelennot? Wer war denn dann noch gut vor Gott? Wer sollte da gerecht sein und vor Ihm bestehen können?

Er hatte sich zum erstenmal wirklich selbst erkannt. Das Schuldbewusstsein drückte ihn nieder. Er fühlte und wusste, dass er einen Helfer, einen Heiland brauchte, der seinen Schaden heilte. „Ohne mich könnt ihr nichts tun!"

„Herr, mein Gott", stöhnte er, „ich habe bisher alles getan ohne Dich, und darum ist alles nichts als Schaden! Hilf mir, von jetzt an alles mit Dir zu tun! Nimm mich an, mein Heiland und Erlöser, gib mir ein neues Herz!" Er erkannte seine große Sündenschuld und dass er sich nicht mehr länger gegen Gottes Urteil zu wehren vermochte.

Als er aufstand, war er ein gebrochener, zerschlagener Mann, klein und elend in seinen Augen; aber Glück und Friede erfüllte seine Seele, wie es die Welt nicht kennt. Heinrich Holler war in dieser Nacht vom Tod zum Leben durchgedrungen. Er hatte sich bekehrt und war von neuem geboren.

* * *

Am nächsten Tag beim Mittagstisch fiel ihm auf, wie blass und schmal Dora aussah. „Das arme Kind", dachte er mitleidig, „wie mag sie unter allem leiden!" Sie sollte auch die erste sein, der er von seinem Erlebnis in der vergangenen Nacht erzählte.

Ilse erschien nicht bei Tisch, sie hatte Kopfweh. Er hatte sie heute noch nicht gesehen; am Morgen nahm er das Frühstück allein ein, weil es für die anderen zu früh war.

Nach dem Essen bat er Dora mit in sein Zimmer zu kommen. Erwartungsvoll sah sie zu ihm auf. Als er die Tür geschlossen hatte, wies er mit der Hand auf die aufgeschlagene Bibel, die auf seinem Schreibtisch lag.

„Dieses Buch soll fortan mein Wegweiser sein. Ich habe heute Nacht erkannt, dass ich so nicht weiterleben kann, weil es ein Leben ohne den Herrn Jesus gewesen ist. Nun soll Er mein Führer und mein Heiland sein."

Dora umarmte den Vater und weinte, sie wusste selbst nicht warum. Durch diese Tränen löste sich der Druck der vergangenen Wochen, der so schwer auf ihr gelastet hatte. Glücklich sah sie ihn an. „Gott hat mein Gebet erhört, Ihm sei Dank", flüsterte sie.

„Du liebes Kind, du hast durch deine Fürbitte zu meinem Frieden mitgeholfen. Wir wollen treu dem Herrn nachfolgen, wie Er uns auch führt, und für die anderen beten, dass auch sie Ihn finden." –

Am späten Nachmittag fuhr der Wagen von Frau Riffen vor. Sie ließ sich bei Ilse melden, die ganz verlegen aussah. Es war ihr unangenehm, dass diese Frau zu ihr kam. Hatte sie denn vergessen, was vorgefallen war? Oder wollte sie nur an die böse Tat von Heinz erinnern?

„Verzeihen Sie diese Überrumpelung", sagte die Besucherin freundlich; „aber ich wollte gern einmal sehen, wie es Ihnen geht."

„Warum?" fragte Ilse ausweichend.

„Ich weiß doch, welch ein Leid über Sie gekommen ist!"

„Was verstehen Sie schon von meinem Leid?" Ilse wandte sich ab.

Da fasste Frau Riffen ihre Hand. „Auch ich habe viel Schweres erlebt. Und wenn man so viel durchgemacht hat, dann hat man auch Verständnis und Mitgefühl für fremdes Leid."

Ilse sah sie ungläubig an. „Sie sehen nicht aus, als ob Sie viel gelitten hätten", meinte sie.

Magda Riffen lächelte. „Das steht freilich nicht jedem Menschen an der Stirn geschrieben, aber desto mehr im Herzen. Wenn es Sie interessiert, erzähle ich Ihnen einmal etwas aus meinem Leben. Aber vorher möchte ich Sie bitten: Haben Sie Vertrauen zu mir, ich möchte Ihnen so gerne helfen."

„Mir kann niemand helfen!" Doch dann war plötzlich das Eis gebrochen. Ilse schüttete nun ihr Herz vor Frau Riffen aus, und es war viel, was sich da angesammelt hatte. Sie machte keinen Hehl daraus, dass ihr Mann in ihren Augen der Schuldige war. Sie klagte ihn bitter an und war froh, dass sie endlich einem Menschen so frei und rückhaltlos alles sagen konnte.

Frau Riffen hörte geduldig zu. Sie befand sich in einer schwierigen Lage. Ilses Vorwürfen gegen den Gatten konnte sie nicht zustimmen. Sie sah ganz klar, dass Ilses unnatürliche Mutterliebe die Ursache zu allem war. Aber sie war zu rücksichtsvoll, um ihr dies ins Gesicht zu sagen; sie fürchtete, Ilse damit zu kränken. „Herr, gib mir die rechten Worte!" seufzte sie im stillen.

„Für die Mädchen war er stets zu jedem Opfer bereit, für die hatte er immer Zeit und immer eine Freude. Ich konnte dies von Anfang an nicht verstehen, es sind doch bloß Mädchen. –"

„Sehen Sie denn einen Unterschied zwischen Jungen und Mädchen? Ich meine, ob sie nicht gleichwertig in Ihren Augen sind?" fragte Magda.

„Aber das ist doch selbstverständlich! Ein Junge, ein Sohn, ist doch ungleich wertvoller, er wird später der Bestimmende im Leben, im Beruf –, ein Mädchen ist immer nur der dienende Teil, oft nur der leidende."

„Ja, es ist so. Aber oft finden wir Heldinnen unter ihnen, die einen starken Mann beschämen können. Da denke ich ein wenig anders. Sehen Sie, der Herr Jesus hat keinen Unterschied zwischen Mann und Frau gemacht, vor Ihm sind beide gleich. Der Frau stehen die selben Rechte zu wie dem Mann."

„Aber Sie werden doch selbst zugeben, dass unsere Stellung eine untergeordnete ist", sagte Ilse beharrlich.

„Ja, ich weiß, es steht geschrieben: ‚Und der Mann soll dein Herr sein'. Aber wo Christi Geist und seine Liebe in den Herzen regiert, sind sie beide Ihm untertan, dann ist jeder Diener und Herrscher zugleich."

„Ach", seufzte Ilse, „das ist doch nur ein Ideal! In Wirklichkeit sehen die Menschen und die Ehen so ganz anders aus."

„Leider ja!" gab Frau Riffen zu. „Aber es brauchte nicht so zu sein. Der Fehler liegt bei uns selbst. Wir wissen oft in der Liebe wie in der Strenge keine Grenzen zu finden, und deshalb gibt es so viele Disharmonien in unserem Leben."

„Gab es die in Ihrer Ehe auch?" fragte Ilse schnell. Das Gespräch wurde ihr unbequem.

Magda Riffen nickte traurig. „Ja, ich habe den Schmerz der Zerrissenheit und des Unfriedens ausgekostet. Als ganz junges, lebenslustiges Mädchen heiratete ich und meinte, ich würde immer nur auf Rosen gebettet sein. Im Anfang schien es auch so. Wir hatten einander lieb, waren in geachteter Stellung – mein Mann war Offizier – , wir hatten viel Geselligkeit, waren glücklich und lebten fröhlich in den Tag hinein. Da wurde plötzlich unser ältestes Kind krank. Unsere Elli war eben acht Jahr alt, als sie starb. Aber ich habe noch bis heute niemand so freudig sterben sehen. Sie war fest überzeugt, dass sie in den Himmel zum Herrn Jesus, ihrem Heiland geht, und das machte sie so fröhlich. Mir war es rätselhaft, woher das Kind diesen Glauben hatte – von uns jedenfalls nicht, denn damals sprachen wir nie vom Heiland. Später erfuhr ich, dass unser Kindermädchen ihr von Ihm erzählt hatte. Für mich gab es am Totenbett meines Kindes ein schreckliches Erwachen. Gott hat mir damals mein Herz gezeigt und wie weit ich von Ihm entfernt war. Jetzt wurde mein totes Kind mir der Wegweiser zum Heiland. Tagelang habe ich ringen müssen, bis ich die Gewissheit hatte, dass auch ich ein Eigentum Jesu Christi war. Von da an wurde mein Leben anders. Ich sah plötzlich bei mir überall Schäden und Mängel, wo ich früher nie etwas gemerkt hatte. Wie froh war ich, dass die Trauer um mein Kind ein Grund war, mich von den Gesellschaften und Vergnügungen zurückzuziehen! Da fing der Riss in unserer Ehe an. Mein Mann suchte mich anfangs zu überreden und mir diese ‚überspannten Ideen' zu vertreiben. Er wurde ungeduldig und heftig; er fürchtete den Spott der Gesellschaft. Aber ich blieb konsequent. Da wandte er sich im Zorn von mir ab und ignorierte mich völlig."

Magda Riffen hielt inne und sah durch das Fenster auf die bunten Asternbeete im Garten. Ilse bemerkte einen schmerzlichen Zug um ihren Mund.

„Diese Verachtung von Seiten meines Mannes und aller Verwandten wurde mir anfangs schwer. In der Gesellschaft galt ich sogar für geistesgestört, man tuschelte von religiösem Wahnsinn. Das reizte meinen Mann bis zu blinder Wut. Er wollte mich oft mit Gewalt zwingen, zu solchen Ballabenden zu gehen. Ich war in großer Bedrängnis, einsam und alleinstehend. Da schickte Gott mir Hilfe. Eine ältere Dame, die sehr zurückgezogen lebte, besuchte mich und sprach mir Trost zu. Sie lud mich ein, zu den Bibelstunden zu kommen, die in ihrem Hause gehalten wurden. Wie dankbar war ich dem Herrn für diese Güte, denn nun stand ich nicht mehr so allein da. Ich wusste, dass treue Menschen für mich beteten, und das gab mir Kraft und Ausdauer. – In unserer Ehe wurde es noch schlimmer. Mein

Mann quälte mich mit seiner Eifersucht. Er untersagte mir den Besuch der Versammlungen aus niedrigem Verdacht, instruierte diesbezüglich auch unser Dienstpersonal, und ich wurde bewacht wie eine Verbrecherin. – Eines Morgens, in aller Frühe, kam eine Ordonnanz mit der Nachricht, dass mein Mann schwer verwundet im Lazarett liege. Er hatte mir nicht gesagt, dass er vor einem Duell stand. Nun erfuhr ich es erst, als es vorüber war. Ich eilte sofort hin, wurde aber nicht in sein Zimmer gelassen, da die Operation eben erst beendet war und mein Mann noch ohne Besinnung lag. Er hatte einen Lungenschuss, und die Ärzte machten ernste Gesichter. Später erfuhr ich, dass sein Gegner tödlich verletzt worden war. Ich kann Ihnen nicht schildern, welch bange, dunkle Stunden es waren, bis ich Gewissheit hatte, dass er genesen werde. Doch welch einen Trost habe ich damals erfahren: ‚Und ob ich schon wanderte im finstern Tal, fürchte ich kein Unglück, denn du bist bei mir'. Mein Mann erholte sich zwar, blieb aber leidend und musste seinen Abschied nehmen, als er aus der Festungshaft entlassen wurde. Das war für ihn der schwerste Schlag. Dadurch wurde er verbittert und unzugänglich, verbohrte sich täglich mehr in sein Unglück und wurde bald von seinen Kameraden gemieden, deren Bedauern und Mitleid ihn rasend machen konnten. Arno und Klärchen waren die einzigen, die er um sich duldete. Aber wenn er unter den Anfällen litt, war er auch gegen sie hart und ungerecht. Es schien ihm eine Erleichterung zu sein, uns alle zu quälen. Ach, Frau Holler, jetzt muss ich Ihre eigenen Worte: ‚Das können Sie nicht verstehen, weil Sie es nie erlebt haben!' wiederholen. Sein Leiden verschlimmerte sich nach einiger Zeit, der Arzt riet ihm, nach Italien zu gehen, um im warmen Klima Genesung zu finden. Er befolgte diesen Rat, kehrte aber ebenso krank zurück. Auf meine Bitte, sich mit Gott versöhnen zu lassen und Frieden bei Ihm zu suchen, hatte er nur ein verächtliches Lächeln. Er wollte von Gnade und Vergebung nichts wissen. So lebte er noch drei Jahre, ein unglücklicher, mit sich und seinem Schicksal hadernder Mensch. Dann starb er plötzlich bei einem neuen verstärkten Anfall. Ach, dieses Sterben war für mich das Furchtbarste! Wenn ich es verglich mit dem Heimgang der kleinen Elli, dann packte mich ein Grauen. Ich wurde krank und bekam ein Nervenleiden, hervorgerufen durch die große seelische Anspannung und die Aufregung der letzten Jahre. Aber langsam erholte ich mich und zog dann mit dem ganzen Haushalt nach Langenberg. Gott hat alles so wunderbar gefügt und uns hier eine schöne, friedvolle Heimat geschenkt, und ich weiß, dass Er auch fernerhin mein Führer ist."

Ilse sah schweigend vor sich hin. Sie schämte sich, wie sehr hatte sie diese Frau verkannt! Sie fragte sich, ob auch sie bei dem kranken Mann ausgehalten und ihn gepflegt hätte? Aber zugleich ärgerte sie sich über diese Gedanken, sie hatte ja ihr eigenes Leid zu tragen, und das war doch wirklich schwer genug!

Doch beim Abschied hielt sie Magdas Hand länger fest und fragte schüchtern, ob sie nicht bald einmal wiederkäme, sie würde sich freuen.

Frau Riffen versprach es und freute sich, dass Ilse ihre kalte Zurückhaltung aufgegeben hatte.

Als der Wagen mit ihr davon rollte, kam Heinrich Holler vom Feld heim. Dora ging ihm im Garten entgegen. „Frau Riffen war hier", sagte sie.

Arm in Arm gingen sie langsam dem Haus zu.

„Ich freue mich so, dass Frau Riffen wiederkommen will. Sie hat es Mutter versprochen. Ich glaube, sie wird ihr am meisten helfen und hat wohl auch einigen Einfluss auf sie."

Heinrich antwortete nicht. Er überlegte, ob er Ilse heute mitteilen sollte, dass er zu Gott gefunden habe. Er liebte es nicht, etwas aufzuschieben, was man gleich tun sollte.

Als er ins Wohnzimmer trat, saß Ilse, den Kopf aufgestützt, am Tisch. Sie schien ganz in Gedanken versunken.

„Wie geht es dir? Hast du noch Kopfschmerzen?" fragte er liebevoll und fasste nach ihrer Hand. Sie nickte beklommen, sein herzlicher Ton machte sie unsicher.

Er zog sich einen Stuhl heran und nahm neben ihr Platz. Es dunkelte bereits, und er konnte Ilses Gesicht nicht mehr deutlich sehen. Dennoch wusste er, dass sie ihn erstaunt ansah.

„Ich habe dir etwas zu sagen, Ilse", begann er, „Gott hat in der vergangenen Nacht mit mir geredet, und ich habe Vergebung und Frieden gefunden. So will ich auch Heinz alles vergeben, was er uns angetan hat; es soll von jetzt an mit Gottes Beistand ein neues Leben werden."

„Was nützt dem Jungen deine Vergebung?", sagte sie müde, „du kannst ihn damit nicht zurückbringen!"

„Nein, das kann ich nicht; aber ich will für ihn beten, dass Gott ihn wieder zurück bringt. Und ich glaube fest, dass Er es tun wird."

Ilse seufzte nur, sie wagte nicht auszusprechen, was sie jetzt dachte – dass ihm diese Einsicht zu spät komme.

„Ilse", er presste ihre schmale Hand in der seinen, „wir haben beide viel an ihm verdorben und gesündigt, wir haben alles ohne den Heiland Jesus Christus getan, und deshalb wurde alles so traurig. Aber der Herr wird diesen Schaden heilen, Er kann und wird es tun, davon bin ich fest überzeugt!"

„Du sprichst ja genau so wie Frau Riffen", platzte sie heraus. „Hast du das Beten von ihr gelernt?"

„Nicht so, wie du es meinst", erwiderte er ruhig, „aber sie hat mir den Weg zum Heiland gezeigt. Ich weiß nicht, ob ich Ihn schon gefunden hätte, wenn wir sie nicht kennen gelernt hätten."

Ilse wurde das Gespräch unbequem. Sie suchte krampfhaft nach einer Entgegnung und fand doch keine Worte. Sie musste plötzlich an Magdas Gatten denken. War es nicht ein großes Glück, dass Heinrich so ganz anders war?

„Und nun bitte ich dich, Ilse, vergib mir, wenn ich hart und lieblos gegen dich war, es tut mir von Herzen Leid."

Sie kämpfte mit aufsteigenden Tränen. Etwas in seiner Stimme machte sie weich, entwaffnete sie. „Wirf dich auch dem Heiland in die Arme, weine dich aus an seiner Brust!", sagte die Stimme ihres Herzens. Aber es war ihr so fremd und ungewohnt; so blieb sie steif und unbeweglich sitzen und schwieg.

Heinrich wartete geduldig. Er wusste, dass er sie nicht drängen durfte. Vielmehr sollte in Zukunft sein Leben eine Predigt für sie sein, und der treue Herr würde ihm Kraft und Weisheit dazu geben.

Dora trat ins Zimmer und machte Licht. Da löste Ilse hastig ihre Hand aus der seinen und erhob sich. Ihr kam diese Störung gerade recht. Dann kam auch Hannchen herein mit fröhlichem Lachen und übermütigen Augen. „Gibt es bald etwas zu essen?" wandte sie sich an die Schwester. „Ich habe einen riesigen Hunger."

„Wo bist du nur heute wieder herumgestrolcht?" fragte Heinrich und betrachtete ihre frischen roten Wangen.

„Ja, denke nur, Vati, ich war auf der Fasaneninsel. Schade, dass ich kein Jäger bin, sonst hätte ich euch einen schönen Braten mitgebracht." Lebhaft erzählte sie nun, was sie gesehen hatte, und schilderte lachend ihre Entdeckungsreise.

Beim Abendbrot sprach Heinrich seine Gedanken hinsichtlich des Pensionats aus.

Hanna blickte von einem zum anderen. „Soll das eine Strafversetzung sein?" fragte sie dann vorsichtig.

„Hast du ein schlechtes Gewissen?" lachte der Vater. „Nein, es ist keine Strafversetzung; aber es wird langsam Zeit, dass du unter andere Menschen kommst, du verwilderst uns hier ganz und gar. Und du verstehst auch noch nichts vom Haushalt, das kannst du dort alles lernen."

„Ach, wozu denn, Papa", meinte sie übermütig, „ich heirate nie, und dann brauche ich das alles nicht."

„Nun, darüber reden wir vielleicht in einigen Jahren noch einmal. Jedenfalls darf dein ganzes Können nicht allein in Reiten, Schwimmen und Rudern bestehen."

Hanna fügte sich schmollend. „Und wann soll ich fort?"

„Vielleicht noch vor dem Winter. Würde es dir recht sein, Ilse?" fragte er.

„Es würde gehen, wenn wir gleich alles besorgen, was zu ihrer Ausstattung fehlt", sagte sie lebhaft.

Heinrich freute sich im Stillen, dass Ilse endlich einmal an etwas interessiert war.

Vor dem Schlafengehen kam Hanna schnell noch in sein Zimmer gehuscht. „Papa, bitte, darf ich mal einen ganz großen Wunsch aussprechen?"

„Du bist doch noch ein rechtes Kind mit deinen siebzehn Jahren", sagte der Vater lächelnd; „aber schieß los, wir wollen sehen, ob er zu erfüllen ist."

„O, er ist es", sagte sie und flüsterte ihm etwas ins Ohr.

„Aha, der Goldfuchs hat es dir angetan! Nun, du sollst ihn haben, wenn du mir versprichst, immer recht fleißig und brav zu sein."

„Ja, ja, das will ich", sagte sie und erdrosselte ihn beinahe vor Freude und Begeisterung.

„An ihr ist ein Junge verloren gegangen", dachte er, als er wieder allein war. –

In den nächsten Wochen gab es viel zu tun. Es wurden Einkäufe gemacht, die Schneiderin geholt und viel beraten und besprochen. Ilse fuhr zu Frau Riffen, die ihr die Adresse eines guten Pensionats gab.

* * *

Der Herbst war sonnig und warm, das wirkte sich auch auf Ilses Stimmung aus, sie wurde munterer und lebhafter. Heinrich und die Töchter umgaben sie mit viel Liebe und Aufmerksamkeit.

An einem stillen warmen Nachmittag im Oktober kam Frau Riffen über den See. Es war ein Genuss, so im Kahn über das stille, glatte Wasser zu gleiten. Die Bäume an den Ufern färbten sich bunt, und die Weinranken an der Veranda leuchteten glühend rot. Über die Felder und von Busch zu Baum zogen sich feine Spinnweben gleich Silberfäden. Der Herbst teilte Gaben aus, reich und verschwenderisch, er überschüttete alles mit farbenfroher Schönheit.

Dora sah vom Fenster aus Frau Riffen kommen und ging ihr entgegen. „Es wird Mutter sehr Leid tun, dass Sie sie nicht daheim antreffen", sagte sie nach der Begrüßung. „Sie ist gleich nach dem Essen mit Hanna in die Stadt gefahren, um etwas umzutauschen."

„Das ist schade; aber ich komme gern ein andermal wieder. Es ist ja bei diesem schönen Wetter ein Vergnügen", erwiderte sie.

„Mutter freut sich jetzt immer auf Ihren Besuch. Finden Sie nicht auch, dass sie etwas lebhafter ist?"

Frau Riffen nickte. „Was mag wohl die Ursache dazu sein? Hat sie Nachricht von Heinz?"

Dora schüttelte den Kopf. „Nein, das nicht, aber ich glaube, es macht viel aus, dass der Vater jetzt so anders ist. Seit ich weiß, dass er den Heiland lieb hat und für die Mutter und Heinz betet, erscheint mir alles im Haus viel heller und schöner. Ich glaube, Mutter fühlt das auch und kann sich auf die Dauer diesem Einfluss nicht verschließen."

Magda Riffen war stehen geblieben. „Was sagen Sie, Dora, Ihr Vater hat den Heiland lieb?"

„Ja, wissen Sie es noch nicht? Das war ja schon damals, als Sie das letzte Mal hier waren, da sagte er es mir noch am selben Mittag."

Frau Riffen teilte von ganzem Herzen Doras Freude darüber, dass sie an ihrem Vater einen Verbündeten hatte, und ihr Herz war von Dank erfüllt gegen Gott, der Gebete erhört. –

„Hannchen ist so ganz anders geartet als Sie", sagte sie später zu Dora.

„Ja, sie ist ein rechter Brausewind, aber sie ist ein liebes, offenherziges Geschöpf und nicht so oberflächlich, wie es manchem scheinen mag. Ich habe sie ganz besonders lieb, vielleicht auch schon deswegen, weil sie die Jüngste ist."

„Und wie geht es den anderen beiden, Hilde und Annelies?"

„Danke, nach ihren Briefen recht gut. Bei Hilde ist in der vorigen Woche ein kleiner Junge angekommen. Sie sind sehr glücklich darüber, besonders der junge Papa soll sehr stolz auf seinen Stammhalter sein."

„Das glaube ich gern", meinte Magda lächelnd.

Da trat Heinrich ins Zimmer. Er streckte Frau Riffen freudig die Hand hin. „Sieh da, welch lieben Besuch wir haben!" sagte er fröhlich. „Das herrliche Wetter haben Sie gewiss ausnutzen wollen?"

„Nun, das ist nicht der einzige Grund. Ich wollte Ihre Gattin besuchen."

„Kommen Sie, so oft es Ihnen möglich ist", sagte Heinrich ernst. „Ich erhoffe mir viel von Ihrem Einfluss auf meine Frau. Sie haben recht gehabt damals im Wald, wir können wirklich nichts ohne den Herrn tun, und – auch ich habe angefangen, alles mit Ihm zu tun."

„Ich habe es soeben von Ihrer Tochter erfahren. Sie glauben gar nicht, wie groß meine Freude ist – sogar die Engel im Himmel haben Anteil daran."

„Helfen Sie weiter beten für Ilse und den verlorenen Sohn. Gott kann ihn zurückbringen, wenn es auch lange dauern sollte." –

Einige Wochen nach Hannas Abreise kam ein Brief von Heinz. Ilse wurde blass, als sie zwischen den anderen Postsachen die Schriftzüge ihres Sohnes und den überseeischen Poststempel erkannte. Sie schloss sich in ihrem Zimmer ein, um ihn zu lesen. In fieberhafter Unruhe öffnete sie den Brief. Sie las, und während ihre Augen über die wenigen flüchtigen Zeilen flogen, erlosch ihre Freude.

Heinz brauchte Geld, deswegen schrieb er. Es ging ihm nicht besonders glänzend, aber er würde sich schon einen Weg bahnen. Sie solle nur nicht denken, dass er Heimweh habe. Er wolle Kunstreiter werden, da würde sie es wohl verstehen, dass er Geld zu seiner Ausbildung brauche. Überhaupt komme man ohne

Geld nicht vorwärts. Sie solle es ihm nur gleich schikken, der Vater brauche ja vorläufig nichts davon zu erfahren, der würde ihr gewiss nur Schwierigkeiten machen. Überdies müssten sie ja für ihn sorgen, so lange er selbst nicht dazu imstande sei; also hätte er Anspruch darauf. Das freie Leben gefiel ihm gut, er werde sobald nicht nach Deutschland zurückkehren.

Ilse stöhnte. Geld, Geld, Geld! Das war der einzige Grund, der ihn zu dem Schreiben veranlasst hatte – kein Wort der Liebe, das ihrem wunden Mutterherzen wohl tat und ihre Sehnsucht nach ihm zu stillen vermochte. Nur der Ruf nach Geld!

Ihr erster Gedanke war, zu Heinrich zu gehen und ihn um Rat zu bitten. Aber er durfte ja diesen Brief nicht sehen, er würde darin nur eine Bestätigung seiner Meinung von Heinz sehen und entschieden gegen eine Geldsendung sein. Auch hatte sie nicht den Mut, für Heinz zu bitten, weil sie sich seines herzlosen Briefes schämte.

Wenn sie ihm Geld senden wollte, brauchte sie Heinrich gar nicht. Er hatte es von Anfang an so gewünscht, dass sie über einen Teil ihres Vermögens freie Verfügung hatte. Den anderen Teil hatte er zur Aufbesserung seiner Landwirtschaft und zum Aufbau seines Gutes verwandt.

Aber sollte sie ihm den Brief ganz verheimlichen? Das ging nicht; er hatte ein Recht, darum zu wissen. Was sollte sie tun? Sollte sie dem Jungen Geld senden? Wenn er es zu seinem Fortkommen nötig brauchte, warum sollte sie nicht seine Bitte – die zwar ja fast eine Forderung war – erfüllen?

Kurz entschlossen schrieb sie einige Zeilen an ihren Bankier und bat ihn, an die beiliegende Adresse ihrem Sohn umgehend eine bestimmte Summe zu überweisen. Dann versuchte sie, einen Brief an Heinz zu schreiben; aber es blieb bei einem Versuch. Sie fühlte eine große innere Unruhe, wenn sie an ihren Gatten dachte. Wie würde er wohl ihre Handlungsweise beurteilen? Vielleicht war es doch besser, wenn sie ihm den Brief vorlegte; er war doch jetzt versöhnlicher und milder gegen Heinz gestimmt. Er hatte ihm ja auch vergeben. Aber je länger sie sich damit beschäftigte, desto mehr schwand ihr der Mut.

Endlich hielt sie es nicht mehr aus. Sie ging zu Dora und gab ihr, ohne ein Wort zu sagen, den Brief. Dora sah, nachdem sie ihn gelesen hatte, die Mutter mitleidig an. Es tat ihr weh, dass der Bruder so selbstsüchtig und herzlos war.

„Weiß es der Vater schon?"

Ilse schüttelte den Kopf. „Ich fürchte mich, ihm diesen Brief zu zeigen", bekannte sie ehrlich.

„Dann will ich es für dich tun."

Die Mutter atmete erleichtert auf.

Als Heinrich von dem Brief erfuhr, sagte er, er wolle selbst mit Ilse darüber reden. Als er wenig später bei ihr eintrat, fuhr sie erschreckt auf.

„Fürchtest du dich so vor mir, Ilse?" fragte er traurig. „Hast du so wenig Vertrauen zu mir?"

Sie blickte verlegen auf das zerknitterte Papier in ihrer Hand, dann reichte sie ihm wortlos den Brief hin.

Heinrich überflog ihn. „Wir werden ihm kein Geld schicken", sagte er ruhig.

„Ich habe es bereits getan", erwiderte sie kleinlaut.

„Das war übereilt und unüberlegt von dir. Dein Geld wird ihn nur selbstsicher und übermütig machen und entfremdet ihn uns immer mehr. Wenn er wirklich darben lernte, fände er wohl auch wieder heim."

„Oder er geht zugrunde, er wird stehlen und betrügen, und dann würde uns die Schuld treffen", meinte Ilse kläglich.

„Davor können wir ihn nicht bewahren, selbst wenn wir ihn reichlich mit Geld versorgten. Wir müssen nun endlich einmal Strenge anwenden. Ich glaube, dieser Brief hat dir die Augen geöffnet, wie er wirklich ist."

Sie nickte und brach in Tränen aus. „Ach, Heinrich, du hast mir gesagt, dass du ihm verziehen hast!" schluchzte sie.

„Das will ich auch nicht widerrufen!" versicherte er. Er trat zu ihr und legte den Arm um ihre Schultern. „Ilse, lass uns gemeinsam um unseren Jungen ringen und versuchen gut zu machen, was wir verdorben haben. Gott wird uns die nötige Liebe und Weisheit dazu geben."

Sie lehnte den Kopf an seine Brust und schluchzte heftiger. Er sah ihren Kummer und den Schmerz ihres wunden Mutterherzens.

„Habe nur ein wenig Vertrauen zu mir", bat er, „ich möchte dir so gern tragen helfen. Verzage nicht, der Herr kann alles noch zum Guten wenden!"

Zaghaft sah sie ihn an. „Glaubst du wirklich daran?"

„Ja", sagte er bestimmt, „denn bei Gott ist kein Ding unmöglich!"

* * *

Kurz vor Weihnachten kamen Hilde und Annelies mit ihren Männern und auch Hanna heim zu Besuch. „Wir wollten euch überfallen", sagte Hanna fröhlich.

Trotz der Wiedersehensfreude lag ein gewisser Druck auf allen. Die verheirateten Schwestern vermieden es sorgsam, nach Heinz zu fragen.

Ilse seufzte: „Wo mag er nur in diesen Tagen sein?"

Es schmerzte sie, dass niemand nach ihm fragte; aber zugleich sah sie ein, dass es gut so war.

Nach Silvester reisten die Kinder ab, und es wurde wieder still im Haus. Ilse hatte noch einmal an Heinz geschrieben und ihn gebeten, doch nach Hause zu kommen; der Vater habe ihm vergeben und sei jetzt sehr verändert, er werde sich ebenfalls über sein Kommen freuen. Sie hatte liebevolle Worte geschrieben, und nun wartete sie auf seine Antwort..

Einige Wochen vergingen, bis sie kam. Aber der Inhalt dieses Briefes war so, wie sie gefürchtet hatte: Was sollte Heinz zu Hause? Landwirt wollte er nicht werden und studieren erst recht nicht, also sollten sie ihn doch gehen lassen. Und das mit dem Vater war wohl nur ein Lockmittel; er glaubte nicht daran. Gut wäre es allerdings, wenn der Vater einsähe, wie falsch und ungerecht er ihn behandelt habe; aber es nützte ihm ja nun nicht mehr viel. Dann kam wieder eine Aufforderung, Geld zu schicken; er könne es gut gebrauchen.

Jetzt wurde sogar Ilse ärgerlich, als sie diese frechen Zeilen las. Zum ersten Mal in ihrem Leben war sie ernstlich böse auf ihren Sohn. Kurz und bestimmt teilte sie ihm mit, dass ihr Geld nicht dazu da sei, dass er es verschwende und wegwerfe. Sie werde ihm keins mehr schicken. Überhaupt, was erlaube er sich, in einem solchen Ton an sie zu schreiben! Ob er vergessen habe, dass sie seine Mutter sei?

Als sich ihr Zorn ein wenig gelegt hatte, las sie das Geschriebene durch. Sie wurde wieder unschlüssig; es schien ihr zu hart und zu streng, was sie ihm da antwortete. Sie schrieb einen Nachsatz, in dem sie ihn bat, doch vernünftig zu werden. Er müsse doch einsehen, dass es nicht gut sei, wenn sie ihm immer wieder Geld schicke; er solle sich einschränken und sparen lernen.

Aber sie fühlte selbst, dass es nur leere, kraftlose Worte waren, die nichts bringen würden.

Dass sie auch gar keinen Einfluss auf den Jungen besaß! Ob er sie denn gar nicht liebte? Hatte sie das um ihn verdient?

Sie fuhr zu Frau Riffen hinüber und sprach sich bei ihr aus. Sie sagte ihr auch, was sie Heinz geschrieben habe, und ob das nicht zu hart war.

Frau Riffen schüttelte den Kopf. „Im Gegenteil, es ist gut, dass Sie einmal fest und streng werden. Nachgiebigkeit wird ihm nur noch mehr schaden."

* * *

Der Winter war vergangen, und der Frühling zog ins Land. Die Wiesen standen in frischem Grün, und Lerchen jubilierten in der warmen Luft.

Die Bäume waren noch kahl und grau, aber die Knospen fingen schon an zu schwellen. Heftige Stürme waren über das Land gebraust und hatten schwere dunkle Wolken herangejagt. Der Regen wusch den Schnee aus all seinen Schlupfwinkeln unter den hohen Bäumen und dichten Sträuchern, und auch der feste Eispanzer des Sees barst.

Dora ging mit dem Vater durch den Wald. Es war heute ganz windstill.

„Komm mit", hatte der Vater nach dem Essen zu ihr gesagt, und sie war ihm gern gefolgt. Als sie so schweigend dahinschritten, erwachte in Dora wieder das starke Verlangen, dem Herrn zu dienen an den Elenden und Hilflosen, an den Kranken und Armen. Wann würde die Stunde kommen, wo sie hinaus durfte? Ihr Leben war auch hier ausgefüllt, aber das war ihr zu wenig, sie wollte mehr tun.

„Könntest du mich jetzt schon entbehren, Vater?" fragte sie plötzlich.

Heinrich verstand sofort, was sie meinte. „Ich wohl, wenn auch ungern; aber die Mutter braucht dich noch. Wenn du warten willst, bis Hanna wieder da ist – inzwischen erholt sich Mutter auch etwas –, dann würde dir wohl nichts mehr im Wege stehen."

Dankbar sah sie ihn an. Sie wollte gern arbeiten und der Mutter helfen; sie wollte warten, aber dann, dachte sie freudig, durfte sie hinaus ganz in die Arbeit des Herrn.

Als sie heimkamen, war Ilse nicht da. Sie schauten überall nach, fanden sie aber nicht. Schließlich ging Dora in Ilses Zimmer hinauf; aber als sie die Tür öffnete, blieb sie erschreckt auf der Schwelle stehen. Ihre Mutter lag am Boden, bleich und regungslos. Dora sah, dass es eine tiefe Ohnmacht war, und lief schnell um Hilfe zu holen. Auf dem Korridor traf sie den Vater.

Als Heinrich sich über Ilse beugte, bemerkte er ein Papier in ihrer krampfhaft geschlossenen Hand. Vorsichtig löste er es heraus und las folgende flüchtige Zeilen:

„Liebe Mutter!
Du wirst wohl verstehen, dass mir durch Deine Moralpredigt im letzten Brief wenig geholfen ist. Überhaupt verstehe ich Deine Anschauung in letzter Zeit nicht mehr, vermute, dass Vater dahinter steckt. Ich komme auch ohne Eure Almosen aus und erspare mir fortan wenigstens das Betteln darum.

Heinz."

„Wenn ich den trotzigen Bengel nur vor mir hätte!" dachte Heinrich zornig. Aber dann besann er sich, wandte sich zu Ilse, die unter Doras Bemühungen eben zum Bewusstsein kam.

Nun schlug sie die Augen auf und blickte verständnislos um sich. „Der Brief!" stöhnte sie. „Wo ist der Brief?"

„Beruhige dich erst einmal, Ilse", sagte er sanft, „der Wisch ist nicht wert, dass du deswegen krank wirst. Ich habe ihn gelesen, es ist genau so, wie ich es erwartet habe. In der Wut, dass er kein Geld bekam, hat er geschrieben. Lass ihn nur, er wird sich noch einmal gern erinnern, dass er Eltern hat." –

Sommer und Herbst vergingen. Heinz hatte nicht wieder geschrieben. Ilse schrieb noch einmal heimlich einen flehenden Brief an Heinz. Aber es kam keine Antwort. Äußerlich schien sie sich damit abgefunden zu haben, aber im Herzen nagte der Schmerz. –

Im Spätherbst kam Hanna heim. Wie froh war sie, endlich wieder daheim zu sein! Nach der lauten, freudigen Begrüßung ging es im Sturmschritt in den Stall. Dort war die Begrüßung mit Raimund, dem Goldfuchs, nicht minder herzlich. Dann musste sie noch schnell durch den Garten an den See hinunter laufen und sehen, ob alles noch unverändert sei. Sie war noch derselbe übermütige Wildfang wie vor einem Jahr. Zwar hatte sie mancherlei Kenntnisse mit heimgebracht, aber die hatte sie, wie sie lachend behauptete, über der Wiedersehensfreude alle vergessen. Aber sie brachte wenigstens ein wenig Frohsinn ins Haus. –

An einem der nächsten Tage sprach Dora mit ihr über ihre eigenen Pläne.

„Willst du wirklich ins Krankenhaus gehen?" rief Hanna entsetzt. „Das verstehe ich nicht. Ich hielte es keinen Tag da aus. Denke nur – das viele Jammern und

Stöhnen hören und gar Wunden und Blut sehen, das wäre nichts für mich!"

Dora lachte. „Ich kann mir keinen besseren Beruf als diesen denken."

„Ja, du, du helfender, sanfter, geduldiger Engel", sagte Hanna und umarmte die Schwester. „Aber was wird hier, wenn du nicht da bist?"

„Dann wird mein wildes Schwesterlein zeigen, was es Gutes und Nützliches gelernt hat", sagte Dora lächelnd.

Hanna gab sich, als die Schwester abgereist war, redlich Mühe. Leider machte ihr Temperament ihr so manchen Strich durch ihre wohldurchdachten und gutgemeinten Küchenzettel und Rezepte. Es konnte nämlich vorkommen, dass sie, statt Zucker und Anis Salz und Pfeffer nahm.

„Es ist eben noch kein Meister vom Himmel gefallen", entschuldigte sie sich dann bei Tisch. „Und ein perfektes Mamsellchen ist noch nie wie ein Pilz aus der Erde geschossen", ergänzte Heinrich dann den Vergleich. Und ihr fröhliches Lachen half ihr über solche Verlegenheiten schnell hinweg.

Dora schrieb zufriedene Briefe. Heinrich freute sich, dass sie glücklich war. Sie würde ihren Platz mit Leib und Seele ausfüllen.

Der Mutter fehlte sie sehr. Hanna erheiterte sie zwar und lenkte sie ab, aber Doras Ruhe und Verständnis hatte sie nicht. Erst jetzt erkannte Ilse, welch ein Segen diese Tochter ihr gewesen war.

* * *

Mehr als zwei Jahre vergingen. Nach der Prüfung konnte Dora in „ihrem" Krankenhaus bleiben. Nun hatte sie überraschend Urlaub bekommen und freute sich, ihre Lieben daheim unangemeldet überraschen zu können.

Als sie auf der Bahnstation ausstieg, traf sie Frau Riffen, die gekommen war, um Arno abzuholen. So hatte sie gleich eine Mitfahrgelegenheit.

Während sie durch den Wald fuhren, erzählte Arno, dass er nun die landwirtschaftliche Hochschule absolviert habe und für kurze Zeit auf ein großes Mustergut gehen wollte, um noch Erfahrungen in der Praxis zu sammeln. Danach werde er die Verwaltung des eigenen Gutes übernehmen können.

„Dann werde ich pensioniert", sagte Frau Riffen. „Es ist auch nicht leicht für eine Frau, wenn sie die ganze Verantwortung für alles trägt. Ich freue mich schon darauf!"

An der Wegkreuzung bat Dora anzuhalten – sie wollte gern zu Fuß nach Hause gehen. Als sie noch miteinander sprachen, hörten sie lustiges Pferdewiehern. Hanna kam in scharfem Trab auf sie zu. Kurz vor dem Wagen parierte sie den prächtigen Goldfuchs.

„Das nenne ich glücklichen Zufall!" rief sie lachend und schwang sich gewandt vom Pferd, um die Schwester zu umarmen. Als sie Arno die behandschuhte Rechte gab, errötete sie und senkte die Augen vor seinem strahlenden Blick.

„Wie gut er aussieht, und wie er gewachsen ist!" dachte sie bewundernd und ahnte nicht, dass er dasselbe über sie dachte. Vor drei Jahren hatten sie einander zuletzt gesehen. In den Ferien hatte Arno Reisen gemacht, die seinem Studium dienlich waren. Wenn er einmal daheim war, war sie gerade im Pensionat gewesen.

Arno zählte jetzt zweiundzwanzig Jahre. Mit ganzem Ernst hatte er sich dem Studium gewidmet. Damit blieb ihm keine Zeit für andere Dinge, und aus diesem Grund suchte er auch keine Bekanntschaften junger Mädchen. Unter seinen Kameraden galt er als der „weiße Rabe" und der „Tugendbold". Auch seines entschiedenen Christentums wegen hatte er manchen gutmütigen Spott zu erdulden.

Als er jetzt der Jugendfreundin in die blauen Augen sah, fühlte er eine warme Zuneigung.

Die Schwestern verabschiedeten sich, nachdem Frau Riffen sie eingeladen hatte, am Sonntag zu Besuch zu kommen. Hanna führte das Pferd am Zügel, während sie plaudernd neben Dora ging.

„Findest du nicht auch, dass Arno gut aussieht?" fragte Dora und sah Hannchen von der Seite an. Diese nickte nur und konnte nicht verhindern, dass sie ein wenig rot wurde. Dora bemerkte es und lächelte.

„Sag einmal, Kleines", begann sie nach einer Weile, „wessen Beispiel willst du eigentlich folgen, Hildes und Annelieses oder meinem?"

Hanna verstand, was sie sagen wollte. „Du Quälgeist, warte doch nur, ich muss ja auch warten, bis –"

„Bis der Rechte kommt", schloss Dora lachend.

Und Hanna lachte mit.

„Wie sieht es zu Hause aus?" fragte nun Dora.

„Das wirst du gleich selbst feststellen können. Mutter wird glücklich sein, dass du wieder einmal da bist – ich habe dich leider nicht ersetzen können."

„Bist du ehrgeizig?"

„Nein, aber so etwas fühlt man. Übrigens steht dir die Schwesterntracht recht gut; jetzt erscheinst du mir erst vollständig", meinte Hanna.

Die Eltern freuten sich herzlich, dass Dora nach so langer Zeit wieder zu Hause war, und wetteiferten darin, ihr Liebe zu erweisen.

Dora fand die Mutter gealtert, und ihr Aussehen war nicht gut; aber sie fragte nicht, denn sie kannte ja die Ursache nur zu gut.

* * *

Zwei Tage später kam ein Brief aus einem Leipziger Krankenhaus. Er enthielt die Mitteilung, dass Heinz Holler dort schwer verunglückt eingeliefert worden sei. Er hatte sich bei einem Sturz vom Pferd einen doppelten Beinbruch und eine Rippenquetschung zugezogen, wobei die Lunge stark beschädigt worden sei. Heinrich zitterten die Hände, als er das Blatt zusammenfaltete. Natürlich würde er hinreisen.

Er bestellte einen Wagen und kleidete sich hastig um, damit er den nächsten Zur noch erreichen konnte. Erst im Zug kam er zum Nachdenken. Hatte Gott sein Gebet erhört – so erhört? Du hast Gedanken des Friedens mit uns, mit den Verlorenen und Verirrten. O, lass meinem Sohn dieses Unglück zur Segensquelle werden!"

Im Krankenhaus ließ er sich bei dem behandelnden Arzt melden und unterhielt sich mit ihm. Dann wurde er von einer Pflegerin an das Bett seines Sohnes geführt und mit ihm allein gelassen. Eine tiefe Bewegung bemächtigte sich seiner, als er Heinz ins Gesicht sah. Das war sein Sohn, dieser unglückliche junge Mann, der sich nicht einmal bewegen konnte, ohne vor Schmerzen zu stöhnen!

Nun fasste er des Jungen Hand und nannte leise seinen Namen. Da öffnete Heinz die Augen und starrte ihn erschrocken an, wandte dann den Kopf zur Seite und stieß gequält hervor. „Weshalb bist du gekommen? Willst du mich sterben sehen?"

„Nein", sagte Heinrich ruhig. „Der Arzt, mit dem ich vorhin sprach, hofft, dich wieder auf die Beine zu bringen; aber es wird vielleicht lange dauern, bis du ganz gesund wirst. Ich kam hierher, um deinen Transport nach Hause zu erwirken."

Heinz starrte ihn mit offenem Mund an. Er schien es nicht fassen zu können, dass es dem Vater ernst war mit seinen Worten. Da sah er sich wieder plötzlich vor ihm fliehen, wie ein Blitz kam die Erinnerung, und der alte Trotz kehrte wieder. „Ich werde hier bleiben. Ich sehe nicht ein, warum ich nach Hause soll." Er sagte es möglichst beherrscht, aber Heinrich hörte aus seiner Stimme doch deutlich die Abwehr heraus.

„Es zwingt dich niemand", entgegnete er; „aber du sollst wissen, dass dein Vaterhaus dir offen steht."

Eine Schwester kam, um nach dem Kranken zu sehen. Sie machte Heinrich ein Zeichen, den Besuch zu beenden; der Patient sollte möglichst geschont werden und durfte nicht viel sprechen.

Er verabschiedete sich von Heinz mit einem festen Händedruck. Dann suchte er noch einmal den Arzt auf und bat ihn um regelmäßige Nachrichten über das Befinden seines Sohnes. Der Transport in die Heimat war erst in einigen Wochen möglich, wurde ihm gesagt.

So reiste er wieder heim. Über seinem Haus hingen schwere, dunkle Wolken voll Not und Sorge. Ilse war, als sie von dem Unglück des Sohnes hörte, mit einem Aufschrei zusammengebrochen. Sie bekam ein heftiges Nervenfieber, das Ergebnis der jahrelangen großen seelischen Belastung.

Dora wusste nun, dass sie nach Hause kommen musste, um die kranke Mutter zu pflegen. Sie versah ihren Dienst mit einer Ruhe und Gewissenhaftigkeit, dass Hanna sie oft bewundernd ansah.

Es folgten bange Tage, an denen Ilse zwischen Leben und Tod schwebte. In wilden Fantasien rief sie nach Heinz. Sie bat ihn nach Hause zu kommen; oder sie war auf der Suche nach ihm. Heinrich und seine Töchter hatten täglich den ganzen Jammer und Schmerz ihres gequälten Herzens vor Augen. In diesen Wochen verlernte selbst Hanna das Lachen.

„Wir wollen nicht aufhören, zu glauben und zu hoffen", sagte Heinrich zu Dora. „Gott hat Heils- und Friedensgedanken mit uns, obgleich wir nur Leid und Not sehen."

Als Ilse die Krisis überwunden hatte, lag sie völlig ermattet und apathisch da. Nur langsam schritt die Genesung voran. Sie schien kaum noch Lebensfreude zu besitzen.

„Wir kommen nicht vorwärts", meinte der Arzt kopfschüttelnd, „sie müsste etwas Freudiges erleben, vielleicht gibt es ihr einen Stoß!"

Da kam ein Brief aus Leipzig mit der Nachricht, dass Heinz in der nächsten Woche zu erwarten sei.

„Heinz kommt nach Hause!" Das wirkte wie ein Wunder auf Ilse. Ihr Interesse erwachte wieder, sie fing an, sich zu erholen. Ja, nun wollte sie gesund werden, denn ihr Sohn brauchte sie.

Heinz hatte sich endlich entschlossen, nach Hause zu gehen. Sein Trotz und sein Stolz hatten sich mächtig dagegen gesträubt; er fühlte es als große Demütigung, so heimzukehren. Aber er fügte sich in das Unabänderliche. Er sagte sich, dass er, wie die Dinge jetzt zu Hause standen, es dort viel angenehmer und besser hätte als im Krankenhaus, und zudem würde die reine, gesunde Wald- und Seeluft wesentlich zu seiner Genesung beitragen. Und – er hatte kein Geld mehr!

Heinrich fuhr zur Bahn, um ihn abzuholen. Dora war vor einigen Tagen wieder abgereist, sie hatte nicht länger Urlaub bekommen. Nun konnte sie ruhig die Mutter Hannas Obhut überlassen.

Ilse war schon halbe Tage auf. Sie saß am Fenster und wartete mit klopfendem Herzen auf ihren Sohn. Als der Wagen vorfuhr, wollte sie aufspringen, aber Hanna drückte sie sanft in ihren Sessel zurück.

„Ruhe, nur Ruhe", sagte sie, „Aufregung kann alles wieder verderben."

Heinz erschrak, als er die Mutter sah. Er hatte sie als eine schöne, stolze Frau in Erinnerung; nun saß sie da blass und zusammengesunken, mit unnatürlich großen Augen. Erst jetzt erfuhr er, dass sie krank gewesen war; sie hatten es ihm verheimlicht.

Er war sehr verlegen, als Ilse ihn küsste und sein Gesicht streichelte. Wie erlöst atmete er auf, als Hanna seinen Rollstuhl in das Zimmer rollte, das sie ihm eingerichtet hatten. Es war das schönste und sonnigste des ganzen Hauses.

In den ersten Tagen war Heinz wortkarg und verschlossen. Dann taute er langsam auf. Heinrich sah oft nach ihm und fragte nach seinem Befinden; er sprach nicht viel, aber seine Worte klangen herzlich.

Heinz fiel die Veränderung des Vaters auf. Schließlich fragte er Hanna, zu der er das meiste Vertrauen hatte. „Mir scheint, du bist die einzig Vernünftige hier im Haus", sagte er. „Kannst du mir nicht verraten, warum der Vater jetzt so" – er suchte nach dem richtigen Wort – „friedlich ist?"

Hanna wurde verlegen. „Dass du mich für so vernünftig hältst, ehrt mich", lachte sie; „ich selbst bin noch nicht davon überzeugt. Und über Vaters Veränderung kann ich dir nicht viel sagen, sie ist mir noch gar nicht so recht aufgefallen."

Heinz war mit ihrer Antwort nicht zufrieden. „Aber das

sieht doch ein Blinder", sagte er. „Du wirst dich wohl doch noch erinnern, wie er früher zu mir war."

Das gab Hanna ohne weiteres zu. „Das Beste ist, du fragst ihn einmal selbst", wich sie ihm aus. –

Das gebrochene Bein war gut verheilt, aber noch steif. Der Rippenbruch und die verletzte Lunge stellten hohe Anforderungen an die Geduld des Patienten.

Heinz fühlte sich nicht so wohl zu Hause, wie er gehofft hatte. Im Gegenteil, fast bereute er, gekommen zu sein. Es war ihm manches sehr unangenehm; zudem wurde er an vieles erinnert, das er vergessen wollte.

Der Vater hatte zwar noch mit keinem Wort das Vergangene erwähnt, trotzdem wurde Heinz immer wieder daran erinnert, sobald er ihn sah. Als Frau Riffen ihn besuchte, wachte auch die böswillige Tat an Arno wieder auf, und er wurde die Erinnerung daran nicht mehr los. Es war wie ein Gespenst, das ihn überall verfolgte.

Schließlich ärgerte er sich über diese dummen Gedanken. Das kam nur von diesem verwünschten Stubenhocken! Dass auch gerade er dieses Pech haben musste, vom Pferd zu stürzen – es hätte ja auch einen anderen treffen können! Und dass er überhaupt nach Deutschland zurückgekommen war! Was war das doch für ein schönes Leben im Zirkus gewesen! Ach, wenn er nur noch einmal zurück könnte, nur noch einmal auf einem Pferderücken sitzen!

Solche Gedanken bewegten ihn oft, wenn er allein am offenen Fenster oder im Rollstuhl draußen im Garten saß.

So vergingen einige Wochen. Heinz machte jetzt täglich Gehversuche. Mit der Zeit brachte er es so weit, dass er ohne Hilfe von einem Zimmer ins andere oder ein Stückchen auf den Parkwegen gehen konnte. Er war schon sehr froh, dass er nicht immer auf fremde

Hilfe angewiesen war. Wie sehnte er sich nach dem früheren ungebundenen Leben zurück!

Der Mutter verschwieg er diese Gedanken. Er hatte den Eindruck, sie würde sehr unglücklich darüber sein, und vor allen Dingen waren ihm tränenreiche Szenen zuwider. Aber zu Hanna war er recht offen und legte sich in ihrer Gegenwart keinen Zwang auf. Sie musste die bittersten Anklagen und Vorwürfe gegen Gott und das Schicksal anhören. Sie ließ es sich gefallen, dass er seinen Ärger bei ihr ablud und seiner Gereiztheit und Ungeduld die Zügel schießen ließ. Und sie wusste keinen anderen Trost als den, dass die Zeit alles heilen werde. Sie fühlte selbst, wie leer und armselig diese Worte waren und dass sie ein unruhiges, von Zorn und Enttäuschung aufgewühltes Menschenherz nicht zu trösten und zu befriedigen vermochten.

Langsam fing auch sie an, etwas nachdenklicher zu werden. Ihrem Bruder zuliebe hatte sie das Reiten aufgegeben. Es hatte sie zwar Überwindung gekostet, denn sie ritt leidenschaftlich gern; aber ihr Zartgefühl und die Rücksicht auf ihren Bruder siegten. Sie wusste, wie schmerzlich es ihm wäre, sie reiten zu sehen.

* * *

So verging der Sommer. Der Herbst war kühl und regnerisch und zwang die Gesunden und die Kranken im Haus zu bleiben. Heinz hätte gesund sein können, wenn die Lunge ganz geheilt wäre. Aber der Arzt riet ernst zur Vorsicht, besonders vor einer Erkältung, die böse Folgen haben konnte.

Die Stimmung sank bei Heinz auf Null. Das war doch ein jämmerliches Leben, sich wie ein Kind behandeln lassen zu müssen! Würde es denn nie mehr anders werden? Er bedauerte, dass der Sturz nicht tödlich gewesen war, dann wäre ihm doch dies hier erspart geblieben! – In dieser düsteren Stimmung saß er eines Abends allein im dunklen Besuchszimmer. Die Tür, die in Vaters Arbeitszimmer führte, war nur angelehnt. Er hörte, wie drinnen ein Buch zugeklappt und ein Stuhl zur Seite geschoben wurde. Dann vernahm er die Stimme des Vaters. Heinz hob lauschend den Kopf. Er verstand jedes Wort, das drinnen gesprochen wurde. Es fiel ihm auf, dass niemand antwortete, und zu seiner großen Verwunderung hörte er den Vater beten: „Herr Jesus Christus, teurer Heiland, ich werde nicht aufhören, für ihn zu bitten; denn ich weiß und glaube, dass Du Gebete erhörst. Der Du mich errettet und in Gnaden angenommen hast, erbarme Dich auch über meinen Sohn. Herr Jesus, ich bitte, dass Du den Schaden seiner Seele ansiehst und Dich seiner gnädig annimmst. Ach, dass er erkennen möchte, wie Du ihn liebst, dass Du Gedanken des Friedens mit ihm hast und nicht des Leides, und dass er wie der verlorene Sohn heimfinden könnte zu Dir, bei dem Vergebung, Glück und Frieden zu finden ist. O Herr, lass ihn nicht auf ewig verloren gehen, gehe ihm nach, dass er Dein Eigentum wird!"

Wie gebannt hatte Heinz zugehört. Er wollte weggehen, aber er war wie betäubt. Sein Vater betete für ihn! Das konnte er einfach nicht fassen. Wie lange tat der Vater das schon? Die ganze Zeit, wo er hier war, oder vielleicht schon früher? Und was wollte er damit erreichen? Was hatte denn das Beten für einen Zweck? Es war ja Unsinn, sich damit zu quälen. Wie hatte der Vater gesagt: „Gedanken des Friedens und nicht des Leides."

Er hörte den Vater das Zimmer verlassen. Wie dumm, dass er dieses Gebet hatte hören müssen! Es war ihm äußerst unbequem und beleidigte seinen Stolz, dass ein anderer für ihn um Erbarmen flehte. Brauchte er überhaupt Gnade? Da waren doch noch andere, gegen die er ein Tugendbold war, und die lebten froh in den Tag hinein, und es fehlte ihnen an nichts. Sollte er denn so schlecht und verworfen sein?

Er ging zu Bett, hatte aber eine schlaflose Nacht. Es war ihm unmöglich, die Gedanken auf etwas anderes zu lenken, sie kamen immer wieder auf das Gebet des Vaters zurück. Sollte der vielleicht doch recht haben, würde er verloren gehen? Was hatte der Vater mit dem verlorenen Sohn gemeint? Was war das doch für eine Geschichte? Angestrengt dachte er nach. Aber er hatte vieles vergessen; nur so viel wusste er noch, dass diese Geschichte in der Bibel stand. Wenn er eine Bibel hätte, würde er die Stelle einmal lesen.

Am Morgen fühlte er sich nicht wohl und blieb im Bett liegen. Ilse, die sich gleich Sorgen machte, beruhigte er, dass es nur Kopfschmerzen mit etwas Fieber wären. Man sollte ihn nur in Ruhe lassen.

Als die Mutter hinausgegangen war, richtete er sich auf und blickte nach dem Bücherschrank hinüber. Da stand doch ein kleines schwarzes Buch! Ob das vielleicht eine Bibel war?

Er holte sich die kleine Taschenbibel und fand schnell, was er suchte. Er las bis zu der Stelle, wo der verlorene Sohn Buße tat und sich zu dem Bekenntnis durchrang: „Vater, ich habe gesündigt vor dem Himmel und vor dir …" Da warf er die Bibel unwillig auf den Tisch. „Das ist übertrieben, das werde ich jedenfalls nie tun!" sagte er laut. Aber sein Herz klopfte unruhig. Er nahm sich vor, nie mehr die Bibel in die Hand zu nehmen, wenn sie ihn so aufregte. Das war überhaupt ein Buch für kleine Kinder und alte Frauen, wie seine Kameraden richtig sagten. Aber – der Vater liest ja auch die Bibel! Da waren sie schon wieder, die quälenden, unbequemen Gedanken. Er wälzte sich unruhig im Bett.

Am Nachmittag hatte er hohes Fieber. Der Arzt wurde benachrichtigt und kam sofort. Er untersuchte den Kranken und machte dabei ein ernstes Gesicht.

„Es ist eine Lungenentzündung", sagte er. Er gab einige Anweisungen und versprach, am nächsten Morgen früh wieder nach dem Kranken zu sehen. Als er ging, folgte ihm Herr Holler.

„Bitte, sagen Sie mir offen, wie es um meinen Sohn steht!" Ernst und forschend sah er den Arzt an.

Dieser zuckte mit den Achseln: „Es müsste ein Wunder geschehen – "

Heinrich kehrte ins Krankenzimmer zurück und setzte sich an das Bett seines Sohnes. Heinz lag mit geschlossenen Augen und atmete schwer.

Schweigend sah der Vater auf den Sohn. Sein Herz zog sich schmerzlich zusammen bei dem Gedanken, dass Heinz vielleicht nur noch ein paar Tage leben könnte, und dann – sollten alle seine Gebete vergeblich gewesen sein? Hatte Gott den Jungen ins Elternhaus zurückgebracht, ohne dass er errettet wurde? „Nein, Herr, ich glaube, dass Du ihn auch jetzt noch retten kannst, dass es noch nicht zu spät ist!"

Heinz fuhr plötzlich hoch und blickte um sich. „Warum verfolgt ihr mich? Wollt ihr mich holen?" schrie er und schlug um sich. „Ich werde nicht mitgehen, nein, nein, ich will noch nicht sterben. Ihr werdet nichts ausrichten. Mein Vater betet für mich!"

Heinrich hatte Mühe, den Fiebernden zu halten; endlich beruhigte der sich und ließ sich in die Kissen zurücklegen. Aber in der Nacht wiederholten sich diese wirren Fieberträume.

Heinrich bekam die ganze Nacht keinen Schlaf. Er rang mit seinem Sohn, indem seine starken Arme ihn zu halten suchten; und er rang mit Gott um die Seele dieses Sohnes.

Gegen Morgen ließ das Fieber nach, und Heinz lag erschöpft in den Kissen. Langsam kam ihm das Bewusstsein wieder, und er erkannte seinen Vater, der neben dem Bett saß und seine Hand hielt.

„Vater – ", sagte Heinz mit matter Stimme.

„Ja, Heinz?" fragte Heinrich und sah ihn liebevoll an.

„Muss ich – werde ich sterben?" Unsagbare Angst sprach aus seinen Augen.

„Heinz", sagte er warm, „das zu wissen steht nur bei Gott. Er kann dein Leben plötzlich beenden – Er kann dich aber auch wieder völlig gesund machen."

Heinz schwieg; dann flüstere er: „Ich kann so nicht sterben – jetzt noch nicht!"

„Willst du nicht mit Gott ins Reine kommen, dich in seine Arme werfen?" fragte der Vater ernst. „Dann brauchst du dich nicht mehr zu ängstigen."

Heinz wandte das Gesicht ab und antwortete nicht. Hanna kam, um den Vater abzulösen, und er ging still hinaus. Heinz hörte noch immer des Vaters ernste Worte. Ob er sich dann wirklich nicht mehr zu ängstigen brauchte? O, diese Angst! Welch eine Angst hatte er doch vor dem Tod! Was hatte der Vater gesagt? Er solle sich Gott in die Arme werfen …

Plötzlich sah er sein ganzes Leben an sich vorüberziehen, und was er da sah, war ein Berg von Schuld und Sünde, dessen Last ihn zu erdrücken drohte. Er stöhnte qualvoll auf.

„Hast du Schmerzen, Heinz?" fragte Hanna. „Kann ich dir irgendwie helfen?"

„Wenn du mir vorlesen möchtest – ", bat er leise.

Sie trat an den Bücherschrank, unschlüssig, welches Buch sie wählen sollte.

„Nimm die Bibel."

Erstaunt blickte sie den Bruder an. Wo das Buchzeichen hingelegt war, schlug sie die Bibel auf, und ihr Blick blieb auf einer rot unterstrichenen Stelle haften: „Siehe, um Trost war mir sehr bange! Du aber hast dich meiner Seele herzlich angenommen, dass sie nicht verdürbe, denn du wirfst alle meine Sünden hinter dich zurück."

Heinz hörte aufmerksam zu. „Bitte, lies noch einmal diesen Vers", sagte er. Er versuchte sich diese Worte einzuprägen; sie klangen so hoffnungsvoll.

Es klopfte, und herein kam der Arzt, um nach dem Patienten zu sehen. –

Gegen Abend stieg das Fieber wieder an wie am vorigen Tag. Am neunten Tag war die Krisis, die Heinz wider alles Erwarten überstand.

„Sie haben eine zähe Natur", meinte der Doktor anerkennend. „Nun sind Sie wohl endlich über den Berg."

Aber der Kranke glaubte nicht daran. Er begann sich nun ernstlich mit Fragen der Ewigkeit zu beschäftigen und kam in immer größere Not. Der Vater würde ihm gewiss Aufschluss geben können. Sollte er sich an ihn wenden?

Durch die ernste Krankheit war sein Gewissen aufgerüttelt worden; mit Schrecken sah er immer deutlicher seine vielen Verfehlungen, seine vielen Sünden. Wie hatte er den Vater gehasst und sich gegen ihn aufgelehnt! Wie hatte er Arno verfolgt bis zu jener schrecklichen Tat auf dem See! Wie trotzig und zänkisch war er stets gegen die Schwestern gewesen! Die Mutter hatte er oft verlacht und verspottet, die ihm doch so viel Liebe gegeben hatte! Ach, und er sah noch viel mehr, wovon die Eltern gar nichts wussten! Aber Gott hatte alles gesehen, und das war das Schreckliche. Wohin sollte er fliehen vor Gott? Und wenn er sterben sollte, wohin kam er dann? Entsetzliche Angst erfasste ihn von neuem, kalter Schweiß trat auf seine Stirn, und er atmete schwer.

So traf ihn der Vater, als er in der Dämmerung an sein Bett trat. „Fühlst du dich heute etwas besser?" fragte er teilnehmend.

„Körperlich ja, aber – "; er zögerte, ob er dem Vater seine Seelennot sagen sollte? Er hatte eigentlich keine Scheu mehr vor ihm, seit er wusste, dass der Vater für ihn betete. Aber es war so schwer, das alles zu bekennen!

Heinrich setzte sich und fasste die Hand seines Sohnes.

„Willst du nicht einmal ganz offen zu mir sein, Heinz? Hast du denn gar kein Vertrauen zu mir?" Leise Wehmut zitterte in seiner Stimme.

Heinz fasste Mut. „Kannst du mir sagen, Vater", begann er unsicher, „wohin es geht, wenn man stirbt?"

„Es gibt zwei Wege", erwiderte der Vater, „der eine führt zur ewigen Seligkeit ins Paradies, der andere zur ewigen Verdammnis in die Hölle."

„Aber – kann man es denn wissen, ob man selig wird?"

„Ja, man kann es wissen. Wir haben Beispiele von Männern aus Gottes Wort, die alle die feste Heilsgewissheit hatten. Aber auch jeder einzelne von uns darf sie haben und bezeugen. Wenn wir mit unseren Sünden zu dem Herrn Jesus kommen, wird Er uns von dieser Last befreien, denn Er hat auf Golgatha sein Blut fließen lassen und ist für verlorene Sünder gestorben. Wer an Ihn glaubt, geht nicht verloren, sondern hat das ewige Leben."

Im Zimmer war es völlig dunkel geworden. Heinrich konnte das Aufleuchten in den Augen seines Sohnes nicht sehen.

„Nimmt Er jeden an, der zu Ihm kommt?" Heinz war es, als hinge von der Antwort dieser Frage Leben oder Tod für ihn ab. Es erfasste ihn ein großes Verlangen, dem Heiland seine Sündenlast zu bekennen und Vergebung zu erlangen.

„Ja, mein Junge", hörte er den Vater sagen, „Er ist gekommen, das Verlorene zu suchen und Sünder selig zu machen; Er hat für alle gelitten und erlöst alle, die an Ihn glauben – auch dich und mich."

Im Zimmer war es still, nur das Ticken der Uhr war zu vernehmen. Heinz lag regungslos und starrte angestrengt ins Dunkel hinein. Wie kam er nur hin zu diesem Sünderheiland, wie sollte er es anfangen, er konnte ja nicht einmal beten! Er schämte sich plötzlich vor sich selbst. Aber der Vater konnte es.

„Vater", sagte er und tastete nach dessen Hand, „ich habe zufällig vor meiner Krankheit gehört, wie du für mich gebetet hast. Möchtest du es auch jetzt wieder tun?"

Schnell kniete Heinrich Holler am Krankenbett seines Sohnes nieder und betete. Es waren gläubige, vertrauende Worte, die er zu seinem Heiland Jesus Christus sprach, und zum Schluss gingen sie in Loben und Danken über. Er wusste, Gott würde sein Gebet erhören.

Als er aufstand, hörte er Heinz bitterlich weinen. Er beugte sich über ihn und legte ihm die Hand auf die Stirn. Heinz fasste sie mit seinen beiden Händen und presste sie auf sein Herz.

„Vater, ich habe gesündigt vor dem Himmel und vor dir – ich bin – nicht wert – " Seine Stimme erstickte in heftigem Schluchzen. –

Der verlorene Sohn hatte heimgefunden ans himmlische und ans irdische Vaterherz.

* * *

„An Ihnen ist ein Wunder geschehen!" sagte der Arzt staunend, als ihm an einem klaren Herbsttag Heinz auf dem Parkweg entgegenkam. Der Junge sah völlig verändert aus. Sein Gesicht zeigte zwar noch Spuren der überstandenen Krankheit, aber er hatte eine frischere Farbe, und seine blauen Augen strahlten. Aber noch schneller als die äußere Gesundung ging die innere, seelische vor sich. Heinz freute sich immer auf die Stunden am Abend, wenn der Vater zu ihm kam und sie darüber sprachen, was ihm beim Lesen in der Bibel dunkel geblieben war.

Jetzt erst verstand er die Gnade des Herrn und dessen Liebesabsicht mit ihm in dem Unglück, das ihn getroffen hatte. Er begriff, dass es so und nicht anders hatte kommen müssen, denn nie hätte er selbst den Weg nach Haus gefunden – er wäre verloren gegangen. Aber Gottes Güte hatte ihn zur Buße geleitet, hatte allen Schaden geheilt und alles gut gemacht. Heinz war glücklich in seinem Heiland, und seine Seele war erfüllt von Dank und Freude. –

Ilse blieb die Veränderung ihres Sohnes nicht verborgen. Sie sah sehr genau, wie Heinz jetzt an dem Vater hing. Sie wusste nicht, sollte sie sich darüber freuen oder ärgern. Vater und Sohn waren stets sehr liebevoll und herzlich zu ihr, aber – und ein bitteres Gefühl stieg in ihr auf – Heinz brauchte sie nicht mehr. Früher hatte sie ihn allein besessen, da hatte seine Liebe ihr allein gegolten, nun sollte sie ihn mit anderen teilen. Das war ihr so ungewohnt, und deshalb fiel es ihr doppelt schwer. Schließlich kam sie sich selbst sehr bedauernswert und unverstanden vor und zog sich immer mehr in sich selbst zurück.

Hanna war erstaunt über des Bruders Veränderung. In ihrer impulsiven Art hätte sie ihn einfach für „übergeschnappt" erklärt; aber ihr Verstand sagte ihr, dass es etwas anderes war, dass Heinz etwas erlebt hatte, was sie nicht kannte und verstand. Sie beschloss daher, recht gut aufzupassen und ihn ständig zu beobachten; ob er nicht doch bald wieder in seine alte Natur zurückfiel?

* * *

Es war früh Winter geworden. Draußen lag hoher Schnee. Die Luft war weich und mild, es lag eine graue, durchsichtige Dämmerung über dem verschneiten Land.

Arno Riffen ging leichten Schrittes durch den Wald. Er wollte nach Garnsee, Heinz besuchen. Gestern war er nach Haus gekommen mit der Absicht, nun die Verwaltung des Gutes zu übernehmen. Sein Herz klopfte schneller vor Freude, endlich in der Heimat zu sein.

Von seiner Mutter hatte er erfahren, dass Heinz genesen war, und auch, dass er den Herrn Jesus gefunden hatte, worüber Arno sich von Herzen freute. Der einstige Schulkamerad ein Eigentum des Herrn Jesus!

Arno hatte es nicht länger zu Haus gehalten, er musste heute noch hinüber, um Heinz die Hand zu drücken. Er hatte ihn seit jenem Gewittertag nicht mehr gesehen; nun sollte das Wiedersehen um so freudiger sein. Was hinter ihnen lag, war vergeben und vergessen, jetzt war alles neu geworden!

Voll froher Erwartung klingelte er bei Hollers an der Tür. Das Mädchen, das ihm öffnete, gab ihm Bescheid, dass der junge Herr oben beim Fräulein sei; sonst sei niemand von den Herrschaften anwesend.

Arno ging nach oben. Er kannte sich dort aus der Kinderzeit noch gut aus. Schon auf der Treppe klang ihm Musik entgegen. Heinz, der sehr musikalisch war, übte Lieder auf seiner Geige, und Hanna begleitete ihn auf dem Klavier.

Arno trat nach kurzem Klopfen ein und ging mit ausgestreckten Armen auf Heinz zu.

„Arno!" Heinz starrte entgeistert auf Arno, der seine Hände ergriff und sie herzlich schüttelte. „Du – kommst zu mir?" mehr brachte Heinz nicht heraus.

„Ja, warum sollte ich wohl nicht?" lachte Arno. „Ich freue mich ja so sehr, dich gesund wiederzusehen. Meine Mutter erzählte mir von deiner Genesung."

„Auch von meiner Bekehrung?" fragte Heinz.

„Ja, das ist eigentlich der wahre Grund meiner Freude, denn jetzt sind wir Brüder in Christo."

Heinz fühlte, wie heiße Röte in sein Gesicht stieg. Es wurde ihm schwer, zu bekennen, aber es musste sein. „Arno", sagte er beklommen, „ich habe so schlecht an dir gehandelt. Ich habe dich gehasst und wollte dir schaden – schon damals in der Schule, als ich dir die Zeichnung aus deinem Skizzenbuch stahl und dich in jene böse Lage brachte. Und dann auf dem See, da war ich ganz blind in meinem Hass gegen dich. Ach, wenn es doch nie geschehen wäre! Kannst du mir verzeihen?"

Arno presste dem Freund heftig die Hände und sagte mit bewegter Stimme: „Es ist längst vergeben, Heinz! Lass uns jetzt nicht mehr davon sprechen! Das Alte ist vergangen, es ist alles neu geworden."

Die beiden jungen Männer waren so miteinander beschäftigt, dass sie Hanna, die still am Klavier sitzen geblieben war, nicht beachteten. Es war ihr auch ganz recht. Das Wiedersehen der beiden hatte sie geradezu erschüttert. Das Bekenntnis des Bruders übte eine gewaltige Wirkung auf sie aus. Woher nahm er nun den Mut, Arno seine ganze Schuld so offen zu bekennen? Sie ahnte, dass es ihm nicht leicht geworden war; sie verglich sich selbst mit ihm, indem sie sich in seine Lage versetzte. Und da empfand sie plötzlich Hochachtung vor dem Bruder. Sollte es ihm doch ernst sein mit diesem neuen Leben? Woher nahm er wohl die Kraft dazu?

Hanna entschuldigte sich bald; sie wollte nach dem Kaffeetisch sehen.

„Du kannst dir gar nicht denken", sagte Heinz, „wie eng verbunden ich mich mit meinem Vater fühle! Er ist mir mehr als ein Vater, er ist mein Freund. Die Mutter und Hanna verstehen mich nicht, ich muss ihnen wohl sehr fremd vorkommen."

„Hanna?" fragte Arno, und ein Schatten flog über seine offenen Züge. „Ist sie denn nicht – hat sie nicht –?" Er schaute ganz verwirrt.

„Nein, sie kennt den Herrn Jesus noch nicht als ihren Heiland, aber sie wird Ihn noch finden, denn so fern, wie ich Ihm gestanden habe, ist sie Ihm sicher nicht."

Als sie dann im Wohnzimmer um den Tisch saßen, plauderte Heinz fast ganz allein. Arno gab nur zerstreute Antworten, seine Freude war durch die Enttäuschung, dass Hanna so abseits stand, sehr gedämpft worden. Es beschäftigte ihn mehr, als er zugeben wollte.

Hanna spielte mit dem Kaffeelöffel und sah etwas beklommen aus. Sie fühlte, dass die beiden etwas hatten, was ihr fehlte, und das nahm ihr die fröhliche Unbefangenheit. Und dann klopfte das dumme Herz auch immer so heftig, sobald Arnos Blicke sie streiften. Was war denn das nur, es passierte ihr doch sonst nicht? Warum scherzte und lachte sie nicht wie sonst?

Sie atmete auf, als Arno aufstand, um heimzugehen. Vorher musste er jedoch Heinz versprechen, bald wiederzukommen.

„Wie wäre es aber, wenn ihr mal eine Schlittenpartie nach Langenberg machtet?" schlug er vor. „In der nächsten Woche kommt Klärchen nach Haus, da könnten wir gemeinsam Wiedersehen feiern."

Der Vorschlag wurde angenommen und der Tag gleich festgesetzt. Dann verabschiedete sich Arno. Als er Hanna die Hand reichte, sahen seine dunklen Augen wie fragend in die ihrigen, dass sie verwirrt wegblickte.

Die Schlittenfahrt nach Langenberg bereitete den Geschwistern große Freude. Wald und Garten waren mit Raureif überzuckert und sahen wie verzaubert aus. Dazu schien die Sonne auf all die Winterpracht nieder, dass man geblendet die Augen schließen musste.

Sie wurden schon erwartet, denn kaum hielt der Schlitten, als Klärchen die Treppe heruntersprang; Arno folgte ihr etwas langsamer. Klärchen umarmte Hanna und reichte Heinz fröhlich die Hand. „Willkommen, Heinz!" sagte sie herzlich.

Drinnen im warmen Zimmer gab es ein frohes Plaudern und Erzählen. Frau Riffen saß still lächelnd dabei und hörte zu. Später bat sie die jungen Leute, zu musizieren, und bald darauf klangen mehrere Lieder durch den Raum von der Liebe Gottes zu den verlorenen Menschen.

Auch Hanna hatte sich mitreißen lassen. Heute fühlte sie nicht das Trennende zwischen sich und den anderen, Klärchens Freude und Herzlichkeit schienen es auszugleichen. Kurz vor Aufbruch folgte sie der Freundin in ihr Zimmer, wo diese ihr eine Handarbeit zeigen wollte.

„Weißt du, was für uns ein ganz besonderer Grund zur Freude ist?" fragte Klärchen, „dass dein Bruder den Heiland gefunden hat. Wir haben lange für ihn gebetet, aber nun hat Gott unser Gebet herrlich erhört."

* * *

Es war Anfang März. Der Sturm jagte dunkle Wolken vor sich her. Der Regen klatschte an die Fensterscheiben; es war einschläfernd, diesem leisen, gleichmäßigen Trommeln zu lauschen.

Ilse ließ die Handarbeit in den Schoß sinken und gähnte herzhaft. „Ist das heute eintönig!" sagte sie zu Heinz, der am Schreibtisch saß und einen Brief an Dora angefangen hatte.

„Ja, Mutter, ich bringe nicht einmal meinen Brief zustande." Er erhob sich und ging zum Ofen, wo er sich den Rücken wärmte.

„Frierst du so?" fragte Ilse erstaunt. Sie betrachtete ihn genauer und sah, dass er sehr blass war und unnatürlich glänzende Augen hatte. „Du hast doch nicht etwa Fieber?" fragte sie.

„Nur ein leichtes Frösteln, Mutter, es ist schon einige Tage so; ich glaube, daran ist zum Teil das feuchte Wetter schuld."

Aber die Mutter wurde unruhig. „Wir wollen doch lieber den Arzt holen."

„Bitte, mach dir keine unnötigen Sorgen, es geht schon wieder vorbei, wenn ich gleich zu Bett gehe", versuchte Heinz sie zu beruhigen.

Die Mutter aber hatte keine Ruhe. Würde Heinz wieder ernstlich krank werden und erneut Lungenentzündung bekommen? Er schien doch so gesund und kräftig; aber sie wusste auch, dass immer wieder einmal ein Rückfall kommen konnte.

Bevor sie zu Bett ging, wollte sie noch einmal nach Heinz sehen, ob er nicht doch fieberte. Er schlief anscheinend fest und lag ganz still. Sie beobachtete ihn ein Weilchen und ging dann beruhigt schlafen. Aber später wurde sie durch lautes Sprechen und Türenschlagen aufgeschreckt. Sie sah, dass Heinrichs Bett leer war. Was mochte geschehen sein? Heinz! Schnell war sie aus dem Bett, schlüpfte hastig in den Morgenrock und öffnete die Tür zum Korridor.

Da ging eben Hanna vorbei. Ilse rief: „Was ist denn los?"

„Ach, Mutter", – Hanna, die eine Schüssel voll Wasser trug, zitterten die Hände – „erschrick nicht – aber – Heinz ist plötzlich sehr krank geworden, er hat – er hat einen Blutsturz bekommen."

Ilse stürzte davon.

Im Zimmer ihres Sohnes sah es furchtbar aus. Das Bett und das Fell am Fußboden, alles war blutbespritzt. Heinz lag erschöpft und totenbleich da. Der Vater bemühte sich um ihn.

Ilse rief verzweifelt: „Heinz, Heinz!" Sie wollte sich über ihn werfen.

Heinrich hielt sie gerade noch zurück. „Bedenke doch, dass ihm jede Aufregung schadet", sagte er. „Beruhige dich doch, der Arzt kommt gleich!"

Er drückte sie auf einen Stuhl, und da blieb sie wie erstarrt sitzen. Ihre Augen blickten angstvoll auf das bleiche Gesicht ihres Sohnes. So saß sie noch, als der Arzt wieder ging.

„Möchtest du nicht lieber schlafen gehen", fragte Heinrich sanft. „Ich werde bei Heinz wachen; es ist im Moment keine Gefahr mehr, wie der Arzt sagte."

Da erhob sie sich und ging langsam hinaus. Aber an Schlaf war nicht zu denken. Ihr Herz krampfte sich schmerzlich zusammen. Wenn er aber doch stürbe? Ach, sie würde es nicht überleben!

In den kommenden Wochen siechte Heinz langsam dahin, er fühlte, dass es bald zu Ende ging. Sollte er denn jetzt schon sterben, jetzt wo sein Leben erst einen Inhalt bekommen hatte, wo er ein neuer Mensch geworden war? Und was hatte er denn für das Reich Gottes getan? Ach, wenn er dem Heiland die Liebe zu Ihm vergelten könnte durch treues Wirken, Ihn bezeugen vor anderen Seelen, um sie für Ihn zu gewinnen! Was hatte er denn eigentlich bisher auf Erden genützt? War nicht alles, was er ohne den Herrn Jesus getan hatte, völlig wertlos?

Sein Vater ahnte das bange Fragen und Ringen. Er litt selbst darunter, dass er nun den Sohn hergeben sollte, der ihm erst vor kurzem zum Sohn geworden war. Wie hatte er Gott von Herzen gedankt für die Freude, die er an Heinz erleben durfte! Nun sollte er ihm schon genommen werden? Was hatte Gott mit ihm vor? Wo lagen in diesem Dunkel die Gedanken des Friedens mit ihm? So fragte er mit schwerem Herzen, und aus seiner Brust rang sich die heiße Bitte zu Gott um Licht und Antwort. Da fielen ihm plötzlich die Worte des Herrn ein: „Was ich tue, das weißt du jetzt nicht, du wirst es aber hernach erfahren." Das war die Antwort, um die er gebeten hatte, nun wusste er, was ihm der Heiland damit sagen wollte – er sollte still werden. Auch in dieser Führung lag Gottes Weisheit und Liebe, auch auf diesem dunklen Weg war der Herr Jesus der Führer, er sollte Ihm folgen und vertrauen.

Heinrich Holler legte in dieser Stunde all sein Wünschen und eigenes Wollen, seine Hoffnungen und

Pläne für seinen Sohn im Gebet vor Gottes Thron. „Dein Wille geschehe", sprach er leise, wenn auch sein Herz dabei bebte und seine Lippen zuckten. Aber seine Seele wurde friedevoll und still. Innerlich gefasst ging er ins Krankenzimmer zurück.

„Mein Sohn", sagte er herzlich und ergriff die Hand des Kranken, „wir wollen uns nicht fürchten wie einst die Jünger auf dem See, denn es ist ja der Herr, und Er führt uns richtig, wenn es uns auch oft verkehrt erscheint."

„Sprich weiter, Vater", bat Heinz leise.

Der Vater griff nach der Bibel und las den Kampf des Herrn in Gethsemane: „… aber nicht mein, sondern dein Wille geschehe." Er blickte auf den Sohn. „Das ist es, was wir jetzt lernen müssen, unseren Willen drangeben! Der Herr war gehorsam bis zum Tod, wollen wir uns da sträuben? Jesus trug die Sünde der Welt, als Er den letzten Gang tat; wir sind frei, erlöst und reingewaschen durch sein vergossenes Blut. Für uns ist es nur ein fröhliches Heimgehen! Er hat uns schon die Stätte bereitet, Er wartet auf uns. Wie herrlich das ist! Und Er musste am Kreuz sterben, verhöhnt und verachtet, unter furchtbaren Qualen von Gott verlassen. Wie gut haben wir es doch! Und wenn Er uns nach Gethsemane führt, dann will Er, dass wir beten lernen: ‚Nicht mein, sondern dein Wille geschehe!'" –

Ilse grämte sich Tag und Nacht um den Sohn. Sein Anblick schnitt ihr ins Herz, aber sie verbarg es ängstlich vor ihm. Sie ahnte nichts von seinem Frieden und seiner Freude.

Still saß sie neben seinem Bett, während er schlief. Ihre Gedanken eilten zurück in die Vergangenheit. Wie hatte sie um diesen Sohn gerungen und gekämpft, wie hatte sie ihn gehegt und mit Liebe und Zärtlichkeit umgeben, sich aufgeopfert für ihn! Ach, sie hatte seinetwegen den Gatten und die Töchter vernachlässigt und zurückgestellt! Und das sollte nun das Ende sein?

Sie weinte.

„Warum weinst du, Mutter?" hörte sie Heinz fragen. Erschreckt fuhr sie sich über die nassen Augen. „Ach, es ist nichts, mein Junge, es sind nur die schwachen Nerven!"

„Nein, Mutter, ich weiß, dass du dich um mich grämst. Aber das ist nicht richtig, denn es wartet ja ein großes Glück auf mich. Ich werde Ihn sehen, den Herrn Jesus, meinen Heiland, ach, wie freue ich mich darauf!"

Ilse sah ihn fassungslos an. „Du freust dich auf das Sterben?"

„Ja, ich freue mich darauf. Im Anfang wurde es mir zwar sehr schwer, aber der Herr Jesus hat mein Herz froh gemacht. Sieh mal, Mutter, als ich noch so verkehrt und verloren war, da hättest du mit Recht um mich weinen können, da war ich ein verbitterter, unglücklicher Mensch – jetzt aber solltest du dich mit mir freuen, jetzt bin ich ein Eigentum des Herrn Jesus und werde heimgeholt ins Paradies. ‚Christus ist mein Leben, und Sterben ist mein Gewinn'."

Seine Augen leuchteten. Ilse betrachtete ihn staunend. Auch auf Hanna wirkte seine Freude und sein fröhlicher Glaube mehr, als sie es sich merken ließ. Sie brachte ihm eines Tages ein Sträußchen Veilchen ans Bett. „Wenn du wieder gesund wirst, musst du mir aber beim Blumenpflücken helfen!" versuchte sie zu scherzen.

„Ja, Hanna, ich werde gesund sein, wenn ich da bin, wo die himmlischen Blumen blühen. An denen können wir uns gemeinsam freuen, wenn du zum Heiland kommst, wenn du Ihm dein Herz schenkst."

„Jetzt redest du fast wie ein Pastor", sagte sie, um ihre Verlegenheit zu verbergen.

„Hanna, es ist so wichtig", sagte er ernst. „Willst du die Gnadenzeit verscherzen? Du könntest es einst bitter bereuen. Sieh, mich hat der Herr Jesus angenommen, der ich so schlecht und verdorben war! Er liebt und sucht dich ebenso, gehe Ihm nicht aus dem Weg!"

Hanna war unfähig, etwas zu erwidern. Schnell ging sie aus dem Zimmer, denn er sollte nicht sehen, wie ihr die Tränen aus den Augen rannen. „Geh Ihm nicht aus dem Weg!" Ach, wie hatte Heinz sie durchschaut! Ja, sie hatte schon viele Male einen geschickten Umweg gemacht, wenn ihr Jesus entgegenkam, wenn Er durch liebe Menschen sie locken und bitten wollte! Die Warnung des todkranken Bruders nagte an ihr und nahm ihr alle Ruhe; sie fühlte, dass sie sich entscheiden musste.

So kam Ostern heran. Heinz hatte sich die letzten Tage überaus elend gefühlt.

Es fing an zu dämmern, als er den Wunsch aussprach, Frau Riffen und ihre Kinder noch einmal zu sehen. Heinrich fuhr selbst hin, um sie zu bitten.

Als sie dann alle bei ihm saßen, bat er mit leiser Stimme um ein Lied, sein Lieblingslied:

„Es ist ein Born, draus heil'ges Blut
für arme Sünder quillt –
ein Born, der lauter Wunder tut
und jeden Kummer stillt.
Es quillt für mich dies teure Blut,
das glaub' und fasse ich!
Es macht auch meinen Schaden gut,
denn Christus starb für mich."

„Das war schön", sagte er, als sie geendet hatten. „Aber ich werde bald viel schönere Lieder hören – ich werde –" Er legte den Kopf zur Seite.

Es gab ein aufgeregtes Durcheinander. Ilse verlangte, der Arzt solle sofort geholt werden.

„Es hat keinen Sinn mehr", sagte Heinrich leise, „es geht zu Ende."

Dann öffnete Heinz noch einmal die Augen.

„Mein Heiland – ich – komme – !"

Ilse warf sich heftig schluchzend in Heinrichs Arme.

Frau Riffen blickte bewegt auf den Entschlafenen; himmlischer Friede lag auf seiner Stirn. „Wer so stirbt, der stirbt wohl", sagte sie leise, und Heinrich Holler neigte bejahend den Kopf.

Als sie aufbrachen, bemerkten sie, dass Hanna verschwunden war. Sie war unbemerkt hinausgeschlichen und lag oben in ihrem Zimmer auf den Knien, wo sie unter heißen Tränen sich dem Herrn Jesus übergab. Wenn es ein solches Glück, eine solche Seligkeit bedeutete, den Herrn Jesus zu kennen, dann wollte sie auch endlich zu Ihm gehen.

An diesem Abend war doppelte Freude bei den Engeln im Himmel: über eine Seele, die heimgekehrt, und über eine, die eben gerettet worden war.

* * *

Ilse trauerte sehr um den Sohn. Sie wollte sich von niemand trösten lassen. Tagelang saß sie allein in ihrem Zimmer, sich ihrem Schmerz hingebend. Aber mitten in ihr Weinen hinein hörte sie immer wieder die Worte, die Heinz zu ihr gesprochen hatte: „Jetzt hättest du Ursache, dich mit mir zu freuen!" Sie schüttelte energisch den Kopf, das konnte und – wollte sie nicht. Sie wollte nicht! Sie wollte weinen und wehklagen. Hatte sie nicht mit dem Sohn ihren ganzen Lebensinhalt verloren? Für wen sollte sie nun noch leben und sorgen?

Sie merkte nicht, dass ihre Trauer reiner Egoismus war; sie gefiel sich zuletzt darin und ließ sich von ihrem Gatten und der Tochter wie ein krankes Kind behandeln.

Zur Beerdigung waren Dora und die beiden anderen Schwestern gekommen. Als Ilse ihre Töchter alle so beisammen sah, empfand sie große Bitterkeit, dass die Mädchen alle lebten und gesund waren – und ihr einziger Sohn hatte sterben müssen! War das nicht ungerecht von Gott? Hatte Er ihr den Jungen nur geschenkt, um ihn ihr so früh wieder zu nehmen?

In einer stillen Abendstunde sagte Hanna dem Vater, dass sie nun dem Heiland nachfolgen wolle. „Du musst mir nur ein wenig dabei helfen", bat sie.

„Von Herzen gern, mein Kind", erwiderte er freudig. Seine Seele war mit Dank erfüllt gegen Gott, der ihn so viel Freude an seinen Kindern erleben ließ. Ach, er war ja nicht wert so vieler Barmherzigkeit und Treue! Gott hatte alles wohlgemacht, allen Schaden geheilt und jeden Kummer gestillt. – Er würde auch Ilse noch zum Frieden bringen.

So langsam wachte in dieser das Bedürfnis auf, sich auszusprechen. Und sie war auch etwas beunruhigt; ihr Gewissen begann sich zu regen. Hatte sie nicht Pflichten den Lebenden gegenüber? Etwas unsicher und scheu wagte sie sich endlich hervor. Heinrich erwies ihr doppelte Liebe und versuchte sie auf andere Gedanken zu bringen. Er schlug ihr vor, ihn auf den Spaziergängen durch den Wald zu begleiten.

Hanna kam ihm zu Hilfe. „Weißt du, Muttchen, wir werden den Grabhügel schön mit Blumen bepflanzen."

Damit war Ilse einverstanden, und man ging sofort ans Werk. Zum ersten Mal seit dem Tod ihres Sohnes spürte sie wieder ein wenig Lebensfreude in sich.

Sie freute sich auch immer, wenn Frau Riffen sie besuchte.

Ganz langsam ließ sie sich auf den Weg, den die anderen gingen, ziehen. Sie wehrte sich nicht dagegen, sie hatte ja auch keine Glaubensfreudigkeit. Aber Heinrich hoffte und glaubte für sie.

* * *

An einem schönen stillen Abend im Spätsommer begleitete Heinrich Ilse zum Friedhof. Wie immer flossen wieder Tränen.

„Weine nicht mehr, Ilse!" bat Heinrich und fasste ihre Hand. „Der hier ruht, ist glücklich. Heinz würde betrübt sein, wüsste er, wie du um ihn trauerst. Und sieh, es sind ja noch Menschen da, die dich brauchen und die du beglücken kannst! Willst du sie noch länger darben lassen?"

Welche Wehmut lag in seiner Stimme und in seinem Blick! Ilse sah ihn erschrocken an. Er bat sie um Liebe? Ja, nun wusste sie es plötzlich: Sie hatte ihn darben lassen viele lange Jahre hindurch – und er hatte geschwiegen und gelitten.

Aufschluchzend barg sie ihr Gesicht an seiner Schulter. „Vergib mir, Heinrich, ich bin dir eine schlechte Frau gewesen, ich habe dich so vernachlässigt! Aber ich möchte wieder gut machen, was ich an dir gesündigt habe."

Er umschloss sie mit beiden Armen und sah liebevoll auf sie nieder. In ihm war eine große Freude über dieses Finden am Grabe des Sohnes. Er ahnte nun etwas von dem geheimnisvollen Wort des Herrn: „Du wirst es aber hernach erfahren."

„Meine Ilse", sagte er innig, „wir wollen ein Neues anfangen von heute an. Wir sind in unsere Ehe ohne den Herrn Jesus gegangen, und darum konnte uns so viel Leid und Kummer nicht erspart bleiben. Aber nun soll Er der Erste unter uns sein, dann wird unser Glück beständig bleiben." –

* * *

Ein Jahr war seitdem vergangen. Wieder blühte die Heide in leuchtend roter Pracht, und am blauen, klaren Himmel segelten weiße Wölkchen.

Arno Riffen stand unter dem Zauber dieser herbstlichen Heidestimmung, als er durch den Wald ging. Seine Gedanken weilten in Garnsee, das hinter dem See so freundlich aus dem Grün der Bäume herübergrüßte.

Dort wusste er eine, für die sein Herz heiß und hoffend schlug, nach der er sich sehnte. Was bis vor kurzer Zeit noch unklar gewesen war, das hatte er nun erkannt: er liebte Hanna Holler! Aber – ein Schatten flog über sein Gesicht – er wusste nicht, ob sie seine Neigung erwiderte.

In letzter Zeit traf er sie oft nicht an, wenn er vorsprach, und sah er sie einmal, dann war sie still und einsilbig. Sie ging ihm aus dem Weg. Konnte er da hoffen? Ob er sie fragen sollte? Vielleicht verbarg sich hinter der Scheu nur stille Liebe?

Nachdenklich kam er heim, wo er von der Mutter schon am Kaffeetisch erwartet wurde. Kaum hatten sie sich gesetzt, kam auch Klärchen fröhlich herein.

„Ja, ihr staunt, dass ich schon da bin", lachte sie und ließ sich ebenfalls am Tisch nieder. „Aber das hat seine

Gründe, ich musste nämlich heute Blitzableiter sein, und – da bin ich dann doch bald ausgerückt."

Frau Riffen goss den Kaffee in die Tassen und blickte fragend auf die Tochter.

„Ich traf nur Frau Holler an", erzählte Klärchen. „Hanna hatte ihren Vater aufs Feld begleitet. Ich merkte gleich, dass Frau Holler aufgeregt war; und ich brauchte nicht lange zu warten, da schüttete sie ihren ganzen Ärger vor mir aus. Denkt euch nur, der junge Pastor aus dem Nachbardorf hat um Hannas Hand geworben, und die hat ihm einen Korb gegeben. Frau Holler ist natürlich außer sich über diesen Leichtsinn, wie sie es nennt. Sie behauptet, solch eine gute Partie würde sich Hanna nie mehr bieten; der Pastor sei ein angenehmer, liebenswürdiger Mensch. Wenn sie so wählerisch sei, würde sie am Ende noch sitzen bleiben. Sie hätten hier auf dem Land doch so wenig Verkehr und somit ganz geringe Heiratsaussichten. Also kurz und gut: sie versteht Hannchen nicht. Diese hat als Grund angeführt, dass sie den Pastor nicht liebe; aber Frau Holler meinte, das würde sich schon finden, und außerdem – man lebe nicht nur von Liebe. Also nun wisst ihr alles ..."

Ihre letzten Worte klangen so komisch, dass Frau Riffen unwillkürlich lachen musste. Dann sagte sie: „Ich finde, dass Hanna richtig gehandelt hat. Sie heiratet ja schließlich nicht die gute Partie, sondern den Mann, und da sind Liebe und Vertrauen die Grundbedingung für eine glückliche Ehe."

Arno sagte kein Wort. Es musste auffallen, wie zerstreut er da saß.

„Ich glaube, Hannchen hatte noch einen anderen wichtigen Grund, die Werbung abzulehnen", meinte Frau Riffen weiter. „Wie ich weiß, ist Pastor Markwitz kein entschiedener Christ, und Hannchen wird nur einem Mann die Hand reichen, der mit ihr den selben Glaubensweg geht."

Nebenan schrillte das Telefon. Arno stand auf und ging hinaus; er war froh über diese Unterbrechung. Er fühlte, wie das Blut ihm in den Schläfen pochte. Hanna hatte einen Werber abgewiesen – weshalb? Da fielen ihm die Gründe ein; ja, das war richtig. Aber war das alles? Wartete sie auf einen anderen, vielleicht gar auf ihn?

Er versuchte zu arbeiten; aber als er einige Fehler gemacht und den Bogen in den Papierkorb geworfen hatte, erhob er sich und ging in den Garten. Dort stand er lange am Seeufer und sah nach dem Gutshaus von Garnsee hinüber.

Mit dem festen Entschluss, sich morgen Gewissheit zu verschaffen, kehrte er endlich ins Haus zurück. –

Zur selben Zeit saß Hanna in ihrem Zimmer und schrieb einen Brief an Dora:

„Meine geliebte große Schwester,

Du bist gewiss sehr erstaunt, so schnell Antwort auf Deinen Brief zu bekommen, und denkst, ich habe mich sehr gebessert und bin unheimlich pünktlich geworden. Aber wenn Du dies annimmst, hast Du weit gefehlt; ich hätte Dich gewiss wieder einige Wochen warten lassen, wenn mir nicht augenblicklich etwas auf dem Herzen läge, das ich bei dir abladen muss.

Also es ist folgendes: Ich habe gestern Pastor Markwitz, der um mich warb, abgewiesen. Muttchen ist natürlich riesig enttäuscht, sie hätte mich wohl zu gern als Pastorenfrau gesehen! Es klingt ja auch sehr verlockend; aber ich verzichte auf alle die Ehren und Vorzüge – denn erstens ist Pastor M. trotz seines frommen Berufs kein bewusster und entschiedener Jünger Jesu, und zweitens liebe ich ihn nicht.

Mutter meint, ich würde noch ‚sitzen bleiben'. Es könnte ja sein, aber das wäre wohl noch eher zu ertragen als eine Ehe ohne Liebe. Unter die Haube komme ich aber bestimmt; ich meine die, unter die Du gekommen bist. Ja, Dorchen, dann würde ich Deinem Beispiel nacheifern, d.h. wenn –

Es fällt mir ein bisschen schwer, aber es muss heraus – Dein tiefgründiger Blick hätte es ja doch gesehen –, also ich warte auf jemand. Und ich wollte vorhin sagen: Wenn – der jemand mich haben will! Ich brauche aber keinen Namen zu nennen, Du weißt schon, wie er heißt und wie er aussieht. Du bist ein liebes, schrecklich kluges Menschenkind; niemand versteht so gut, etwas Ungeschriebenes zu lesen wie Du.

Aber dieses böse Wörtchen ‚wenn'! Wenn er nun nichts anderes sieht als Felder und Wälder, Scheune, Stall und Wirtschaftsbücher? Gleichviel – ich warte! Darin besitze ich eine große Ausdauer. Sehr froh bin ich darüber, dass Vater mich versteht. Er hat kein Wort der Enttäuschung oder des Unwillens verlautet; ich bewundere diese wohltuende Ruhe an ihm.

Und Dich bewundere ich auch, Dorchenschwester, dass Du so glücklich, so zufrieden und fröhlich bist in diesem schweren Beruf! Aber Du hast recht, Du stehst am richtigen Platz. Ich meine, weil Du Dein Leben und Deine Kraft dem Heiland geweiht hast, segnet er Dich auch. Ich komme mir im Vergleich mit Dir so überflüssig und unnütz vor. Was kann ich denn für den Herrn Jesus tun? Einige Male war ich bei Armen und Kranken im Dorf; ich war ganz zerknirscht, als ich soviel Scheu in schmutzigen Kindergesichtern wahrnahm. Wie wärest Du da wohl gleich mit Liebe und Freudigkeit ans Werk gegangen!

Ach, vielleicht wird der Heiland auch aus mir noch etwas machen, das Er gebrauchen kann für seinen Weinberg! Bitte, gedenke meiner in der Fürbitte, wie ich auch Deiner gedenke und Dich herzlich grüße –

Deine Hanna."

Am nächsten Morgen ging sie ins Dorf und nahm den Brief mit zur Post. Gleichzeitig machte sie einen Besuch bei einer kranken Frau, und es wurde später als beabsichtigt, als sie den Heimweg antrat.

Über den Sträuchern und Wacholderbüschen hingen noch die feinen Spinnweben. Viele zogen sich über den Weg von Baum zu Baum und hefteten sich an Hannas Kleider und Haare.

„Wie ein Schleier!" dachte sie verträumt. Da fuhr sie erschreckt zusammen. Um die Wegbiegung tauchte plötzlich Arno auf. Sie blieb wie angewurzelt stehen und starrte ihn an. Auch Arno war überrascht, sie so unverhofft vor sich zu sehen. Er sah es als eine gütige Fügung an, und das stimmte ihn hoffnungsfroh.

„Hanna", sagte er warm, indem er ihre Hand, die sie ihm zum Gruß geboten hatte, festhielt. „Ich bin auf dem Weg zu deinen Eltern, um – mir Antwort auf eine wichtige Frage zu holen. Aber deren Entscheidung kann mir nicht genügen, ehe ich nicht bestimmt weiß, wie du darüber denkst. Verstehst du mich, Hanna? Darf ich deine Eltern fragen? – Willst du mein werden?"

Er hielt noch immer ihre Hand in der seinen.

„Ja", sagte sie ganz leise. Da schloss er sie überglücklich in seine Arme.

Als Arno Riffen dann vor Heinrich Holler trat, um die Hand seiner jüngsten Tochter zu bitten, antwortete ihm dieser mit einer herzlichen Umarmung.

„Niemandem gebe ich sie so gern wie dir, mein

Junge", sagte Heinrich bewegt. „Gott will mir in dir einen zweiten Sohn schenken, und ich danke Ihm von Herzen dafür. Möge der treue Herr euren Herzensbund segnen und immer euer Führer sein, denn Er führt sicher und gut!"

Anhang

„Die Wohltat Christi"

Ein schönes Zeugnis aus alter Zeit
über die rechtfertigende
Gnade Gottes

DON BENEDETTO
1543 ZU NEAPEL

Vorab:

Gott hat zu jeder Zeit treue Männer, treue Zeugen gehabt, die sich mit seinem Wort beschäftigen, es liebten und auch befolgten. Einer von diesen war der Verfasser des Büchleins „Die Wohltat Christi", das bereits vor über 400 Jahren im Druck vorlag und gelesen werden konnte.

Die hiermit erfolgte neue Herausgabe dieser wertvollen Schrift – sprachlich ein wenig überarbeitet – gleicht im Wesentlichen der Ausgabe des Verlags „Geschwister Dönges, Dillenburg" aus dem Jahr 1917. In dieser wird es „Ein katholisches Zeugnis aus dem 16. Jahrhundert" genannt – für einen bibelgläubigen Christen ein besonderer Grund zur Dankbarkeit, wenn er sieht, dass bekannte Schriftausleger verschiedener Konfessionen im Hinblick auf die so überaus wichtige Frage der Vollgültigkeit des Erlösungswerks unseres Heilands Jesus Christus zum selben Ergebnis kommen!

Weil das Vorwort der „Dönges-Ausgabe" einige Einzelheiten aus der recht bewegten Vorgeschichte des Büchleins mitteilt, wird das Vorwort aus 1917 hier in Auszügen noch einmal mit veröffentlicht:

Der berühmte, edle Bischof von capo d'Istria Vergerio (1498–1565), sagt über die Schrift „Die Wohltat Christi": „In seinem, an trefflichen, religiösen Schriften so reichen Jahrhundert dürfte man nur schwer ein Werk finden, das in so lieblicher, frommer und einfacher Weise zu den Herzen redet, das so geschickt ist, den Unwissenden zu unterrichten und den Schwachen zu stärken, besonders in der Frage der Rechtfertigung!"Dieses Urteil ist wahr. – Heute sind die Forscher so ziemlich darin einig, dass der Verfasser des Büchleins „Die Wohltat Christi" („Benefizio di Christo") der Mönch Don Benedetto des Klosters Sanseverino zu Neapel ist.

Die erste Ausgabe erschien 1543 zu Venedig, und binnen 6 Jahren waren daselbst 40000 Exemplare gedruckt worden. Ein schöner Beweis von dem tiefen Verlangen nach dem klaren Weg des Heils. Ebenso wurden in Modena und in anderen Städten Italiens Ausgaben veranstaltet. Im Ausland, namentlich in Frankreich, veranstaltete man Übersetzungen, und gewaltig war der Eindruck und Segen, den dieses schlichte und doch so kraftvolle Zeugnis durch die Gnade Gottes hinterließ. Jedoch nach 30 Jahren war von dem wunderbaren Büchlein nirgends mehr etwas zu finden. Erst 1855 kam ein in italienischer Sprache geschriebenes Exemplar in Cambridge zum Vorschein.

Anziehend ist die ruhige, herzliche Art, die diese einfache Anleitung vor vielen Werken jener Zeit auszeichnet.

Da es aber unmöglich ist, den vollen Nutzen aus dem Büchlein zu gewinnen, ohne dabei die Heilige Schrift stets zu Rate zu ziehen, bitte ich die Leser, doch so zu verfahren wie die Beröer, die „täglich die Schriften untersuchten, ob sich dies also verhielte" (Apostelgeschichte 17, 11). Sie wurden darum „edel" genannt. –

Die angeführten Stellen der Heiligen Schrift sind nach dem Wortlaut der so genannten „Elberfelder Bibel" angegeben.

Eugen Kunz

Von der Erbsünde
und vom Elend des Menschen

Die Bibel, das Wort Gottes, die Heilige Schrift lehrt, dass Gott den Menschen in seinem Bild geschaffen hat: den Leib erhaben über jegliches Leiden und die Seele gerecht, wahrhaftig, fromm und barmherzig. Als der Mensch aber, verführt von der Begierde nach Erkenntnis, von der verbotenen Frucht aß, verlor er diese Gottähnlichkeit. Er wurde der Seele nach ungerecht, lügenhaft und gottlos, und dem Leib nach leidensfähig und tausend Beschwerden und Krankheiten unterworfen. Wären Adam und Eva Gott gehorsam geblieben, hätten sie ihre Gerechtigkeit als Erbteil hinterlassen. So aber haben sie uns nun infolge ihres Ungehorsams gegen Gott ihre Ungerechtigkeit und ihre Gottfeindschaft vererbt. Deshalb ist es uns unmöglich geworden, Gott aus eigenen Kräften zu lieben und nach seinem Willen zu handeln und zu wandeln. Wir befinden uns in Feindschaft gegen den, der als ein gerechter Richter unsere Sünden bestraft. Unsere ganze Natur ist durch Adams Sündenfall verdorben. Der Mensch, vorher erhaben über alles Geschaffene, hat sich dem Teufel unterworfen und wurde der Sünde Knecht, mit der Folge, dass Tod und Hölle seiner warten. Der Mensch begann das Gute böse und das Böse gut zu nennen, die Wahrheit für Lüge und die Lüge für Wahrheit zu halten. Deshalb sagt der Psalmdichter: „Alle Menschen sind Lügner" (Psalm 116, 11) und: „Alle sind abgewichen, sie sind allesamt verderbt; da ist keiner der Gutes tue, auch nicht einer" (Römer 3, Verse 10 bis 18). Der Teufel bewacht wie ein Starker seinen Hof, das ist diese Welt, deren Fürst und Herr er ist (vgl. Lukas 11,21).

Keine Sprache vermag unser Elend auszudrücken. Geschaffen von Gottes eigener Hand, haben wir das göttliche Ebenbild verloren und sind dem Teufel ähnlich geworden, indem wir alles wollen, was er will, und verschmähen, was auch er verschmäht.

Dieser Mangel an Gerechtigkeit und diese Bereitschaft zu aller Ungerechtigkeit und Gottlosigkeit heißt Erbsünde; wir tragen sie von Geburt in uns und sind so „Kinder des Zorns" (vgl. Epheser 2,3).

Dieses Erbstück unserer Väter ist die Quelle aller Laster und jeden Unrechts, das wir begehen!

Wollen wir von ihr befreit werden, so ist vor allem nötig, dass wir unser Elend erkennen. Denn gleichwie niemand nach dem Arzt verlangt, es sei denn, dass er seine Krankheit fühlt (vgl. Lukas 5,31); und wie der Kranke nicht die Tüchtigkeit des Arztes und seine Dankesschuld ihm gegenüber würdigen kann, ohne von dem schlimmen und tödlichen Wesen seiner Krankheit überzeugt zu sein, ebenso verlangt niemand den Heiland, den einzigen Arzt unserer Seelen, wenn er nicht erkennt, dass seine Seele todkrank ist. Nie kann er die Vortrefflichkeit des Heilands würdigen und seine Dankesschuld beurteilen, wenn er nicht seine sündige Natur, jene ererbte tödliche Krankheit erkennt!

Vom Gesetz

Gott wollte nach seiner unendlichen Güte und Barmherzigkeit seinen eingeborenen Sohn zur Erlösung der unglücklichen Kinder Adams in die Welt senden. Er wusste, dass es zuerst nötig war, sie zum Bewusstsein ihres Elends zu bringen. So erwählte Er Abraham, verhieß ihm, in seinem Samen alle Geschlechter auf Erden zu segnen, und nahm die Nachkommen Abrahams (die Kinder Israel) zum „Volk seines Eigentums" an. Ihnen gab Er, nachdem Er sie aus der Knechtschaft Pharaos erlöst und aus Ägypten geführt hatte, durch Mose das Gesetz. Dieses verbietet die böse Lust und gebietet, Gott zu lieben mit ganzem Herzen, mit ganzer Seele und mit ganzer Kraft (vgl. 5. Mose 6,5; Matthäus 22, Verse 37 bis 40). Es gebietet ferner, unseren Nächsten wie uns selbst zu lieben, und betrachtet als unseren Nächsten alle Menschen jeglichen Standes, sowohl Freunde als Feinde. Es will, dass wir jedem das tun, was wir auch für uns selbst wünschen.

Sieht nun der Mensch in dieses heilige Gesetz hinein wie in einen hellen Spiegel, so erkennt er sein Unvermögen, die Gebote Gottes zu erfüllen und seinem Schöpfer die schuldige Ehre und Liebe zu erweisen. Hiermit ist die erste Aufgabe des Gesetzes erfüllt: den Sünder die Erkenntnis der Sünde zu lehren. Paulus schreibt in Römer 7,7: „Aber die Sünde hätte ich nicht erkannt als nur durch Gesetz."

Die zweite Aufgabe des Gesetzes ist, das Bewusstsein der eigenen Sündhaftigkeit noch zu vertiefen. Denn entfremdet dem Gehorsam gegen Gott und zu Knechten des Teufels geworden – dabei voll lasterhafter Regungen und Begierden –, können wir es nicht ertragen, dass Gott unserem Gelüst Einhalt gebietet; es steigert sich vielmehr in dem Maß, wie ihm Einhalt geboten wird. Paulus sagt hierüber in Römer 7,13, „dass die Sünde überaus sündig würde durch das Gebot", und vorher in den Versen 8 und 9, dass die Sünde ohne Gesetz tot war, „als aber das Gebot kam, lebte die Sünde auf."

Die dritte Aufgabe des Gesetzes ist, den Zorn und das Gericht Gottes anzukündigen, das Tod und ewige Strafe denen androht, die nicht vollkommen sein Gesetz erfüllen – wie geschrieben steht in 5. Mose 27,26: „Verflucht sei, wer nicht aufrecht hält die Worte dieses Gesetzes, sie zu tun!" Daher sagt Paulus in 2. Korinther 3,7, dass das Gesetz ein Dienst des Todes sei, und in Römer 4,15, dass es Zorn bewirkt. –

Nachdem das Gesetz die Sünde aufgedeckt, gesteigert und den Zorn und Eifer Gottes kundgetan hat, erfüllt es damit seine vierte Aufgabe: es setzt den Menschen in Schrecken. Der Mensch bemüht sich vergebens, dem Gesetz Genüge zu tun: er entdeckt sein Unvermögen und erbittert sich gegen Gott, dessen Zucht und Strafe er fürchtet. Paulus sagt hierüber in Römer 8,7: „Die Gesinnung des Fleisches ist Feindschaft gegen Gott, denn sie ist dem Gesetz Gottes nicht untertan, denn sie vermag es auch nicht." –

Die fünfte Aufgabe des Gesetzes besteht darin, dem Menschen die Notwendigkeit der Erlösung durch Jesus Christus klarzumachen. So fühlte sich einst das Volk Israel voll Schrecken gedrungen, Mose zu bitten: „Rede *du* mit uns, und wir wollen hören; aber Gott möge nicht mit uns reden, dass wir nicht sterben!" (2. Mose 20,19). „Und der Herr sprach zu mir: Gut ist, was sie geredet haben" (5. Mose 18,17). Sie werden gelobt, weil sie nach einem Mittler zwischen Gott und sich verlangt hatten. Dieser Mittler war Mose, der Jesus Christus vorbildete (vgl. 1. Timotheus 2,5). Auf diesen hinweisend sagt Gott zu Mose: „Einen Propheten, gleich dir, will ich ihnen aus der Mitte ihrer Brüder erwecken;

und ich will meine Worte in seinen Mund legen, und er wird zu ihnen reden alles was ich ihnen gebieten werde. Und es wird geschehen, der Mann, der nicht hört auf meine Worte, die er in meinem Namen reden wird, von dem werde *ich* es fordern" (5. Mose 18, Verse 18 und 19).

Von der Rechtfertigung

Gott hat diesen verheißenen großen Propheten in seinem eingeborenen Sohn Jesus Christus gesandt (Hebräer 1,1),

- damit Er uns *loskaufte* vom Fluch des Gesetzes (Galater 3,13)
- und uns mit Gott *versöhne* (Römer 5,10)
- und uns die *wahre Freiheit schenke* (Galater 5,13)
- und uns *überströmend mache zu jedem guten Werk* (2. Korinther 9,8).

Wie sollten wir Ihm allezeit dafür danken!

Und nicht nur das! Er lädt in seiner unendlichen Gnade jedermann ein, zum Heiland zu kommen. Es ist unter dem Himmel den Menschen kein anderer Name gegeben, in welchem sie errettet werden können, als allein der Name Jesus Christus (Apostelg. 4,12). Deshalb lasst uns voll Glaubenszuversicht in seine Retterarme eilen, der noch immer ruft: „Kommt her zu mir, alle ihr Mühseligen und Beladenen, und ich werde euch Ruhe geben" (Matthäus 11,28).

Welche Freude, welcher Trost in diesem Leben lässt sich mit dem Glück dessen vergleichen, der niedergedrückt von der schweren Last seiner Sünde so liebliche Worte hört aus dem Mund des Sohnes Gottes, der ihm so freundlich verheißt, ihm Ruhe zu geben und ihn von seiner Sündenlast zu befreien!

Aber alles beruht darauf, dass wir unsere Krankheit und unser Elend erkennen; denn wer das Übel nicht empfunden hat, der kann auch die Genesung nicht fühlen. So sagt Jesus: „Wenn jemand dürstet, so komme er zu mir und trinke" (Johannes 7,37). Daraus folgt, dass ein Mensch, der sich nicht als Sünder erkennt und fühlt, auch nach dem Heiland und seiner Gerechtigkeit kein Bedürfnis hat.

Will der Mensch sich beklagen, dass er ohne Schuld in Sünden geboren wurde, das heißt, in der Ungerechtigkeit seines Stammvaters Adam, durch den der Tod zu allen Menschen durchgedrungen ist (Römer 5,12)? Seine Klage muss verstummen angesichts der Tatsache, dass auch ohne menschliches Verdienst und Wirken die Gerechtigkeit Christi und das ewige Leben zu erlangen sind durch Christus, der den Tod zunichte gemacht hat (2. Timotheus 1,10).

Hierüber hält Paulus folgenden herrlichen Vortrag in Römer 5, Verse 12 bis 21: „Darum, so wie durch *einen* Menschen die Sünde in die Welt gekommen ist und durch die Sünde der Tod und so der Tod zu allen Menschen durchgedrungen ist, weil sie alle gesündigt haben (denn bis zu dem Gesetz war Sünde in der Welt; Sünde aber wird nicht zugerechnet, wenn kein Gesetzt da ist. Aber der Tod herrschte von Adam bis auf Mose, selbst über die, die nicht gesündigt hatten in der Gleichheit der Übertretung Adams, der ein Vorbild des Zukünftigen ist. Ist nicht aber wie die Übertretung so auch die Gnadengabe? Denn wenn durch die Übertretung des Einen die vielen gestorben sind, so ist viel mehr die Gnade Gottes und die Gabe in Gnade, die durch den *einen* Menschen, Jesus Christus, ist, zu den vielen überströmend geworden. Und ist nicht wie durch einen, der gesündigt hat, so auch die Gabe? Denn das Urteil war von einem zur Verdammnis, die Gnadengabe aber von vielen Übertretungen zur Gerechtigkeit. Denn wenn durch die Übertretung des einen der Tod durch den einen geherrscht hat, so werden viel mehr die, welche die Überfülle der Gnade und der Gabe der Gerechtigkeit empfangen, im Leben herrschen durch den einen, Jesus Christus): also nun, wie es durch *eine* Übertretung gegen alle Menschen zur Verdammnis gereichte, so auch durch *eine* Gerechtigkeit gegen alle Menschen zur Rechtfertigung des Lebens. Denn so wie durch den Ungehorsam des *einen* Menschen die vielen in die Stellung von Sündern gesetzt worden sind, so werden auch durch den Gehorsam des einen die Vielen in die Stellung von Gerechten gesetzt werden. Das Gesetz aber kam daneben ein, damit die Übertretung überströmend würde. Wo aber die Sünde überströmend geworden ist, ist die Gnade noch überreichlicher geworden, damit, wie die Sünde geherrscht hat im Tod, so auch die Gnade herrsche durch Gerechtigkeit zu ewigem Leben durch Jesus Christus, unseren Herrn."

Mit diesen Worten beweist Paulus klar das oben Gesagte, nämlich, dass das Gesetz gegeben worden sei zur Erkennung der Sünde. Zugleich lernen wir daraus, dass der Sünde Kraft nicht stärker ist als die Gerechtigkeit Christi, durch den wir die Rechtfertigung bei Gott haben. Denn wie Christus mächtiger ist als Adam, so ist auch die Gerechtigkeit Christi stärker als Adams Übertretung. Und wenn diese hinreichend war, uns in die Stellung von Sündern und Kindern des Zorns zu setzen ohne eigenes Verschulden, so reicht Christi Gerechtigkeit noch viel mehr hin, uns in die Stellung von

Gerechten und Kindern der Gnade zu setzen, ohne eigene gute Werke. Überdies können diese Werke gar nicht gut sein, wenn wir nicht selbst vorher durch den Glauben gerecht und gut geworden sind. Hieraus ergibt sich der große Irrtum derjenigen, welche um einiger schwerer Sünden willen in ihrem Vertrauen auf die Güte Gottes wankend werden, indem sie meinen, dass Er diese nicht vergeben könne. Hat Er doch in seinem eingeborenen Sohn alle unsere Sünden gerichtet und folglich dem Menschengeschlecht eine allgemeine Vergebung angeboten, deren sich jeder erfreut, der dem Evangelium glaubt, d.h. dieser Heilsbotschaft, welche die Apostel der Welt mit den Worten überbrachten: „Wir bitten an Christi Statt: Lasst euch versöhnen mit Gott! Den, der Sünde nicht kannte, hat er für uns zur Sünde gemacht, damit wir Gottes Gerechtigkeit würden in ihm" (2. Korinther 5, Verse 20 und 21).

Indem Jesajas diese unermüdliche Güte Gottes im Voraus schaute, schrieb er jene göttlichen Worte, die das Leiden Jesu und ihre Ursache so trefflich darstellen: „Wer hat unserer Verkündigung geglaubt, und wem ist der Arm des Herrn offenbar geworden? – Und er ist wie ein Reis vor ihm aufgeschossen und wie ein Wurzelspross aus dürrem Erdreich. Er hatte keine Gestalt und keine Pracht; und als wir ihn sahen, da hatte er kein Ansehen, dass wir seiner begehrt hätten. Er war verachtet und verlassen von den Menschen, ein Mann der Schmerzen und mit Leiden vertraut, und wie einer, vor dem man das Angesicht verbirgt; er war verachtet, und wir haben ihn für nichts geachtet. Fürwahr, er hat unsere Leiden getragen, und unsere Schmerzen hat er auf sich geladen. Und wir, wir hielten ihn für bestraft, von Gott geschlagen und niedergebeugt; doch um unserer Übertretung willen war er verwundet, um unserer

Missetaten willen zerschlagen. Die Strafe zu unserem Frieden lag auf ihm, und durch seine Striemen ist uns Heilung geworden. Wir alle irrten umher wie Schafe, wir wandten uns ein jeder auf seinen Weg; und der Herr hat ihn treffen lassen unser aller Ungerechtigkeit. – Er wurde misshandelt, aber er beugte sich und tat seinen Mund nicht auf, gleich dem Lamm, das zur Schlachtung geführt wird, und wie ein Schaf, das stumm ist vor seinen Scherern; und er tat seinen Mund nicht auf" (Jesaja 53, Verse 1 bis 7).

Welch ein Undank: Der Sohn Gottes hat unsere Sünden auf sich genommen und durch sein Blut ausgelöscht – trotzdem wollen wir uns selbst rechtfertigen und mit unseren eigenen Werken die Vergebung unserer Sünden erwirken! Als ob das Blut Jesu Christi dazu nicht ausreichte und wir noch unsere eigenen von Eigenliebe, Selbstsucht und Eitelkeit befleckten Gerechtigkeiten hinzufügen müssten, für die wir Gott vielmehr um Vergebung, als um Belohnung zu bitten haben!

Auch die Galater, betrogen von falschen Lehrern, glaubten nicht, dass die Rechtfertigung aus Glauben für sich allein hinreichend wäre, und sie suchten auch noch durch das Gesetz gerecht zu werden. Ihnen sagt Paulus in Galater 5,4: „Euch nützt Christus nichts, die ihr durchs Gesetz gerechtfertigt werden wollt; ihr seid aus der Gnade gefallen. Denn wir erwarten durch den Geist aus Glauben die Hoffnung der Gerechtigkeit."

Wenn nun aber Christus und seine Gnade dadurch vergeblich sind, weil jemand die Gerechtigkeit und die Vergebung der Sünden durch die Beobachtung des Gesetzes anstrebt, das doch Gott selbst einst so herrlich auf dem Berg Sinai gegeben hat – was soll man dann von denen denken, die auf Grund eigener Gesetze und Gewohnheiten vor Gott gerecht werden wollen? Nein, diese Ehre gebührt allein seinem eingeborenen Sohn! Er allein hat mit dem Opfer seines Blutes ein vollgültiges Lösegeld hingelegt für alle unsere Sünden, für die vergangenen, gegenwärtigen und zukünftigen, wie es im Hebräerbrief, in den Kapiteln 7, 9 und 10 und im 1. und 2. Kapitel des 1. Johannesbriefes heißt. Sobald wir daher dieses Erlösungswerk Christi unserer Seele durch den Glauben zu Eigen machen, erfreuen wir uns ohne allen Zweifel der Vergebung der Sünden und werden durch seine Gerechtigkeit selbst gerecht vor Gott.

In dem Brief an die Philipper, Kapitel 3, Verse 7 bis 9, macht Paulus zu der Versicherung, dass er nach der Gerechtigkeit des Gesetzes tadellos gelebt habe, den Zusatz: „Aber was irgend mir Gewinn war, das habe ich um Christi willen für Verlust geachtet; ja, wahrlich, ich achte auch alles für Verlust wegen der Vortrefflichkeit der Erkenntnis Christi Jesu, meines Herrn, um dessentwillen ich alles eingebüßt habe und es für Dreck achte, damit ich Christus gewinne und in ihm gefunden werde, indem ich nicht meine Gerechtigkeit habe, die aus dem Gesetz ist, sondern die, die durch den Glauben an Christus ist – die Gerechtigkeit aus Gott durch den Glauben.“

Bemerkenswerte Worte! Jeder Christ sollte sie sich ins Herz eingraben und Gott bitten, dass Er sie ihn völlig verstehen lasse. Wie deutlich lehrt Paulus, dass jeder, der Christus in Wahrheit kennt, die Werke des Gesetzes für Schaden achtet, weil sie sein Vertrauen ablenken von Christus, auf den er doch all sein Heil gründen soll. Wer auf die Werke vertraut und mit ihnen sich rechtfertigen will, gewinnt Christus nicht und steht auch nicht in Gemeinschaft mit ihm.

Weil nun auf dieser Wahrheit das ganze Geheimnis des Glaubens beruht, setzt er zu unserem besseren Verständnis hinzu und prägt es uns tief ein, dass er jede äußerliche Rechtfertigung verwirft, jede Gerechtigkeit, die sich auf die Beachtung des Gesetzes stützt. Er ergreift diejenige Gerechtigkeit, die Gott denen schenkt, die da glauben, dass Er in Christus alle unsere Sünden getilgt hat, und dass wir in Christus Jesus sind, „der uns geworden ist Weisheit von Gott und Gerechtigkeit und Heiligkeit und Erlösung; damit, wie geschrieben steht: ‚Wer sich rühmt, der rühme sich des Herrn'" (1. Korinther 1, Verse 30 und 31).

Wohl gibt es einige Stellen in der heiligen Schrift, die, wenn sie falsch verstanden werden, dieser Lehre des Apostels Paulus zu widersprechen und die Rechtfertigung und Sündenvergebung aus den Werken und aus der Liebe herzuleiten scheinen; doch diese Stellen haben längst ihre Erläuterungen gefunden, in denen klar bewiesen ist, wie sie aufzufassen sind.

Wir nun wollen nicht der törichten Meinung der Galater Folge leisten, sondern der Wahrheit, die uns Paulus lehrt, und wollen allen Ruhm unserer Rechtfertigung der Barmherzigkeit Gottes und den Verdiensten seines Sohnes beimessen. Gott hat uns durch seinen Sohn errettet von der Herrschaft des Gesetzes, „aus der Gewalt der Finsternis und versetzt in das Reich des Sohnes seiner Liebe" (Kolosser 1, 13). Er hat uns befreit von der Herrschaft des Gesetzes, weil Er zum einen uns seinen Geist verliehen hat, der uns alle Wahrheit lehrt, zum anderen, weil Er durch Christus dem Gesetz vollkommen Genüge getan und diese Genugtuung allen seinen Kindern, d.h. allen wahren Christen, geschenkt hat. Sie können nun getrost vor dem Richterstuhl Gottes (Römer 14,10) erscheinen, vom Fluch des Gesetzes erlöst durch Christus und angetan mit seiner Gerechtigkeit (Galater 3,13).

So kann uns denn das Gesetz nicht mehr anklagen oder verdammen (Römer 8, Verse 33 und 34). In diesem Sinn sagt Paulus in Kolosser 2,14, dass Christus „ausgetilgt hat die uns entgegenstehende Handschrift in Satzungen, die gegen uns war", und Er hat sie auch „aus der Mitte weggenommen, indem er sie an das Kreuz nagelte". Denn indem uns unser Heiland von der Herrschaft des Gesetzes erlöste, hat Er uns auch von der Macht der Sünde und des Todes erlöst. Der Tod hat uns nicht mehr in seiner Gewalt, da er von Christus durch die Auferstehung – und folglich auch von uns, die wir des Christus sind – überwunden worden ist. Demnach können wir mit Paulus sagen: „Verschlungen ist der Tod in Sieg. Wo ist, o Tod, dein Sieg? Wo ist, o Tod, dein Stachel? Der Stachel des Todes aber ist die Sünde, die Kraft der Sünde aber das Gesetz. Gott aber sei Dank, der uns den Sieg gibt durch unseren Herrn Jesus Christus!" (1. Korinther 15, Verse 55 bis 57).

Dieser ist jener glückselige Same, welcher der giftigen Schlange, dem Teufel, den Kopf zertreten hat (1. Mose 3,15). Nun besiegen alle, die an Christus glauben und all ihr Vertrauen auf seine Gnade setzen, mit Ihm die Sünde, den Teufel und die Hölle. Jeder Einzelne für sich hätte jene schreckliche Schlange zertreten und sich selbst von dem Fluch erretten müssen. Aber diese Aufgabe war so schwer, dass die Kräfte der ganzen Welt nicht genügt hätten. Deshalb hat uns unser Gott, der Vater der Barmherzigkeit, aus Mitleid mit unserem Elend seinen eingeborenen Sohn gegeben. Und dieser hat für uns die notwenige Tat vollbracht und ist unsere Gerechtigkeit, unser Segen geworden.

So lasst uns denn auf jede eigene Rechtfertigung

verzichten und die Gerechtigkeit unseres Herrn Jesus Christus durch den Glauben ergreifen; lasst uns fest überzeugt sein, dass wir durch Glauben gerechtfertigt werden, ohne Gesetzeswerke (Römer 3,28). Seien wir glücklich und freuen wir uns! Die Gerechtigkeit Christi hebt alle unsere Ungerechtigkeit auf und macht uns in Gottes Augen heilig und gerecht (1. Korinther 1,30 und 1. Korinther 6,11).

Sieht Er uns durch den Glauben eins geworden mit seinem Sohn, so betrachtet Er uns nicht mehr als Kinder Adams, sondern liebt uns als seine eigenen Kinder und macht uns in Gemeinschaft mit Ihm zu Erben und Miterben seiner Herrlichkeiten.

Von den Wirkungen des lebendigen Glaubens und von der Gemeinschaft der Seele mit Christus.

Die Wirkungen dieses heiligen und lebendigen Glaubens sind herrlich! Wer glaubt, dass Christus seine Sünden auf sich genommen hat, wird Christus ähnlich, hat die Sünde, den Tod, den Teufel und die Hölle besiegt. Und dies ist der Grund, warum die Kirche, die Gesamtheit der Gläubigen, die Braut Christi ist und Christus ihr Bräutigam. Wir kennen das Wesen der Ehe, dass aus Zweien Eins wird, indem zwei ein Fleisch sind und alle Güter gemeinschaftlich werden. Der Bräutigam übernimmt die Mitgift der Braut, und diese nennt das Haus und alle Reichtümer des Bräutigams ihr Eigen. Die Mitgift der Braut sind ihre vielen Sünden; diese hat Christus am Kreuz von Golgatha auf sich genommen. Als nun Gott dort seinen Sohn mit diesen Sünden beladen sah, ließ Er Ihn die ganze Schwere des Gerichts treffen. Christus musste sterben. Weil Er aber sein geliebter und gehorsamer Sohn ist, hat Er Ihn wieder auferweckt und hat Ihn hoch erhoben (Philipper 2,9) und Ihm alle Gewalt gegeben im Himmel und auf Erden (Matthäus 28,18 und Epheser 1, Verse 20 bis 22).

Gleicherweise rühmt sich nun auch die Braut mit dem größten Freimut der Herrlichkeiten und Reichtümer ihres geliebten Bräutigams als ihres Eigentums. Ich bin lieblich und schön, denn mein geliebter Bräutigam ist ohne Makel, ist lieblich und schön. Weil Er ganz mein ist, so ist notwendig auch all das Seinige mein; und weil Er heilig und rein ist, so bin auch ich heilig und rein. Ich bin mit Christus begraben und auferweckt (Kolosser 2,12) und habe einen Platz in Ihm in den himmlischen Örtern (Epheser 2,6). Seine Werke sind meine Werke, und meine mangelhaften Werke sind Gott um seines Sohnes willen angenehm.

O unermessliche Güte Gottes! Wie viel Dank ist der Christ Gott schuldig! Keine menschliche Liebe ist so groß, dass sie sich in etwa vergleichen ließe mit der Liebe dieses himmlischen Bräutigams, der sich selbst für die Braut hingegeben hat, auf dass Er sie heiligte, sie reinigend durch die Waschung mit Wasser durch das Wort, auf dass Er sie sich selbst verherrlicht darstellte, die nicht Flecken oder Runzeln oder etwas dergleichen habe, sondern dass sie heilig und tadellos sei (Epheser 5, Verse 26 und 27).

Es könnte nun jemand fragen: „Wie geschieht die Verbindung Christi mit seinen Erlösten? Welche Gewissheit kann ich haben, dass meine Seele eins ist mit Christus? Wie kann ich mich mit Sicherheit seiner Reichtümer rühmen, wie es die Braut getan hat? Kenne ich nicht zur Genüge mein Elend und meine Unvollkommenheit?"

Die Gewissheit besteht in dem wahren und lebendigen Glauben, durch den Gott, wie Petrus in Apostelgeschichte 15,9 sagt, die Herzen reinigt. Wir glauben dem Evangelium (Markus 16,16), der guten Botschaft, die von Seiten Gottes der ganzen Schöpfung verkündigt worden ist, nämlich, dass Gott strenge Gerechtigkeit an Christus geübt hat, indem Er Ihn für alle unsere Sünden richtete (vgl. Lukas 24,Verse 46 und 47).

„Denn also hat Gott die Welt geliebt, dass er seinen eingeborenen Sohn gab, damit jeder, der an ihn glaubt, nicht verloren gehe, sondern ewiges Leben habe. Denn Gott hat seinen Sohn nicht in die Welt gesandt, damit er die Welt richte, sondern damit die Welt durch ihn errettet werde" (Johannes 3, Verse 16 und 17).

Wer diese gute Botschaft annimmt und glaubt, der hat in der Tat den wahren Glauben und genießt die Vergebung der Sünden, ist somit versöhnt mit Gott. Aus einem Kind des Zorns wird ein Kind der Gnade, und er wird in das Ebenbild Christi verwandelt (2. Korinther 3,18). Er wird ein Bürger des Reiches Gottes (Philipper 3,20), ja sogar der Tempel des lebendigen Gottes (2. Korinther 6,16)! Gott versetzt die Seele in diese innige Gemeinschaft mit seinem Sohn durch den Glauben, der ein Werk Gottes und ein Geschenk Gottes ist, wie Paulus immer wieder betont.

Gott schenkt den Glauben denen, die Er zur Rechtfertigung und zum ewigen Leben beruft, wie Christus in Johannes 6,40 bezeugt: „Das ist der Wille meines Vaters, dass jeder, der den Sohn sieht und an ihn glaubt, ewiges Leben habe." Ähnlich sagt Er in Johannes 3,14: „Und wie Mose in der Wüste die Schlange erhöhte, so muss der Sohn des Menschen erhöht werden, damit jeder, der an ihn glaubt, nicht verloren gehe, sondern ewiges Leben habe." Und der jüdischen Volksschar ruft

Jesus zu: „Ich bin als Licht in die Welt gekommen, damit jeder, der an mich glaubt, nicht in der Finsternis bleibe." Und Johannes verkündet in 1.Johannes 4,9: „Hierin ist die Liebe Gottes zu uns offenbart worden, dass Gott seinen eingeborenen Sohn in die Welt gesandt hat, damit wir durch ihn leben möchten. Hierin ist die Liebe: nicht, dass wir Gott geliebt haben, sondern dass er uns geliebt und seinen Sohn gesandt hat als eine Sühnung für unsere Sünden." „Weil nun die Kinder Blutes und Fleisches teilhaftig sind, so hat auch *er* in gleicher Weise daran teilgenommen, damit er durch den Tod den zunichte machte, der die Macht des Todes hat, das ist den Teufel, und alle die befreite, die durch Todesfurcht das ganze Leben hindurch der Knechtschaft unterworfen waren" (Hebräer 2, Verse 14 und 15).

Setzen wir nun den Fall, ein gütiger König habe einen öffentlichen Aufruf erlassen, dass Verbannte getrost in sein Reich heimkehren dürfen, weil er um die Verdienste eines ihrer Blutsverwandten willen ihnen allen Vergebung anbietet. Diesen Blutsverwandten hat er hoch geehrt, hoch erhoben und ihm den Ehrenplatz in seinem Reich eingeräumt. Es wird keiner an der Wahrheit des königlichen Gnadenangebots zweifeln können. Wer sich aber kein Herz zur Rückkehr fasst, der würde die Strafe zu tragen haben und wegen seines Unglaubens in der Verbannung unter der Ungnade seines Königs bleiben müssen.

Dieser gute König ist Gott, der Herr des Himmels und der Erde, welcher um des Gehorsams und des Verdienstes Christi willen, unseres „Blutsverwandten", uns trotz all unserer Empörung Vergebung anbietet und in den genannten Bibelversen einen öffentlichen Aufruf hat ergehen lassen, dass wir alle voll Vertrauen zu Ihm zurückkehren dürfen. Jeder, der nun den göttlichen Zeugnissen mit diesem Gnadenangebot Glauben schenkt, der kehrt zurück – er bekehrt sich. Wer aber den Zeugnissen nicht glaubt, hat kein Teil an der Sündenvergebung; er bleibt seines Unglaubens wegen in der Verbannung – in der Gewalt des Teufels – und lebt und stirbt im äußersten Elend unter der Ungnade des allerbarmherzigsten Königs des Himmels und der Erde. Und dies zu Recht, denn wir können Gott keine schwerere Beleidigung zufügen, als wenn wir Ihn zum Lügner und Betrüger machen, und dies tun wir, wenn wir seinen Verheißungen keinen Glauben schenken.

Dieser lebendige Glaube bewirkt in unseren Herzen auch eine lebendige Hoffnung und ein vollständiges Vertrauen auf die Barmherzigkeit Gottes. Aufgrund dieses Vertrauens verlassen wir uns ganz auf Gott und werfen unsere Sorgen auf Ihn (1. Petrus 5,7), so dass wir nun, der Güte Gottes versichert, keine Furcht mehr haben vor dem Teufel und seinen Dienern noch vor dem Tod. Und diese feste und beherzte Zuversicht auf die Gnade Gottes macht das Herz weit, lenkt es voll Dankbarkeit zu Gott hin und erfüllt es mit Liebe. Daher ermuntert uns der Schreiber in Hebräer 4,16, mit Freimütigkeit hinzuzutreten zu dem Thron der Gnade, damit wir Barmherzigkeit empfangen und Gnade finden zu rechtzeitiger Hilfe, und er bestärkt uns in Hebräer 10,35, unsere Zuversicht nicht wegzuwerfen, die eine große Belohnung hat. –

Das feste Vertrauen wird in unseren Herzen durch den Heiligen Geist gewirkt, der in uns, nachdem wir glaubten, wohnhaft wurde, und der nie ohne die göttliche Liebe ist. Daraus folgt nun, dass wir durch Ihn getrieben werden, Gutes zu tun und das „Wollen und Vollbringen" von Ihm dazu empfangen (Philipper 2,13), dass wir freudig bereit sind, alles zu tun und zu ertragen aus Liebe und zum Ruhm unseres allgütigen Gottes und Vaters.

Sobald also dieser wahre Glaube von Gott dem Menschen geschenkt ist, ist dieser fähig gemacht zu guten Werken und Gott Frucht zu bringen, gleichwie es unmöglich ist, ein Bündel Holz anzuzünden, ohne dass dies sein Licht und seine Wärme ausströmt. Das ist jener Glaube, ohne den es unmöglich ist, Gott wohlzugefallen (Hebräer 11,6), und durch den alle Heiligen Zeugnis erlangt haben und errettet wurden. Dies bezeugt Paulus von Abraham, von dem die Heilige Schrift in 1.Mose 15,6 und in Römer 4,3 sagt: „Abraham aber glaubte Gott, und es wurde ihm zur Gerechtigkeit gerechnet", während er kurz vorher in Römer 3,28 sagt: „Wir urteilen, dass ein Mensch durch Glauben gerechtfertigt wird ohne Gesetzeswerke." Und in Römer 11, Verse 5 und 6 ruft er: „So besteht nun auch in der jetzigen Zeit ein Überrest nach Auswahl der Gnade. Wenn aber durch Gnade, so nicht mehr aus Werken; sonst ist die Gnade nicht mehr Gnade." Und an die Galater schreibt er in Kapitel 3,11: „Dass aber durch Gesetz niemand vor Gott gerechtfertigt wird, ist offenbar, denn 'der Gerechte wird aus Glauben leben'. Das Gesetz aber ist nicht aus Glauben, sondern: Wer diese Dinge getan hat, wird durch sie leben." Wir tun also gute Werke nicht, um errettet zu werden, sondern wir tun sie, weil wir errettet sind.

Deutlich lehrt Paulus in Römer 10, dass der Glaube ohne Werke den Menschen rechtfertigt. Auch bekannte Lehrer nach ihm haben diese kostbare Wahrheit von der Rechtfertigung aus Glauben bestätigt und anerkannt, hierfür drei Beispiele:

Origenes (185 bis 254)

Er verteidigt diese Lehre in seinem vierten Buch, wo er über den Brief an die Römer schreibt, indem er versichert, dass Paulus klarlegt, der Glaube allein sei hinreichend zur Rechtfertigung, dass man nur allein durch seinen Glauben gerecht wird, wenn man auch kein einziges gutes Werk getan hätte, wie jener mitgekreuzigte Übeltäter gerechtfertigt worden sei ohne die Werke des Gesetzes. Der Herr sah nicht seinen früheren Lebenswandel an und wartete auch nicht auf seine Werke, nachdem der Übeltäter gläubig geworden war, sondern sprach ihn gerecht allein wegen seines Schuldbekenntnisses und nahm ihn zum Gefährten an beim Eintritt ins Paradies. Ebenso hörte jene so zerknirschte Frau im Evangelium nach Lukas (Kap. 7, Verse 37 bis 50) zu den Füßen Jesu die Worte: „Deine Sünden sind vergeben" und gleich darauf: „Dein Glaube hat dich gerettet; geh hin in Frieden."

Origenes fügt noch hinzu: Aus vielen Stellen des Evangeliums erkennt man, dass auch der Herr in dem, was Er sprach, darlegte, dass der Glaube der Grund des Heils des Gläubigen sei. Der Mensch wird gerecht durch den Glauben, zu dem die Werke des Gesetzes nichts helfen. Wo hingegen der Glaube fehlt, da mag der Mensch noch so viele Werke haben, die das Gesetz verordnet, sie können ihn nicht gerecht machen, weil sie nicht auf den Grundsatz des Glaubens gegründet sind, der ja das Merkzeichen derer ist, die bei Gott gerechtfertigt werden. Ob die Werke anscheinend gut sind, tut nichts zur Sache. Wer könnte sich denn seiner eigenen Gerechtigkeiten rühmen, von denen der Prophet Jesaja bekennt: „Alle unsere Gerechtigkeiten sind gleich einem unflätigen Kleid" (Kap. 64,6). Also ist allein gerecht, wer sich des Glaubens an das Kreuz Christi rühmt.

Augustin *(353 bis 430)*

In seinen Schriften „Vom Glauben und von den Werken" und „Vom Geist und vom Buchstaben" sowie auch in den 83 Fragestücken in der Schrift an den Papst Bonifatius und auch in vielen anderen Schriftstellen vertritt und beweist er, dass wir durch Glauben gerechtfertigt werden ohne Hilfe der guten Werke, die nicht Ursache sondern Wirkung der Rechtfertigung seien. Ferner beweist er, dass Jakobus' Worte, richtig verstanden, keineswegs zu dieser Lehre im Gegensatz stehen.

Bernhard von Clairveaux *(1091 bis 1153)*

Auch er bestätigt dasselbe in seiner 77. Rede über das Hohelied, in welcher er auseinandersetzt, dass unsere Werke keinen Einfluss auf die Rechtfertigung haben, dass diese vielmehr ausschließlich Sache der Gnade sei, welche uns ohne Verdienst gerecht macht und auf diese Weise von der Knechtschaft der Sünde erlöst. Er setzt noch hinzu, dass Christus die Seele durch den Glauben mit sich in Gemeinschaft versetzt, ohne dass ein Verdienst unserer Werke in Betracht kommt. –
  Möchte darum jeder seine Handlungen, die ihm zum Teil gut erscheinen, der Prüfung unterwerfen, und er wird finden, dass sie vielmehr Übertretungen des heiligen Gesetzes heißen müssen, weil sie unlauter und unvollkommen sind. Sagt doch David in diesem Gefühl:

„Gehe nicht ins Gericht mit deinem Knecht; denn vor dir ist kein Lebendiger gerecht" (Psalm 143,2). Und sein Sohn Salomo fügt hinzu: „Wer darf sagen: Ich habe mein Herz gereinigt, ich bin rein geworden von meiner Sünde?" (Sprüche 20,9). Und Hiob predigt dazu die Weisheit: „Was ist der Mensch, dass er rein sein sollte, und der von einer Frau Geborene, dass er gerecht wäre?" (Hiob 15,14).

Wie töricht sind die, die mit ihren Werken einen Handel treiben, indem sie vorgeben, mit ihnen nicht nur sich selbst, sondern auch den Nächsten erretten zu können, als ob der Herr nicht gesagt hätte: „Wenn ihr alles getan habt, was euch befohlen ist, so sprecht: Wir sind unnütze Knechte; wir haben getan, was wir zu tun schuldig waren" (Lukas 17,10). Wenn wir noch so vollkommen das Gebot Gottes erfüllt hätten, so müssten wir uns dennoch richten und 'unnütze Knechte' nennen. Da nun aber alle Menschen weit von einer vollkommenen Erfüllung entfernt sind – wer wollte es wagen, sich zu rühmen, er habe über das nötige Maß hinaus Verdienste aufgehäuft, so dass er davon an andere abgeben könne?

Wer um einiger Werke willen, die in den Augen der Welt als ruhmwürdig gelten, vor Gottes Angesicht als gerecht zu erscheinen vermeint, der möge doch bedenken, dass alle die Werke, die aus unlauterem und unreinem Herzen kommen, selbst auch unlauter und unrein sind, folglich vor Gott keine Bedeutung haben und keine Rechtfertigung bewirken können.

Wir müssen unbedingt zuvor unsere Herzen reinigen, wenn unsere Werke vor Gott wohlgefällig sein sollen. Diese Reinigung geschieht durch den Glauben, wie es der Heilige Geist durch den Mund des Apostels Petrus in Apostelgeschichte 15,9, ausgesprochen hat.

Der Glaube, der unsere Herzen reinigt von allen Sünden, macht uns auch gerecht und angenehm vor Gott. Dann sind wir auch befähigt, wirklich „gute Werke" zu tun. Diese werden, so unvollkommen und mangelhaft sie auch sein mögen, der Majestät Gottes wohlgefallen.

Weil wir durch den Glauben Kinder Gottes geworden sind, ruht auf uns sein Auge als das eines erbarmungsvollen Vaters und nicht eines strengen Richters. Er fühlt mit unseren Schwachheiten, und Er hat uns vereint mit Christus, durch dessen Blut am Kreuz alle unsere Unvollkommenheiten beglichen und unsere Sünden zugedeckt sind. Ihm wurden sie einst am Kreuz zugerechnet, und wir – die wahrhaft Glaubenden – werden nun mit Kleidern des Heils, mit der Gerechtigkeit Gottes bekleidet. Daher werden unsere aus wahrem Glauben hervorgegangenen Werke trotz ihrer Unvollkommenheit dennoch von Christus, wenn Er auf dem Richterstuhl sitzen wird, anerkannt und belohnt werden, weil sie Frucht und Zeugnis unseres Glaubens sind.

Dazu kommt dann noch die Liebe, die wir gegen die Brüder ausüben und womit wir beweisen, dass wir Christi Jünger sind – dass wir aus dem Tod in das Leben hinübergegangen sind (1. Johannes 3,14).

So bringt uns denn der Glaube vollkommen in den Besitz unseres himmlischen Erbes, ohne eigene Werke, aus reiner Gnade.

Paulus sagt, dass Christus durch den Glauben in unseren Herzen wohnt (Epheser 3,17). Er, der durch den Glauben unsere Herzen reinigt (1. Petrus 1, Verse 21 und 22) und uns reinigt vom bösen Gewissen (Hebräer 10,22), hat alle gerechten Forderungen Gottes erfüllt und wird uns retten von dem kommenden Zorn (1. Thessalonicher 1,10). Ja, selbst den Teufel hat Er zunichte gemacht in seiner Gewalt und Herrschaft (Hebräer 2,14).

Welche „Werk"-Leistung von Seiten des Menschen könnte das erreichen? Alle die gesamten Werke der Menschheit wären dazu nicht fähig! Dieser Ruhm der freien Gnade ist allein dem Sohn Gottes vorbehalten, der da mächtig ist über alle Mächte des Himmels und der Erde und der Hölle, und der mit allen seinen Verdiensten sich denen schenkt, die mit sich zu Ende gekommen und alle ihre Heilshoffnung auf Ihn und sein Werk setzen.

Aber möge hier doch niemand sich täuschen und denken, es genüge schon die Geschichte Jesu zu glauben, wie man diejenige von Cäsar oder Alexander glaubt. Dabei wird weder das Herz mit göttlicher Liebe erwärmt noch irgendein Werk des wahren Glaubens, des neuen Lebens hervorkommen.

Es ist ein Irrtum und steht im Widerspruch zur Heiligen Schrift, wenn man sagt: „Nicht der Glaube allein rechtfertigt, es bedarf dazu auch der Werke." Welch ein Irrtum! Der Glaube, der rechtfertigt, ist ein Werk Gottes in uns. Unser alter Mensch ist – in Christi Kreuz – mitgekreuzigt worden (Römer 6,6), und wir sind in Christus völlig neugebildet zu einer *neuen* Schöpfung (2. Korinther 5,17) und sind Gottes geliebte Kinder. Wir gehören unserem Heiland und Herrn Jesus Christus. Und „die des Christus sind, haben das Fleisch gekreuzigt samt den Leidenschaften und den Begierden" (Galater 5.24). Im Besitz des Heiligen Geistes, durch den wir versiegelt sind (Epheser 1,13), haben wir das Licht und die Kraft, zu brechen mit unseren Sündenneigungen und mit der Welt, die unsere Begierden anreizt.

Wir haben unser großes Vorbild, unseren Herrn Jesus Christus, und wir sollen und wollen Ihm immer ähnlicher werden. Der uns gegebene Geist drängt uns zur Demut, zur Sanftmut, zum Gehorsam gegen Gott, zur Liebe und zu Tugenden, durch die Er verherrlicht wird.

Dem von Gott geschenkten Glauben spricht Christus die Seligkeit ohne Zutun menschlichen Bemühens, menschlicher Werke zu. Wer will behaupten, der Christ sei nicht heilig, nachdem doch Christus seine Heiligkeit, seine Gerechtigkeit geworden ist? Durch Ihn sind wir also vor Gott gerecht und heilig, so dass der Apostel Paulus diese Christen immer „Heilige" nennt. „Wer Christi Geist nicht hat, der ist nicht sein", der ist folglich kein Christ im wahren Sinn dieses Wortes. Denn die wahren Christen, die des Christus sind, besitzen seinen Geist, der sie lenkt und leitet. Er ist ein Geist der Liebe, und Liebe kann nicht müßig sein, nicht aufhören Gutes zu tun.

Es sei noch einmal betont: Kein Mensch vermag ein gutes Werk in den Augen Gottes zu tun, ehe er nicht aus Glauben gerechtfertigt wird. Wenn also jemand diese oben aufgeführten Merkmale neuen, gottgewirkten Glaubens nicht zeigt, das Glück erlöst zu sein, nicht kennt, der möge doch Gott seine ganze Schuld, seine Sündenlast bekennen. Suche seine Vergebung durch Christus! Glaube seinen Aussprüchen in der Heiligen Schrift! Lies sie und befolge sie! Bitte Ihn: „O Gott, sei mir, dem Sünder, gnädig!" (Lukas 18,13).

Und alle, die in falscher Sicherheit meinen, mit dem toten Glauben allein ins Paradies zu kommen, die mögen die Worte des Apostels Jakobus bedenken, dass auch die Dämonen so „glauben". Sie kommen keinesfalls ins Paradies, sie zittern vielmehr wegen ihrer ernsten Zukunft (Jakobus 2,19).

Hast du den rechten Glauben? Wenn es nicht der wirkliche, lebendige Glaube ist, der sich durch gute Werke ausweist, wenn du nicht nach diesem Reichtum verlangst, nach diesem Kleid der Gerechtigkeit, das der Herr Jesus Christus, unser Heiland, gibt, dann bedenke des Herrn Wort in Offenbarung 3, Verse 17 und 18: „Weil du sagst: Ich bin reich und bin reich geworden und bedarf nichts – und du weißt nicht, dass du der Elende und Jämmerliche und arm und blind und nackt bist –, rate ich dir, Gold von mir zu kaufen, geläutert im Feuer, damit du reich wirst; und weiße Kleider, damit du bekleidet wirst und die Schande deiner Blöße nicht offenbar wird …"

Der rechtfertigende Glaube an Jesus Christus ist wie eine Feuerflamme, die Wärme spendet und Licht verbreitet. Vermissen wir also bei jemandem diese Liebeswärme und dieses Licht der guten Werke, so müssen wir daran zweifeln, dass er den wahren Glauben besitzt, den Gott seinen Auserwählten schenkt. Das meint der Apostel Jakobus, wenn er schreibt: „Zeige mir deinen Glauben ohne Werke, und ich werde dir meinen Glauben aus meinen Werken zeigen."

Wer die Ehre der Welt liebt und nur jenen toten Glauben hat, der ist in Wahrheit ungläubig; ihm fehlen die Wirkungen, die Merkmale, die einen lebendigen Glauben kennzeichnen.

Wie der Gläubige Christus anziehe

Der wahre Christ, der wahrhaft gläubig ist, weiß also, dass der Sohn Gottes durch den Glauben seine Gerechtigkeit, seine Heiligkeit und Reinheit geworden ist. Wie jemand ein würdiges Kleid anzieht, um vor einem hohen Herrn erscheinen zu können, so kleidet sich der Christ mit dem Gott wohlgefälligen Hochzeitskleid (Matthäus 22,11). Denn das ist das Ergebnis des wahren Glaubens, dass wir Christus besitzen und alles das, was Er hat, unser Eigen geworden ist – und dies alles auch an uns gesehen wird. Dies heißt „Christus anziehen". Denn unser Gott, der allgütige Vater, hat uns seinen Sohn geschenkt und mit Ihm seine Gerechtigkeit und alles, was der Herr erworben hat, zum rechtmäßigen Eigentum. Wir können uns seiner rühmen, und jeder, der dies glaubt, wird die Wahrheit und dieses Glück an sich erfahren. „Er, der doch seinen eigenen Sohn nicht verschont, sondern ihn für uns alle hingegeben hat: wie wird er uns mit ihm nicht auch alles schenken?" (Römer 8,32). Und weiter: Er hat uns nicht einen Geist der Knechtschaft gegeben, wiederum zur Furcht, sondern einen Geist der Sohnschaft, in welchem wir rufen „Abba Vater!" Der Geist zeugt mit unserem Geist, dass wir Kinder Gottes sind. Wenn aber Kinder, so auch Erben; Erben Gottes und Miterben Christi, wenn wir anders mitleiden, auf dass wir auch mitverherrlicht werden (vgl. Römer 8 ab Vers 14).

So gibt der lebendige Glaube uns dies alles – oder besser gesagt – er nimmt all dieses aus der Gnadenhand Gottes. Wir sind berechtigt, uns „Christen" zu heißen und haben in diesem Sinn Christus angezogen.

Nun gibt es da aber auch eine praktische Seite: Wir sollen und können Ihn in allen guten Werken ehren und seine Gesinnung offenbaren – Ihn nachahmen. In Epheser 4, Verse 22 bis 24 heißt es: „Dass ihr, was den früheren Lebenswandel betrifft, abgelegt habt den alten Menschen, der nach den betrügerischen Begierden verdorben wird, aber erneuert werdet in dem Geist eurer Gesinnung und angezogen habt den neuen Menschen, der nach Gott geschaffen ist in wahrhaftiger Gerechtigkeit und Heiligkeit."

Der wahre Christ offenbart also in seinem Wandel die Gesinnung Christi und spricht in sich selbst: Weil Christus, obwohl Er meiner nicht bedurfte, mich mit seinem Blut erkauft hat – arm wurde, um mich reich zu machen, will ich Ihm nachstreben, gleicher Weise das Meinige und mein eigenes Leben in seinen Dienst stellen. Und ich werde auch fortan für das Heil und die Bedürfnisse meines Nächsten besorgt sein. – Wer nicht so denkt und handelt, ist kein wahrer Christ; denn es ist unmöglich, dass jemand sagt: „Ich liebe Christus", wenn er nicht zugleich auch Christi Glieder, die Brüder, liebt.

Gleichwie Christus demütig und sanftmütig allem Zank und Streit fern war, so sollen auch wir mit allem Eifer nach Demut und Sanftmut streben, alles Gezänk und alle Streiterei meiden, sie mag in Worten oder sogar in Tätlichkeiten bestehen. Wir sollten auch bereit sein, für Ihn zu leiden. Christus ließ sein Leben für seine Feinde und betete für sie am Kreuz. So sollen auch wir für unsere Feinde beten und ihnen wohltun. Haben wir Christus angezogen und stehen wir durch Ihn rein und fleckenlos vor Gott, dann zwingt uns dieser Stand dazu, Gott zu verherrlichen und Christus nachzufolgen.

Wie nun durch den Glauben Christus gleichsam unser Kleid geworden ist, so sollen auch wir durch die Liebe ein Kleid für unsere Brüder sein. Wir sollen die gleiche Sorge, die wir für unseren Leib tragen, auch für sie tragen, die ja mit uns ein Leib sind. So wird jene himmlische Liebe den ungeheuchelten Glauben zieren, den Gott seinen Auserwählten verleiht.

Die Geduld und das Ausharren in Leiden und, wenn Gott es für gut befindet, auch in Verfolgungen, gehört zu rechter Christen Vorrecht und Beruf (Apostelgeschichte 16,25).

Zu der trostvollen Hoffnung der wahren Christen noch diese Worte: „Wenn wir mitgestorben sind (in Christi Tod), so werden wir auch mitleben; wenn wir ausharren, so werden wir auch mitherrschen" (2. Timotheus 2, Verse 11 und 12). „Und wie wir das Bild dessen von Staub getragen haben, so werden wir auch das Bild des Himmlischen tragen" (1. Korinther 15,49).

Beharren wir in diesen Wohltaten, diesen Segnungen Christi! Dazu müssen wir sein heiliges Wort lesen, um befestigt, belehrt, zurechtgewiesen zu werden. Auch ist es sehr notwendig, im Gebet allezeit mit Gott durch unseren Herrn Jesus Christus Gemeinschaft zu pflegen. Daneben muss man Gemeinschaft pflegen mit allen aufrichtigen und wahren Christen. Dann werden wir bewahrt bleiben zu Gottes Ehre und nicht wieder in Zweifel und Wankelmut versinken. Unser Heiland und Herr hat verheißen: Ich komme bald!

Quellennachweis
(„Der Weg nach Luv" Band 22)

Die vorstehenden Erzählungen entstammen folgenden Quellen:

Der Weg der Treue
Eine Erzählung aus "Die Tenne", 14. Jahrgang 1936; Originaltitel: "Von der Inquisition verfolgt"; historische Erzählung aus der Zeit der Gegenreformation; verfasst von Hermann von Kaltenborn-Stachau.

Wenn Er der Führer ist
Erzählung von Gertrud Kleppa; Cassel, Verlag von J.G. Oncken Nachfolger, GmbH.

Anhang: Die Wohltat Christi
Ein schönes Zeugnis aus alter Zeit über die rechtfertigende Gnade Gottes; von Don Benedetto 1543 zu Neapel.
Die „Wohltat Christi" wurde 1997 bei „Verbreitung der Heiligen Schrift" Eschenburg 606, D-35713 Eschenburg, als überarbeitete Neuausgabe herausgegeben.

Im selben Verlag erschienen ferner:
Der Weg nach Luv

Alte Erzählungen – neu entdeckt (Hersg. E. Kunz),
je € 7,50

Band 1: „Schiff in Not"
(240 S.) „Allein in London"
„Bessies Mission"
„Hans Kohl"

Band 2: „Der Leuchtturm auf dem Glockenfelsen"
(240 S.) „Lieschens Hauptmann"

Band 3: „Gold"
(320 S.) „Toon, der Landstreicher"

Band 4: „Auge um Auge"
(240 S.) „Eigene Wege"
„Ja, ich bin glücklich"

Band 5: „Die Ferienreise"
(248 S.) „Giuseppe"
„Jenseits der Brücke"

Band 6: „Überwunden"
(264 S.) „Weg hat Er allerwegen"
„Die Fledermaus"
„Der Weidenhofbauer"

Band 7: „Sturmzeiten"
(232 S.) „Wer nur den lieben Gott läßt walten"
„Der Findling des Fenlandes"
„Die Versuchung"

Auch die folgenden sieben Sammelbände (mit festem Umschlag) erschienen im selben Verlag:

Sollt ich denn nicht fröhlich sein? Hrsg. E. Kunz – 20 Erzählungen für junge und ältere Leser – Dritte Auflage 1996; 288 Seiten; bebildert; € 9,90

Sein Tun ist lauter Segen, Hrsg. E. Kunz – 10 Erzählungen für junge und ältere Leser – Dritte Auflage 1995; 288 Seiten; bebildert; € 9,90

Was Gott tut, das ist wohlgetan, Hrsg. E. Kunz – 10 Erzählungen für junge und ältere Leser – Zweite Auflage 1997; 288 Seiten; bebildert; € 9,90

Du gibst mir frohen Mut, Hrsg. E. Kunz – 10 Erzählungen für junge und ältere Leser – Zweite Auflage 1998; 285 Seiten; bebildert; € 9,90

Du aber siehst mich, Hrsg. E. Kunz – 10 Erzählungen für junge und ältere Leser – Erste Auflage 1999; 270 Seiten; bebildert; € 9,90

Wie groß ist des Allmächt'gen Güte, Hrsg. E. Kunz – 10 Erzählungen für junge und ältere Leser – Erste Auflage 2001; 268 Seiten; bebildert; € 9,90

Gott aber ist treu, Hrsg. E. Kunz – 8 Erzählungen für junge und ältere Leser – Erste Auflage 2004; 216 Seiten; bebildert; € 9,90

Du bist der Herr, mein Gott, Hrsg. E. Kunz – 10 Erzählungen für junge und ältere Leser – Erste Auflage 2005; 296 Seiten; bebildert; € 9,90